高等医学院校实验教程

生物化学与分子生物学实验教程
（第2版）

主　编　欧　芹　林雪松

副主编　宋高臣

编　委　（按姓名汉语拼音排序）

崔荣军（牡丹江医学院）　　　　　　宋高臣（牡丹江医学院）
林雪松（哈尔滨医科大学）　　　　　袁丽杰（哈尔滨医科大学）
欧　芹（佳木斯大学）　　　　　　　张　涛（佳木斯大学）
朴金花（佳木斯大学）　　　　　　　张　悦（哈尔滨医科大学）
申梅淑（牡丹江医学院）　　　　　　朱贵明（贵州医科大学）

北京大学医学出版社

SHENGWU HUAXUE YU FENZI SHENGWUXUE SHIYAN JIAOCHENG

图书在版编目（CIP）数据

生物化学与分子生物学实验教程/欧芹，林雪松主编. —2版. —北京：北京大学医学出版社，2015.8（2021.1重印）

ISBN 978-7-5659-1140-8

Ⅰ.①生… Ⅱ.①欧… ②林… Ⅲ.①生物化学－实验－医学院校－教材②分子生物学－实验－医学院校－教材 Ⅳ.①Q5-33②Q7-33

中国版本图书馆CIP数据核字（2015）第133275号

生物化学与分子生物学实验教程（第2版）

主　　编：欧　芹　林雪松
出版发行：北京大学医学出版社
地　　址：(100083) 北京市海淀区学院路38号 北京大学医学部院内
电　　话：发行部 010-82802230；图书邮购 010-82802495
网　　址：http://www.pumpress.com.cn
E - mail：booksale@bjmu.edu.cn
印　　刷：北京市荣盛彩色印刷有限公司
经　　销：新华书店
责任编辑：赵　爽　王孟通　　　责任校对：金彤文　　　责任印刷：李　啸
开　　本：787mm×1092mm 1/16　　印张：12.25　　字数：316千字
版　　次：2015年8月第2版　2021年1月第2次印刷
书　　号：ISBN 978-7-5659-1140-8
定　　价：25.00元
版权所有，违者必究
（凡属质量问题请与本社发行部联系退换）

高等医学院校基础课实验教材编委会

主 任 委 员　程伯基
副主任委员　（按姓名汉语拼音排序）
　　　　　　崔光成　关利新　乔远东　魏晓东　毅　和
委　　　员　（按姓名汉语拼音排序）
　　　　　　卜晓波　陈志伟　李艳君　梁　军　林雪松
　　　　　　刘　星　刘伯阳　刘东璞　刘文忠　马淑霞
　　　　　　马小茹　沈晓玲　宋印利　孙宏丽　田国忠
　　　　　　新　燕　云长海　张　涛　张晓莉　张振涛
　　　　　　朱金玲

第 2 版前言

生物化学与分子生物学的实验方法和技术是生命科学诸学科的重要研究手段，也是临床医学、医学检验、药学、生物技术类本科学生必修的基础实验课程。它不仅是生物化学和分子生物学课程教学的重要组成部分，而且在培养学生分析和解决问题的能力、严谨的科学态度、独立的工作能力等方面有着不可替代的作用。为适应我国高等医学院校教学，尤其是五年制医学教育和部分学科研究生实验教学改革和发展的需要，我们根据多年的教学经验和生物化学学科的发展趋势，结合 2010 年以来使用本教材的体会，对本书进行了修订，保留了有利于实验课堂教学和学生课外科学实验有机结合的特点，为探索新的实验教学方法，不断改革实验教学方式，提高实验教学效果起到了积极的作用。

本书划分为四个部分，第一部分是基本操作及常用仪器使用：包括生物化学与分子生物学常用技术、基本实验操作、常用仪器、实验室规则及安全防护、实验报告的撰写等内容。第二部分为经典生物化学实验，根据参编院校及其他院校目前实验课程教学的实际情况，选择了 15 个经典的基础生物化学实验。第三部分为综合性实验，包括 7 个跨学科和跨越本学科知识体系的实验。第四部分是自主设计性实验，该部分突出学生自主学习能力、创新设计能力的培养，也是本书与其他教材的不同之处。自主设计实验内容既可以作为计划内教学实施，也可作为学生课外科技活动和竞赛题目，或实验室开放的参考内容，对学生能力的培养、创新实验教学的课堂形式等具有积极的作用。此外，本书附录中包含生物化学与分子生物学实验中常用试剂的配制方法，以方便教师和学生进行实验准备工作。

本书不仅较详细地阐述了有关实验技术的基本操作和程序，更着力于对各种技术的基本原理及其相关的基础理论进行剖析。因此，本书不仅可以作为本科实验教材使用，也可作为其他专业学生、研究生学习生物化学实验技术的参考书。

欧　芹

目 录

第一篇 基本操作及常用仪器使用

第一章 生物化学与分子生物学常用技术 ········· 1
第一节 离心技术 ········· 1
一、离心技术的基本原理 ········· 1
二、离心机的类型和主要构造 ········· 2
三、离心方法 ········· 6
第二节 核酸的分离与纯化 ········· 9
一、核酸分离的原则 ········· 9
二、核酸分离的主要步骤 ········· 10
三、核酸的浓度、纯度测定和完整性鉴定 ········· 13
四、核酸的保存 ········· 14
第三节 蛋白质和酶的纯化 ········· 15
一、蛋白质分离的原则 ········· 15
二、蛋白质分离的主要步骤 ········· 15
三、蛋白质的纯化 ········· 17
四、蛋白质浓度的测定 ········· 20
五、蛋白质的保存 ········· 21
第四节 分光光度技术 ········· 22
一、分光光度技术基本原理 ········· 22
二、分光光度计种类、结构和工作原理 ········· 25
第五节 电泳技术 ········· 26
一、电泳技术发展史 ········· 26
二、电泳技术的基本原理 ········· 27
三、影响电泳分离的主要因素 ········· 29
四、电泳的分类 ········· 31
五、常用电泳技术 ········· 33
第六节 层析（色谱）技术 ········· 48
一、层析（色谱）技术发展简史 ········· 48
二、层析方法的一般原理 ········· 49
三、层析的分类 ········· 49
四、常见的层析技术 ········· 50
第七节 聚合酶链反应 ········· 62
一、PCR 的基本原理 ········· 63
二、PCR 的反应条件 ········· 65

三、常见的 PCR 种类 ·· 68
四、PCR 技术的应用及其注意事项 ·· 72
第八节 印迹技术 ·· 74
一、DNA 印迹 ··· 75
二、RNA 印迹 ··· 75
三、蛋白质的印迹分析 ·· 75

第二章 基本实验操作

第一节 洗涤和干燥 ··· 77
一、玻璃仪器的洗涤清洁 ·· 77
二、玻璃仪器的干燥 ·· 78
三、沉淀的过滤和洗涤 ·· 79
第二节 常用的实验操作技术 ··· 80
一、吸量管的种类和使用 ·· 80
二、混匀 ·· 81
三、保温 ·· 81
四、过滤 ·· 82
五、离心沉淀法 ·· 82
六、实验样品的制备 ·· 82

第三章 常用仪器

第一节 分光光度计 ··· 84
一、仪器组成 ··· 84
二、使用和维护 ·· 85
三、注意事项 ··· 86
第二节 离心机 ·· 86
一、仪器组成 ··· 86
二、种类 ·· 86
三、使用和维护 ·· 87
第三节 电泳仪 ·· 88
一、使用方法 ··· 88
二、注意事项 ··· 89
第四节 PCR 仪 ·· 89
一、使用方法 ··· 89
二、注意事项 ··· 89
第五节 真空冷冻干燥机 ··· 90
一、使用方法 ··· 90
二、注意事项 ··· 90
第六节 高压蒸气灭菌锅 ··· 91
一、使用方法 ··· 91
二、注意事项 ··· 91
第七节 恒温培养箱 ··· 91

一、使用方法 … 91
　　二、注意事项 … 92
　第八节　生物安全柜 … 92
　　一、使用方法 … 92
　　二、注意事项 … 92
第四章　实验室规则及安全防护 … 94
　　一、实验室规则 … 94
　　二、实验室的安全与防护 … 94
第五章　实验报告的撰写 … 97
　　一、实验报告书写的具体要求 … 97
　　二、书写实验报告的基本内容 … 97

第二篇　经典生物化学实验

第六章　蛋白质定量分析实验 … 98
　实验一　双缩脲法测定血清蛋白质含量 … 98
　实验二　Folin-酚试剂法测定蛋白质含量 … 101
　实验三　紫外分光光度法测定蛋白质含量 … 105
　实验四　考马斯亮蓝结合法测定蛋白质含量 … 107
第七章　层析实验 … 110
　实验五　纸层析法观察转氨基作用 … 110
　实验六　葡聚糖凝胶柱层析分离血红蛋白与鱼精蛋白 … 113
　实验七　离子交换层析分离混合氨基酸 … 115
第八章　电泳实验 … 118
　实验八　醋酸纤维素薄膜电泳 … 118
　实验九　SDS-PAGE 测定蛋白质的分子量 … 122
第九章　酶学实验 … 126
　实验十　血清丙氨酸氨基转移酶活性测定
（改良 Mohun 法） … 126
　实验十一　过氧化氢酶米氏常数的测定 … 129
第十章　分子生物学基础实验 … 132
　实验十二　肝组织中核酸的提取和定量分析 … 132
　实验十三　DNA 的提取及紫外吸收法测定含量
——蛋白酶 K-酚抽提法 … 135
　实验十四　总 RNA 的提取制备与检测
——异硫氰酸胍-酚-三氯甲烷一步法 … 139
　实验十五　Northern 印迹杂交 … 142

第三篇　综合性实验

　实验一　肝糖原的提取和定量测定 … 147
　实验二　BCA 法测定蛋白质含量 … 149

3

实验三　质粒 DNA 的提取 ··· 150
实验四　DNA 的限制性酶切与琼脂糖凝胶电泳 ································· 152
实验五　质粒 pUC18/GAPDH 基因的 PCR 扩增 ································· 155
实验六　DNA 连接实验 ·· 159
实验七　重组 DNA 转化与蓝白斑筛选 ·· 162

第四篇　自主设计性实验

概述 ·· 166
　一、设计性实验的内涵 ··· 166
　二、开展设计性实验的目的与意义 ·· 166
　三、设计性实验的界定 ··· 167
　四、设计性实验的教学实施 ··· 167
　附　实验报告范例 ·· 168
实验一　酪蛋白等电点的测定 ··· 169
实验二　胰蛋白酶对蛋白质的消化和影响酶作用的因素 ·························· 171
实验三　丙二酸对琥珀酸脱氢酶的竞争性抑制作用 ·································· 173
实验四　氨中毒实验 ··· 174
实验五　肾上腺素、胰岛素对血糖浓度的调节作用 ·································· 175
附录一　常用缓冲溶液的配制 ··· 177
附录二　常用酸碱标准溶液的配制 ·· 183
附录三　常用酸碱指示剂的配制 ··· 184
附录四　RCF 与转速列线计算图 ··· 185

第一篇 基本操作及常用仪器使用

第一章 生物化学与分子生物学常用技术

第一节 离心技术

离心技术主要用于各种生物样品的分离和制备。生物样品悬浮液在高速旋转下,由于巨大的离心力作用,使悬浮的微小颗粒(细胞器、生物大分子的沉淀等)以一定的速度沉降,从而得以与溶液分离,而沉降速度取决于颗粒的质量、大小和密度。离心技术在生物科学,特别是在生物化学和分子生物学研究领域已得到十分广泛的应用。

一、离心技术的基本原理

当一个粒子(生物大分子或细胞器)在高速旋转下受到离心力作用时,此离心力 "F" 由下式定义,即:

$$F = ma = m\omega^2 r$$

式中:a 为粒子旋转的加速度;m 为沉降粒子的有效质量;ω 为粒子旋转的角速度;r 为粒子的旋转半径(cm)。

通常,离心力用相对离心力(relative centrifugal force,RCF)表示,相对离心力是指在离心场中,作用于颗粒的离心力相当于地球重力的倍数,单位是重力加速度 "g"。980cm/s²,此时 "RCF" 可用下式计算:

$$F_{rc} = \frac{\omega^2 r}{980} \qquad \omega = \frac{2\pi n}{60}$$

故:$F_{rc} = 1.119 \times 10^{-5} n^2 r$

式中:F_{rc} 为相对离心力;n 为转速,单位为转每分(r/min)。

由上式可见,只要给出旋转半径 r,则 RCF 和转速之间就可以相互换算。但由于转头的形状及结构上的差异,使每台离心机的离心管从管口至管底的各点与旋转轴之间的距离不一样,所以在计算时规定旋转半径均用平均半径 "r_{av}" 代替:$r_{av} = (r_{min} + r_{max})/2$,r 的测量如图 1-1 所示。

一般情况下,低速离心时常以转速 "r/min" 来表示,高速离心时则以 "g" 表示。计算颗粒的 RCF 时,应注意离心管与旋转轴中心的距离 "r" 不同,即沉降颗粒在离心管中所处位置不同,则所受离心力也不同。因此,在报告超速离心条件时,通常用地心引力的倍数

"×g"代替每分钟转数"r/min",因为它可以真实地反映颗粒在离心管内不同位置的离心力及其动态变化。科技文献中,离心力的数据通常是指其平均值,即离心管中点的离心力。

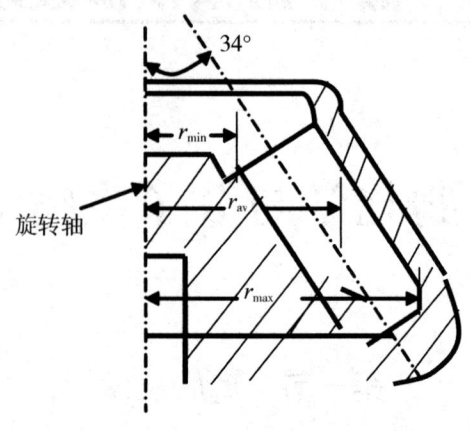

图1-1 r测量示意图

为便于进行转速和RCF之间的换算,Dole和Cotzias利用RCF的计算公式,制作了转速、RCF和离心半径三者关系的列线图,图式法比公式计算法方便(列线图参见附录四)。换算时,先在离心半径标尺上取已知的半径并在转速标尺上取已知的离心机转速,然后在这两点间划一条直线,其与图中RCF标尺上的交叉点即为相应的相对离心力数值。注意,若已知的转速值处于转速标尺的右边,则应读取RCF标尺右边的数值,转速值处于转速标尺左边,则应读取RCF标尺左边的数值。

二、离心机的类型和主要构造

离心机可分为工业用离心机和实验用离心机。实验用离心机又分为制备性离心机和分析性离心机。制备性离心机主要用于分离各种生物材料,每次分离的样品容量比较大。分析性离心机一般都带有光学系统,主要用于研究纯的生物大分子和颗粒的理化性质。依据待测物质在离心场中的行为(用离心机中的光学系统连续监测),能推断物质的纯度、形状和分子量等。分析性离心机都是超速离心机。

(一)制备性离心机分类

1. 普通离心机 最大转速6 000r/min左右,最大相对离心力近6 000×g,容量为几十毫升至几升,分离形式是固液沉降分离;转子有角式和外摆式,其转速不能严格控制,通常不带冷冻系统,于室温下操作,用于收集易沉降的大颗粒物质,如红细胞、酵母细胞等。这种离心机多用交流整流子电动机驱动,电机的碳刷易磨损。转速是用电压调压器调节,启动电流大,速度升降不均匀。转头一般置于一个硬质钢轴上,因此精确地平衡离心管及内容物就极为重要,否则会损坏离心机。

2. 高速冷冻离心机 最大转速为20 000~25 000r/min,最大相对离心力为89 000×g,最大容量可达3L,分离形式也是固液沉降分离。配有各种角式转头、荡平式转头、区带转头、垂直转头和连续流动转头。一般配有制冷系统,以消除高速旋转转头与空气之间摩擦而产生的热量,离心室的温度可以调节并维持在0~4℃。转速、温度和时间都可以严格准确地控制,并有指针或数字显示,通常用于微生物菌体、细胞碎片、大细胞器、硫铵沉淀和免疫沉淀物等的分离纯化工作,但不能有效地沉降病毒、小细胞器(如核蛋白体)或单个分子。

3. 超速离心机　转速可达 50 000～80 000r/min,相对离心力最大可达 510 000×g,离心容量由几十毫升至 2L,分离的形式是差速沉降分离和密度梯度区带分离,离心管平衡允许的误差小于 0.1g。超速离心机的出现,使生物科学的研究领域有了新的扩展,它能使过去仅仅在电子显微镜下观察到的亚细胞器得到分级分离,还可以分离病毒、核酸、蛋白质和多糖等。

超速离心机主要由驱动和速度控制、温度控制、真空系统以及转头四部分组成。超速离心机的驱动装置是水冷或风冷电动机,通过精密齿轮箱或皮带变速,或者直接用变频感应电机驱动,并由微机进行控制。由于驱动轴较细,因而在旋转时,此细轴可有一定的弹性弯曲,以适应转头轻度的不平衡,而不至于引起震动或转轴损伤。除速度控制系统外,还有一个过速保护系统,以防止转速超过转头最大规定转速而引起转头的撕裂或爆炸,为此,离心腔用能承受此种爆炸的装甲钢板密闭。

超速离心机的温度控制是由安装在转头下面的红外线射量感受器直接并连续监测离心腔的温度,以保证更准确、更灵敏的温度调控。这种红外线温控比高速离心机的热电偶控制装置更敏感,更准确。

超速离心机装有真空系统,这是它与高速离心机的主要区别。离心机的速度在 2 000r/min 以下时,空气与旋转转头之间的摩擦只产生少量的热,速度超过 20 000r/min 时,由摩擦产生的热量显著增大;当速度在 40 000r/min 以上时,由摩擦产生的热量就成为严重问题。为此,将离心腔密封,并由机械泵和扩散泵串联工作的真空泵系统抽成真空,温度的变化容易控制。摩擦力很小,这样才能达到所需的超高转速。

(二)分析性离心机

分析性离心机使用了特殊设计的转头和光学检测系统,以便连续地监视物质在一个离心场中的沉降过程,从而确定其物理性质。

分析性超速离心机的转头是椭圆形的,以避免应力集中于孔处。此转头通过一个柔性的轴连接到一个高速的驱动装置上,在一个冷冻的真空腔中旋转。转头上有 2～6 个装离心杯的小室,离心杯是扇形石英的,可以上下透光。离心机中装有一个光学系统,在整个离心期间都能通过紫外吸收或折射率的变化监测离心杯中沉降着的物质,在预定的期间可以拍摄沉降物质的照片。在分析离心杯中物质沉降情况时,在重颗粒和轻颗粒之间形成的界面就像一个折射的透镜,结果在检测系统的照相底板上产生了一个"峰"。由于沉降不断进行,界面向前推进,因而峰也移动,从峰移动的速度可以计算出样品颗粒的沉降速度。

分析性超速离心机的主要特点就是能在短时间内,用少量样品得到一些重要信息:能够确定生物大分子是否存在及其大致的含量;计算生物大分子的沉降系数;结合界面扩散,估计分子的大小;检测分子的不均一性及混合物中各组分的比例;测定生物大分子的分子量;还可以检测生物大分子的构象变化等。

(三)离心机的主要构造

1. 转头

(1)角式转头:角式转头是指离心管腔与转轴成一定倾角的转头。它是由一块完整的金属制成的,其上有 4～12 个装离心管用的机制孔穴,即离心管腔,孔穴的中心轴与旋转轴之间的角度在 20°～40°之间,角度越大沉降越结实,分离效果越好。这种转头的优点是具有较大的容量,且重心低,运转平衡,寿命较长。颗粒在沉降时先沿离心力方向撞向离心管,然后再沿管壁滑向管底(图1-2),因此管的一侧就会出现颗粒沉积,此现象称为"壁效应"。壁效应容易使沉降颗粒被突然变速所产生的对流扰乱,影响分离效果。

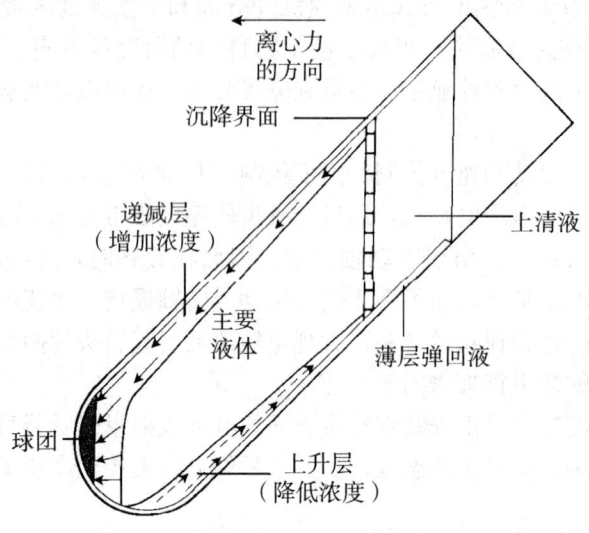

图1-2 角式转头壁效应示意图

(2)荡平式转头:这种转头是由吊着的4或6个自由活动的吊桶(离心套管)构成。如图1-3,当转头静止时,吊桶垂直悬挂(图1-3A);当转头转速达到200~800r/min时,吊桶荡至水平位置(图1-3B,图1-3C);当离心停止,吊桶垂直(图1-3D)。这种转头最适合做密度梯度区带离心,其优点是梯度物质可放在保持垂直的离心管中,离心时被分离的样品带垂直于离心管纵轴,而不像角式转头中样品沉淀物的界面与离心管成一定角度,因而有利于离心结束后由管内分层取出已分离的各样品带。其缺点是颗粒沉降距离长,离心所需时间也长。

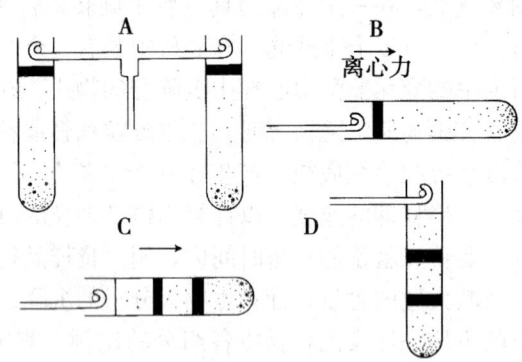

图1-3 转头旋转与吊桶位置示意图

(3)区带转头:区带转头无离心管,主要由一个转子桶和可旋开的顶盖组成,转子桶中装有十字形隔板装置,把桶内分隔成四个或多个扇形小室,隔板内有导管(图1-4)。梯度液或样品液从转头中央的进液管泵入,通过这些导管分布到转子四周,转头内的隔板可保持样品带和梯度介质的稳定。沉降的样品颗粒在区带转头中的沉降情况不同于角式和外摆式转头，在径向的散离心力作用下，颗粒的沉降距离不变，因此区带转头的"壁效应"极小，可以避免区带和沉降颗粒的紊乱，分离效果好（图1-5）。同时，兼有转速高、容量大、回收梯度容易和不影响分辨率的优点，使超离心用于制备和工业生产成为可能。区带转头的缺点是样品和介质直接接触转头，耐腐蚀要求高，操作复杂。

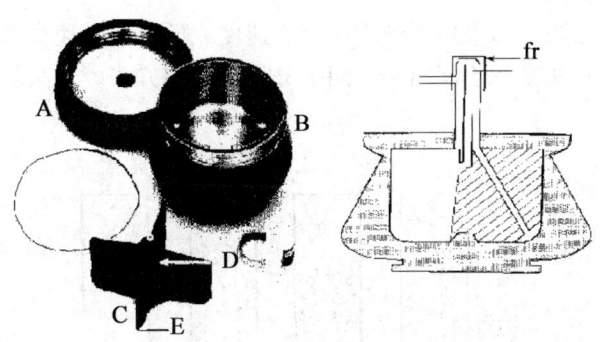

图1-4 区带转头及其截面示意图

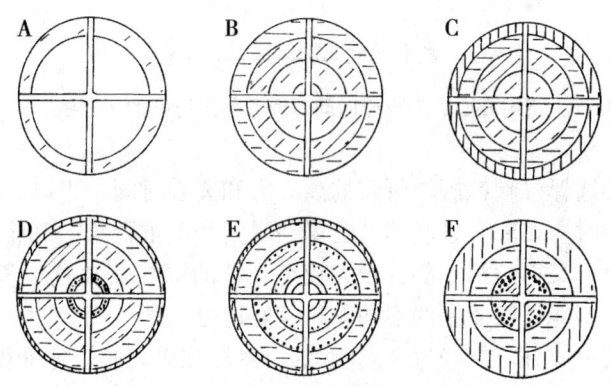

图1-5 区带转头壁效应示意图

（4）**垂直转头**：其离心管是垂直放置，样品颗粒的沉降距离最短，离心所需时间也短，适合用于密度梯度区带离心。离心结束后液面和样品区带要作90°转向，因而降速要慢。

（5）**连续流动转头**：可用于大量培养液或提取液的浓缩与分离。该类转头与区带转头类似，由转子桶、有入口和出口的转头盖及附属装置组成。离心时，样品液由入口连续流入转头，在离心力作用下，悬浮颗粒沉降于转子桶壁，上清液由出口流出。

2. **离心管** 离心管主要用塑料和不锈钢制成，塑料离心管常用材料有聚乙烯（PE）、聚碳酸酯（PC）、聚丙烯（PP）等，其中PP管性能较好。塑料离心管的优点是透明（或半透明），硬度小，可用穿刺法取出梯度。缺点是易变形、抗有机溶剂腐蚀性差、使用寿命短。不锈钢管强度大，不变形，能抗热、抗冻、抗化学腐蚀。但用时也应避免接触强腐蚀性的化学药品，如强酸、强碱等。塑料离心管都有管盖，离心前管盖必须盖严，倒置不漏液。管盖有三种作用：

(1) 防止样品外泄。用于有放射性或强腐蚀性的样品时，这点尤其重要。
(2) 防止样品挥发。
(3) 支持离心管，防止离心管变形。

三、离心方法

（一）差速沉降离心法

这是最普通的离心法。即采用逐渐增加离心速度或低速和高速交替进行离心，使质量不同的颗粒在不同的离心速度及不同离心时间下分批分离的方法。此法一般用于分离沉降系数相差较大的颗粒。

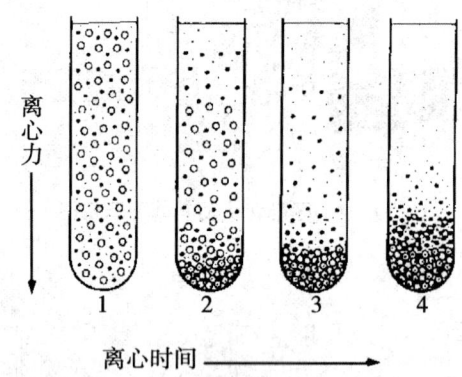

图 1-6 不同离心力与离心时间对离心效果影响的示意图

差速离心首先要选择好颗粒沉降所需的离心力和离心时间。当以一定的离心力在一定的离心时间内进行离心时，在离心管底部就会得到最大和最重颗粒的沉淀，分出的上清液在加大转速下再进行离心，又得到第二部分较大较重颗粒的沉淀及含较小和较轻颗粒的上清液，如此多次离心处理，即能把液体中的不同颗粒较好地分离开（图 1-6）。此法所得的沉淀是不均一的，仍混有其他成分，需经过 2~3 次的再悬浮和再离心，才能得到较纯的颗粒。

此法主要用于组织匀浆液中分离细胞器和病毒分离，其优点是操作简易，离心后用倾倒法即可将上清液与沉淀分开，并可使用容量较大的角式转子。缺点是：须多次离心，沉淀中有夹带，分离效果差，不能一次得到纯颗粒；沉淀于管底的颗粒受挤压，容易变性失活。

（二）密度梯度区带离心法

密度梯度区带离心法简称区带离心法，是将样品加在惰性梯度介质中进行离心沉降或沉降平衡，在一定的离心力下，把颗粒分配到某些特定位置形成不同区带的分离方法。

此法的优点是：①分离效果好，可一次获得较纯颗粒；②适用范围广，能像差速离心法一样分离具有沉降系数差的颗粒，又能分离有一定浮力密度差的颗粒；③颗粒不会挤压变性，能保持颗粒活性，并防止已形成的区带由于对流而引起混合。

此法的缺点是：①离心时间较长；②需要制备惰性梯度介质溶液；③操作严格，不易掌握。

密度梯度区带离心法又可分为两种：

1. 差速区带离心法　当不同的颗粒间存在沉降速度差时（不需要像差速沉降离心法所要求的那样大的沉降系数差），在一定的离心力作用下，颗粒各自以一定的速度沉降，在密度梯度介质的不同区域上形成区带的方法，称为差速区带离心法（图 1-7）。此法仅用于分离有一定沉降系数差的颗粒（20%的沉降系数差或更少）或分子量相差 3 倍的蛋白质，与颗粒的密度无关。大小相同，密度不同的颗粒（如线粒体，溶酶体等）不能用此法分离。

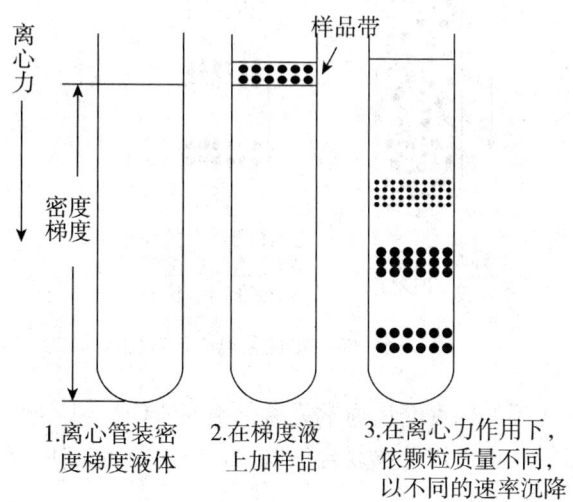

图 1-7　差速区带离心示意图

离心管先装好密度梯度介质溶液，样品液加在梯度介质的液面上，离心时，由于离心力的作用，颗粒离开原样品层，按不同沉降速度向管底沉降，离心一定时间后，沉降的颗粒逐渐分开，最后形成一系列界面清楚的不连续区带，沉降系数越大，往下沉降越快，所呈现的区带也越低，离心必须在沉降最快的大颗粒到达管底前结束，样品颗粒的密度要大于梯度介质的密度。梯度介质通常用蔗糖溶液，其最大密度和浓度（W/V）可达 $1.28kg/cm^3$ 和 60%。此离心法的关键是选择合适的离心转速和时间。

2. 等密度区带离心法　离心管中预先放置好梯度介质，样品加在梯度液面上，或样品预先与梯度介质溶液混合后装入离心管，通过离心形成梯度。这就是密度区带离心产生梯度的两种方式。

离心时，样品的不同颗粒向上浮起，一直移动到与它们的密度相等的等密度点的特定梯度位置上，形成几条不同的区带，这就是等密度离心法（图 1-8）。体系到达平衡状态后，再延长离心时间和提高转速已无意义，处于等密度点上的样品颗粒的区带形状和位置均不再受离心时间影响，而提高转速可以缩短达到平衡的时间，离心所需时间以最小颗粒到达等密度点（即平衡点）的时间为基准，有时长达数日。

等密度离心法的分离效率取决于样品颗粒的浮力密度差，密度差越大，分离效果越好，与颗粒大小和形状无关，但大小和形状决定着达到平衡的速度、时间和区带宽度。

等密度区带离心收集区带的方法有许多种，例如：

（1）用注射器和滴管由离心管上部吸出。

（2）用针刺穿离心管底部滴出。

（3）用针刺穿离心管区带部分的管壁，把样品区带抽出。

（4）用一根细管插入离心管底，泵入超过梯度介质最大密度的取代液，将样品和梯度介质压出，用自动部分收集器收集。

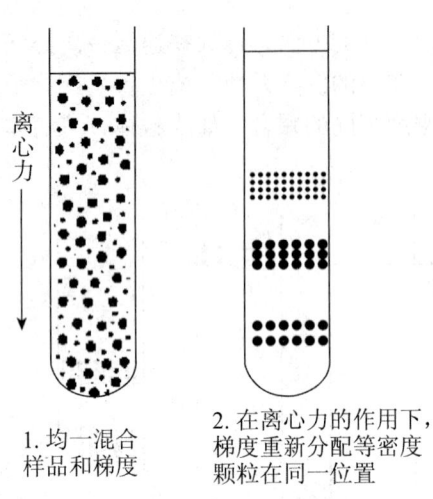

图1-8 等密度区带离心示意图

等密度区带离心法所用的梯度介质通常为氯化铯（CsCl），其密度可达 $1.7g/cm^3$。此法可分离核酸、亚细胞器等，也可以分离复合蛋白质，但简单蛋白质不适用。

（三）离心操作的注意事项

高速与超速离心机是生化实验教学和生化科研的重要精密设备，因其转速高，产生的离心力大，如使用不当或缺乏定期的检修和保养，可能发生严重事故。因此，使用离心机时都必须严格遵守操作规程。

1. 使用各种离心机时，必须事先在天平上精密地平衡离心管及其内容物。平衡时重量之差不得超过各个离心机说明书上所规定的范围，每个离心机不同的转头有各自的允许差值。转头中绝对不能装载单数的离心管，当转头只是部分装载时，离心管必须互相对称地放在转头中，以便使负载均匀地分布在转头的周围。

2. 装载溶液时，要根据各种离心机的具体操作说明进行，根据待离心液体的性质及体积选用合适的离心管。有的离心管无盖，液体不得装得过多，以防离心时甩出，造成转头不平衡、生锈或被腐蚀。而制备性超速离心机的离心管，则常常要求必须将液体装满，以免离心时塑料离心管的上部凹陷、变形。每次使用离心机后，必须仔细检查转头，及时清洗、擦干。转头是离心机中必须重点保护的部件，搬动时要小心，不能碰撞，避免造成伤痕。转头长时间不用时，要涂上一层上光蜡保护，严禁使用显著变形、损伤或老化的离心管。

3. 若要在低于室温的温度下离心时，转头在使用前应放置在冰箱或置于离心机的转头室内预冷。

4. 离心过程中不得随意离开，应随时观察离心机上的仪表是否正常工作，如有异常的声音应立即停机检查，及时排除故障。

5. 每个转头各有其最高允许转速和使用累积限时，使用转头时要查阅说明书，不得过速使用。每一转头都要有一份使用档案，记录累积的使用时间，若超过了该转头的最高使用限时，则须按规定降速使用。

（袁丽杰）

第二节 核酸的分离与纯化

核酸的基本组成单位是核苷酸，其基本功能是贮存并传递遗传信息。核酸的分离纯化与鉴定是分子生物学实验的基础工作和常用技术，可为临床疾病的诊断提供准确的依据。细胞内的核酸有 DNA 和 RNA，它们均与蛋白质结合成核蛋白。DNA 与蛋白质结合成脱氧核糖核蛋白，RNA 与蛋白质结合成核糖核蛋白。真核生物的 DNA 分为两类，一类为染色体 DNA，位于细胞核内，约占 DNA 总量的 95%，分子量大，为双链线性分子；另一类为细胞器 DNA，主要存在于线粒体等细胞器中，约占 5%，是分子量小的双链环状 DNA 分子。原核生物染色体和质粒为双链环状 DNA。而在 DNA 病毒中，即有双链环状、双链线状 DNA，也有单链环状、单链线状等形式。在 RNA 病毒中，其 RNA 分子有双链线状和单链线状的差异。DNA 分子的总长度随生物的进化程度而增加；RNA 分子则要比 DNA 小得多，而且与生物进化关系也不明显，在大多数生物体内均为单链线性分子，75% 存在于细胞质中，10% 存在细胞核中，15% 在细胞器中。RNA 功能的多样性决定了 RNA 的种类、大小和结构呈多样化。DNA 对碱性溶液相对稳定，RNA 对酸性溶液相对稳定，但过多的酸、碱均可导致两者的变性与降解。DNA 与 RNA 理化性质及细胞定位上的差异决定了两者的最适分离与纯化的条件是不同的。

由于细胞中核酸是与各种蛋白质结合在一起的，核酸的分离主要是指将核酸与蛋白质、多糖、脂类等生物大分子分开的过程。分离与纯化核酸的方法很多，各有特点。要根据实验材料的性质与量、待分离核酸的性质与用途来具体选择。各种商业化核酸提取试剂盒基本可以满足所有实验要求。

一、核酸分离的原则

核酸分离的方法很多，在分离核酸时都应遵循以下原则：一是保证核酸一级结构的完整性，因为完整的一级结构是核酸结构和功能研究的最基本要求；二是尽量排除其他分子的污染，以保证核酸样品的纯度。

（一）保持核酸的完整性

因为遗传信息全部储存在核酸一级结构之内，完整的一级结构是核酸结构与功能研究的前提。而影响核酸完整性的因素很多，包括物理、化学与生物学的因素，其中有些是可以避免的。首先，在操作过程中应尽量避免各种有害因素对核酸的破坏：①温度不要过高，核酸提取常在 0~4℃ 条件下进行，高温不仅破坏核酸分子中的化学键，而且还可带来液体剪切力；②控制 pH 值范围（5~9），在核酸的提取过程中，采用适宜的缓冲液，始终控制 pH 值在 5~9，过酸或过碱，对核酸链中的磷酸二酯键有破坏作用；③保持一定离子强度；④减少物理因素对核酸的机械剪切力。其次对无法避免的有害因素，应采取多种措施，尽量减轻对核酸的破坏。如：简化分离纯化的步骤，缩短提取的时间，减轻各种有害因素对核酸完整性的破坏。

（二）防止核酸的生物降解

细胞内或外来的各种核酸酶能消化核酸链中的磷酸二酯键，破坏核酸一级结构。防止核酸的生物降解对保持核酸的完整性非常重要，在实验室中常用的核酸酶抑制剂如下：

1. DNA 酶抑制剂

（1）金属离子螯合剂：DNA 酶需要二价金属离子 Mg^{2+}、Ca^{2+} 的激活，因此使用二价金属离子螯合剂，并在低温下操作，可抑制 DNA 酶的活性。如 EDTA-2Na（乙二胺四乙酸二钠），8-羟基喹啉等。

（2）阴离子型表面活性剂：如十二烷基磺酸钠（SDS），该类试剂除对核酸酶有抑制作用外，还能使蛋白质变性，并与变性的蛋白质结合成带负电荷的复合物，该复合物在高盐溶液中沉淀。

2. RNA 酶（RNase）抑制剂　RNase 的广泛存在与不易失活的特点，决定了生物降解是 RNA 提取过程中的主要危害因素。RNase 易污染样品，而且耐高温、耐酸、耐碱、不易失活。在 RNA 提取过程中，要采用各种方法抑制 RNase 的活性，以保证 RNA 的完整性。对所用器械和一些试剂需高温灭菌，提取缓冲液中需加 RNase 抑制剂处理。常见的有以下几种。

（1）皂土（bentonite）：皂土带负电荷，能吸附 RNase，使其失活。

（2）焦碳酸二乙酯（diethypyrocarbonate，DEPC）：黏性液体，是很强的 RNase 抑制剂。它通过和 RNase 的活性基团组氨酸的咪唑环结合使蛋白质变性，从而抑制酶的活性。使用 DEPC 时应注意：①DEPC 也能破坏单链核酸中大部分腺嘌呤环，但浓度比使蛋白质变性的浓度大 100~1000 倍；②容易降解，需 4℃或 -20℃保存；③提取 RNA 时，用 0.1% DEPC 浸泡器皿 37℃ 2h；④DEPC 是一种潜在的致癌物质，且有刺激性，对眼睛和气道黏膜有强刺激，操作应尽量在通风的条件下进行；⑤DEPC 毒性并不是很强，但吸入的毒性是最强的，使用时戴口罩，不小心沾到手上注意立即冲洗。

（3）硅藻土（macaloid）。

（4）RNase 阻抑蛋白（RNasin）。

（5）氧钒核糖核苷复合物（Vanadyl-Ribonucleoside Complex，VRC）。

二、核酸分离的主要步骤

大多数核酸分离与纯化的方法一般都经过细胞裂解、核酸与其他生物大分子物质分离、核酸纯化等几个主要步骤。每一步骤又可由多种不同的方法单独或联合实现。

（一）细胞裂解

核酸必须从细胞或其他生物物质中释放出，才能进行分离，因此核酸分离首先要经过细胞裂解。细胞裂解可通过机械作用、化学作用、酶作用等方法实现。

1. 机械作用　包括低渗裂解、超声裂解、微波裂解、冻融裂解和颗粒破碎等物理裂解方法。这些方法用机械力使细胞破碎，但机械力也可引起核酸链的断裂，因而不适用于高分子量长链核酸的分离。有报道采用超声裂解法提取的核酸，其片段长度从 500bp~20kb 之间，而颗粒匀浆法提取的核酸一般小于 10kb。

2. 化学作用　在一定的 pH 值环境和变性条件下，细胞破裂、蛋白质变性沉淀、核酸被释放到水相。能够使蛋白质变性的条件有加热、加入表面活性剂［如 SDS、Triton X-100、Tween20、NP-40、溴化十六烷基三甲基铵（CTAB）、十二烷基肌氨酸钠（Sarcosyl）、Chelex-100 等］或加入强离子剂（异硫氰酸胍、盐酸胍、肌酸胍）等。可通过加入强碱（NaOH）或缓冲液（TE、STE 等）改变提取核酸的 pH 值环境。在一定的 pH 值环境下，表面活性剂或强离子剂可使细胞裂解、蛋白质和多糖沉淀，缓冲液中的一些金属离子螯合剂（EDTA 等）可螯合激活核酸酶活性所必需的金属离子 Mg^{2+}、Ca^{2+}，从而抑制核酸酶的活性，保护核酸不被降解。

3. 酶作用　主要是通过加入溶菌酶或蛋白酶（如蛋白酶 K、植物蛋白酶或链霉蛋白酶）

以使细胞破裂、核酸释放。蛋白酶还能降解与核酸结合的蛋白质，促进核酸的分离。其中溶菌酶能催化细菌细胞壁的蛋白多糖 N-乙酰葡糖胺和 N-乙酰胞壁酸残基间的 β-1,4-糖苷键水解。蛋白酶 K 可水解脂肪族氨基酸和芳香族氨基酸的羧基端肽键，其在 65℃ 及有 EDTA、尿素（1~4mol/L）和去污剂（0.5%SDS 或 1%Triton X-100）存在时仍保留酶活性，这有利于提高高分子量核酸的提取效率。在实际工作中，酶作用、机械作用、化学作用经常联合使用。具体选择哪种或哪几种方法可根据细胞类型、待分离的核酸类型及后续实验目的来确定。

（二）核蛋白的解聚，变性蛋白的去除

核酸与蛋白质的结合力主要是正负电荷的静电吸力（核酸与碱性蛋白质的结合），氢键和非极性的范德瓦耳斯力（van der Waals force）。分离核酸最困难的是将与其紧密结合的蛋白质分开，同时避免核酸降解。常用方法如下。

1. 加入浓盐溶液（如 NaCl）　核酸-蛋白质结合物在加入 NaCl 后，静电吸力破坏、氢键破坏，使核蛋白解聚，常选用 0.14mol/L 的氯化钠溶液提取核蛋白（RNP），而选用 1mol/L 的氯化钠溶液提取脱氧核蛋白（DNP）。

2. 加入 SDS　SDS 除有破胞和抑制核酸酶的作用外，还具有使核酸从蛋白质上游离出来的功能。

3. 酚/氯仿抽提　酚/氯仿混合使用能增加去除蛋白质的效果，并对核酸酶有抑制作用。氯仿比重大，能加速有机相与水相分层，减少残留在水相中的酚；同时氯仿具有去除植物色素和蔗糖的作用。在酚/氯仿抽提核酸提取液时，需要振摇，为防止起泡和促使水相与有机相的分离，可加上一定量的异戊醇（酚∶氯∶异戊醇＝25∶24∶1）。使用酚/氯仿抽提时应注意：①酚通常是透明无色的结晶，如果结晶呈现粉红色或黄色，表明其中含有酚的氧化产物，如苯醌等，变色的酚不能用于核酸抽提实验，因为氧化物可破坏核酸的磷酸二酯键；②酚腐蚀性很强，并可引起严重的灼伤，操作时应戴手套。

（三）核酸的分离与纯化

核酸的高电荷磷酸骨架使其比蛋白质、多糖、脂肪等其他生物大分子物质更具亲水性，根据它们理化性质的差异，用选择性沉淀、层析、密度梯度离心等方法可将核酸分离纯化。哺乳动物细胞制备 DNA 最常用的分离纯化方法是酚抽提法。适用于多种来源的标本，如单层培养细胞、悬浮生长细胞、新鲜的组织及血液标本等。

1. 酚提取/沉淀法　核酸分离的一个经典方法是酚/氯仿抽提法。细胞裂解后离心分离含核酸的水相，加入等体积的酚∶氯仿∶异戊醇（25∶24∶1 体积）混合液。依据应用目的，两相经漩涡振荡混匀（适用于分离小分子量核酸）或简单颠倒混匀（适用于分离高分子量核酸）后离心分离。疏水性的蛋白质被分配至有机相中，核酸则被留于上层水相。酚是一种有机溶剂，应预先用 STE 缓冲液饱和，因未饱和的酚会吸收水相而带走一部分核酸。酚也易氧化发黄，故在制备酚饱和液时要加入 8-羟基喹啉避免酚氧化。氯仿可去除脂肪，使更多蛋白质变性，从而提高提取效率。异戊醇则可减少操作过程中产生的气泡。核酸盐可被一些有机溶剂沉淀，通过沉淀可浓缩核酸，改变核酸溶解缓冲液的种类以及去除某些杂质分子。在酚/氯仿抽提后用乙醇沉淀，在含核酸的水相中加入 pH＝5.0~5.5，终浓度为 0.3mol/L 的 NaAc 或 KAc 后，Na^+ 会中和核酸磷酸骨架上的负电荷，在酸性环境中促进核酸的疏水复性。然后加入 2~2.5 倍体积的乙醇，经一定时间的孵育，可使核酸有效地沉淀，这是核酸分离与纯化的典型实例。

2. 其他有机溶剂和盐沉淀法　异丙醇、聚乙二醇（PEG）等有机溶剂和 10.0mol/L 醋酸铵、8.0mol/L 的氯化锂、氯化镁和低浓度的氯化锌等盐类也用于核酸的沉淀。不同的离子对一些酶有抑制作用或可影响核酸的沉淀和溶解，在实际使用时应予以选择。经离心收集，核酸沉淀用 70% 的乙醇漂洗以除去多余的盐分，即可获得纯化的核酸。

3. 层析法　层析法是利用不同物质某些理化性质的差异而建立的分离分析方法。包括吸附层析、亲和层析和离子交换层析等。因分离和纯化同步进行，在用商品试剂盒分离纯化核酸时，层析法常被广泛用于核酸的纯化。在一定的离子环境下，核酸可被选择性地吸附到硅土、硅胶或玻璃表面而与其他生物分子分离。另外一些选择性吸附方法以经修饰或包被的磁珠作为固相载体，磁珠可通过磁场分离而无需离心，结合至固相载体的核酸可用低盐缓冲液或水洗脱。该法分离纯化核酸具有质量好、产量高、成本低、快速、简便、节省人力以及易于实现自动化等优点。

(1) 吸附层析法：玻璃粉或玻璃珠被证实为一种有效的核酸吸附剂。在高盐溶液中，核酸可被吸附至玻璃基质上，离液盐碘化钠或高氯酸钠可促进 DNA 与玻璃基质结合。Dederich 等用酸洗玻璃珠分离纯化核酸，获得高产量的质粒 DNA。在该方法中，细胞在碱性环境下裂解，裂解液用醋酸钾缓冲液中和后，直接加至含异丙醇的玻璃珠滤板，被异丙醇沉淀的质粒 DNA 结合至玻璃珠，用 80% 乙醇真空抽洗除去细胞残片和蛋白质沉淀。最后用含 RNase 的 TE 缓冲液洗脱与玻璃珠结合的 DNA，获得的 DNA 可直接用于测序。

Elkin 等应用羧化磁珠分离纯化质粒 DNA。该法在细胞裂解后，离心分离含质粒的水相，再加入羧化的磁粒，然后用聚乙二醇（PEG）/NaCl 沉淀，使目的 DNA 吸附至磁珠，最后磁场分离被吸附的 DNA，经乙醇洗涤，用水洗脱，可获得高产量的适用于毛细管测序的模板 DNA。

铁粒也可作为固相支持物，经磁场分离纯化质粒 DNA。细菌用溶菌酶煮沸法裂解，质粒被释放至悬浮液中，加铁珠捕获，用磁场使铁珠分离，经漂洗后用水洗脱质粒，可获得高产量、测序级的质粒 DNA。

(2) 亲和层析法：Chandler 等报道了一种用肽核酸（peptide nucleic acid，PNA）分离核酸的方法。PNA 是一种以中性酰胺键为骨架并兼有多肽和核酸性质的独特化合物，可以高度亲和并序列特异地与 DNA 和 RNA 结合，而且形成的杂交复合物具有相当高的热稳定性以及独特的耐离子强度变化性质，PNA 不能被蛋白酶和核酸酶所降解，可作为纯化皮克（pg）级核糖体 DNA(rDNA) 和核糖体 RNA(rRNA) 的试剂。在该方法中，以生物素标记的肽核酸（peptide nucleic acids，PNAs）为探针，以包被抗生物素蛋白链菌素的磁珠作为固相载体。PNA 探针在高盐环境下，与目的核酸（DNA 或 RNA）混合，经煮沸、冰浴、温育杂交，直接加入包被了抗生物素蛋白链菌素的顺磁性颗粒，经静置捕获 PNA-核酸杂交体，水洗而获得纯化的核酸。

也有用裂殖菌多糖（schizophyllan，SPG）制备亲和层析柱分离纯化 RNA 的报道。SPG 是一种 β-1,3-葡聚糖，在低温下，含 RNA 的流动相通过层析柱，Poly(C) 和 poly(A) 与 SPG 通过氢键和疏水作用形成复合物而被吸附于柱上，然后通过改变缓冲液成分，将被吸附的 RNA 洗脱。亲和层析应用于核酸分离与纯化的另一个例子是用 oligo(dT)$_2$ 纤维素层析法从真核细胞总 RNA 中分离带 poly(A) 尾的 mRNA。在该方法中，短链 oligo(dT) 通过其 5-磷酸与纤维素的羟基共价结合而连接至纤维素介质上。当样本经过 oligo(dT) 柱时，mRNA 因其 poly(A) 可与短链 oligo(dT) 形成稳定的 RNA-DNA 杂合链，而被连接到纤维素介质上，从而与其他 RNA 分离。

(3) 离子交换层析法：因为核酸为高负电荷的线性多聚阴离子，在低离子强度缓冲液中，利用目的核酸与阴离子交换柱上功能基质间的静电反应，使带负电荷的核酸结合到带正电的基质上，杂质分子被洗脱。然后提高缓冲液的离子强度，将核酸从基质上洗脱，经异丙醇或乙醇沉淀即可获得纯化的核酸。该法适用于大规模核酸的纯化。Ferreira等用含0.5mol/L NaCl的TE缓冲液平衡层析柱，加样后用含1mol/L NaCl的TE缓冲液洗脱核酸，获得了很好的分离效果。

4. 密度梯度离心法　密度梯度离心也可用于核酸的分离和分析。双链DNA、单链DNA、RNA和蛋白质具有不同的密度，可经密度梯度离心形成不同密度的纯样品区带，该法适用于大量核酸样本的制备，其中氯化铯-溴乙锭（ethidium bromide，EB）梯度平衡离心法被认为是纯化大量质粒DNA的首选方法。氯化铯是核酸密度梯度离心的标准介质，梯度液中的EB与核酸结合，离心后形成的核酸区带经紫外灯照射，产生荧光而被检测，用注射针头穿刺回收后，通过透析或乙醇沉淀除去氯化铯而获得纯化的核酸。

三、核酸的浓度、纯度测定和完整性鉴定

（一）核酸的浓度测定

核酸浓度的定量鉴定可通过紫外分光光度法与荧光光度法进行。

1. 紫外分光光度法　紫外分光光度法只用于测定浓度大于$0.25\mu g/ml$的核酸溶液。在波长260nm的紫外线下，1个OD值的光密度*大约相当于$50\mu g/ml$的双链DNA、$38\mu g/ml$的单链DNA或单链RNA、$33\mu g/ml$的单链寡聚核苷酸。若DNA样品中含有盐，则会使A_{260}的读数偏高，尚需测定A_{310}以扣除背景，并以A_{260}与A_{310}的差值作为定量计算的依据。如双链DNA（$\mu g/ml$）＝A_{260}光密度值×50×稀释倍数。

2. 荧光光度法　荧光光度法以核酸的荧光染料EB嵌入碱基平面后，使本身无荧光的核酸在紫外线激发下发出橙红色的荧光，且荧光强度积分与核酸含量成正比。该法灵敏度可达1～5ng，适合低浓度核酸溶液的定量分析。另外，SYBR Gold作为一种新的超灵敏荧光染料，可以从琼脂糖凝胶中检出低于20pg的双链DNA。

（二）纯度测定

紫外分光光度法和荧光光度法，均可用于核酸的纯度鉴定。

1. 紫外分光光度法　主要通过A_{260}与A_{280}的比值来判定有无蛋白质的污染。在TE缓冲液中，纯DNA的A_{260}/A_{280}比值为1.8，纯RNA的A_{260}/A_{280}比值为2.0。比值升高与降低均表示不纯。其中蛋白质与在核酸提取中加入的酚均使该比值下降。判定是蛋白质的污染还是酚的污染，主要根据蛋白质的紫外吸收峰在280nm、酚的紫外吸收峰在270nm进行鉴别。RNA的污染可致DNA制品的A_{260}/A_{280}比值高于1.8，故比值为1.8的DNA溶液不一定为纯的DNA溶液，可能兼有蛋白质、酚与RNA的污染，需结合其他方法加以鉴定。A_{260}/A_{280}的比值是衡量蛋白质污染程度的一个良好指标，2.0是高质量RNA的标志。但要注意，由于受RNA二级结构不同的影响，其读数可能会有一些波动，一般在1.8～2.1之间都是可以接受的。另外，鉴定RNA纯度所用溶液的pH值会影响A_{260}/A_{280}的读数。如RNA在水溶液中的A_{260}/A_{280}比值就比其在Tris缓冲液（pH=7.5）中的读数低0.2～0.3。

2. 荧光光度法　用EB等荧光染料示踪的核酸电泳结果可用于判定核酸的纯度。由于

---

*注：光密度（Optical density，OD），又称吸光度（absorbance，A），本书按习惯用A表示。

DNA分子较RNA大许多，电泳迁移率低；而RNA中以rRNA最多，占到80%~85%，tRNA及核内小分子RNA占15%~20%，mRNA占1%~5%。故总RNA电泳后可呈现特征性的三条带。在原核生物为明显可见的23S、16S的rRNA条带及由5S的rRNA与tRNA组成的相对有些扩散的快迁移条带。在真核生物为28S、18S的rRNA及由5S、5.8S的rRNA和tRNA构成的条带。mRNA因量少且分子大小不一，一般是看不见的。通过分析以溴乙锭为示踪染料的核酸凝胶电泳结果，可以鉴定DNA制品中有无RNA的干扰，亦可鉴定在RNA制品中有无DNA的污染。

（三）完整性鉴定

常用凝胶电泳法鉴定核酸的完整性，样品中含核酸量不足时（<0.25μg/ml），或样品中含有其他能吸收紫外线的成分而妨碍DNA等的精确定量时，可利用嵌入DNA中的EB分子受紫外光激发发射的荧光来进行测定。

1. 凝胶电泳法　以EB为示踪染料的核酸凝胶电泳结果可用于判定核酸的完整性。基因组DNA的分子量很大，在电场中泳动很慢，如果有降解的小分子DNA片段，在电泳图上可以显著地表现出来。而完整的无降解或降解很少的总RNA电泳图，除具特征性的三条带外，三条带的荧光强度积分应为一特定的比值。沉降系数大的核酸条带，分子量大，电泳迁移率低，荧光强度积分高；反之，分子量小，电泳迁移率高，荧光强度积分低。一般28S（或23S）RNA的荧光强度约为18S（或16S）RNA的2倍，否则提示有RNA的降解。如果在加样槽附近有着色条带，则说明有DNA的污染。

2. 其他方法　可以通过一些特殊的试验来分析RNA的完整性，如小规模的第一链cDNA合成反应、以放射性标记的寡脱氧胸苷酸oligo（dT）为探针的Northern杂交以及对已知大小的mRNA的Northern杂交。

随着毛细管电泳与生物芯片技术的飞速发展，核酸的分离、纯化、鉴定与回收的手段日益丰富。

四、核酸的保存

核酸的结构与性质相对稳定，无需每次制备新鲜的核酸样品，且一次性制备的核酸样品往往可以满足多次实验研究的需要，因此有必要探讨核酸的贮存环境与条件。与分离纯化一样，DNA与RNA的保存条件也因性质不同而相异。

（一）DNA的保存

对于DNA来讲，溶于TE缓冲液中可在-70℃储存数年。其中TE的pH值为8，可以减少DNA的脱氨反应；而pH值低于7.0时DNA容易变性；EDTA作为二价金属离子的螯合剂，通过螯合Mg^{2+}、Ca^{2+}等二价金属离子抑制DNA酶的活性；低温条件则有利于减少DNA分子的各种反应；双链DNA因结构上的特点而具有很大的惰性，常规4℃亦可保存较长时间；在DNA样品中加入少量氯仿，可以有效避免细菌与核酸的污染。

质粒DNA的保存可将质粒溶于TE中，4℃短期保存，或-20℃和-70℃长期保存。也可在含有质粒的细菌培养液中加入等体积的甘油或7%的DMSO，-70℃长期保存。

（二）RNA的保存

RNA可溶于0.3mol/L的醋酸钠溶液或双蒸水中，-80~-70℃保存。若以焦碳酸二乙酯溶解RNA或者在RNA溶液中加入RNase阻抑蛋白（RNasin）或RVC，则可通过抑制RNase对RNA的降解而延长保存时间。另外，RNA沉淀溶于70%的乙醇溶液或去离子的甲酰胺溶液中，可于-20℃长期保存。其中，甲酰胺溶液能避免RNase对RNA的降解，而且RNA极易溶于甲酰胺溶液，其质量浓度可高达4mg/ml。需要注意的是，这些所谓RNase抑制剂或有机溶剂的加入，只是一种暂时保存的需要，如果它们对后继的实验研究与应用有影响，则必须予以去除。

由于反复冻融产生的机械剪切力对DNA与RNA核酸样品均有破坏作用，在实际操作中，核酸的小量分装是十分必要的。

（张　涛）

第三节　蛋白质和酶的纯化

一、蛋白质分离的原则

在分离蛋白质样品时，不论采用哪种方法，都应遵守以下原则：

1. 尽可能采用简单方法进行样品处理，以避免蛋白质丢失。
2. 细胞和组织样品的制备应尽量减少蛋白质的降解，可以适当应用低温和蛋白酶抑制剂防止蛋白质的降解。
3. 样品裂解液应新鲜制备，并且分装，冻存于-80℃。
4. 切勿反复冻融已制备好的样品。
5. 可以通过超速离心清除杂质。
6. 引入外源性化合物时，注意温度不可过高，防止化合物发生反应而修饰蛋白质。

二、蛋白质分离的主要步骤

蛋白质的种类、性质、所处体系以及蛋白质分离的目的不同，决定了不可能有一个固定的程序适用于各类蛋白质的分离工作。但这并不意味着蛋白质的分离没有一定的规律，实际上多数分离工作中都有类似的步骤与手段。蛋白质分离的基本步骤包括清洗组织或细胞、裂解细胞、离心除去膜组分等，最终获得溶解的蛋白质上清。

（一）材料的选择

分离蛋白质首先应考虑选择适当的材料。人体的手术标本、培养的细胞、动物组织以及微生物是蛋白质的主要材料来源。选择材料要依据实验目的，并遵循其所含目的蛋白质含量高、易获得的原则。

蛋白质含量受性别、年龄、季节、动物饲养条件及细胞培养条件的影响。另外，不同的生物体及同一生物体的不同组织细胞的蛋白质含量和分布有很大差异，在正常及病理状态下，其蛋白质的组成及含量也有很大的不同，在分离纯化蛋白质时应予以注意。材料选定后，通常进行预处理，将不必要的结缔组织、脂肪组织等在尽可能接近生命状态下剔除，处理后应立即使用或在冰箱中保存。制备某些易被分解的活性蛋白质、酶或蛋白激素时，一般宜选用新鲜材料。

（二）细胞和组织的破碎

除了提取体液、细胞外某些多肽激素、蛋白质和酶不需要破碎细胞外，对于细胞内及多细胞生物组织中各种蛋白质的分离纯化，都需事先将细胞和组织破碎，使蛋白质充分释放出来。不同的生物体或同一生物体的不同组织，细胞破碎难易不一，使用的方法也不尽相同。如胰、肝、脑组织一般比较柔软，用普通的匀浆器研磨即可；肌肉、心脏组织较韧，需预先绞碎再作匀浆；许多微生物都有坚韧的细胞壁，需用自溶、冷热交替、加砂研磨、超声波和加压处理等方法。目前已建立了很多破碎细胞，释放细胞内容物的方法。根据作用方式不同一般将其分为机械法、物理法和电化学法三大类。

1. 机械法　通过机械切力作用使组织细胞破碎的方法称为机械法，如匀浆、研磨等。

（1）匀浆：是破碎机体软组织最常用的方法之一。其原理是将组织剪切成小块，再加入3~5倍体积的预冷匀浆缓冲液，通过固体剪切力破坏组织和细胞，释放蛋白质进入溶液。它是通过匀浆器来进行的。市售匀浆器有四大类：刀片式组织破碎匀浆器、内切式组织匀浆器、玻璃匀浆器及用于规模生产的高压匀浆器。实验室常用的是由电力驱动，通过调节速度完成匀浆制备的切片式匀浆器。

（2）组织捣碎机：该方法由调速器、支架、马达、带杆刀叶、有机玻璃筒等部分组成。操作时，将材料配成稀糊溶液，放置于玻璃筒内约占 1/3 体积，固定筒上盖子，将调速器拨至最慢处，开动马达后，逐步加速到所需速度。一般市售捣碎机转速最高可达 10 000~20 000r/min。捣碎过程注意维持低温，筒外可放置冰水浴。

（3）研磨：是破碎单一细胞的有效方法。借助于研磨中磨料和细胞间的剪切及碰撞作用破碎细胞。常用的磨料为沙子、氧化铝等。主要用于细菌、酵母等的破碎。

2. 物理法　通过各种物理因素作用使组织细胞破碎的方法称为物理法。

（1）超声法：输入高能超声波可以破碎细胞，其机制与超声波作用溶液时的气泡产生、长大和破碎的空化现象有关。空化现象引起的冲击波和剪切力使细胞裂解。超声波破碎的效率取决于声频、声能、处理时间、细胞浓度及细胞类型等。超声波破碎在处理少量样品时操作简便、效率高、液量损失少，适于实验室使用。但应注意的是超声波产生的化学自由基团能使敏感的活性物质变性、失活，另外噪声也比较大。

（2）反复冻融法：把待破碎样品冷至 -20~-15℃冻固，然后缓慢地溶解，如此反复操作，大部分动物性细胞及细胞内颗粒可被破碎。由于在此过程中易使活性蛋白质失活，故适用于提取非常稳定的蛋白质。

（3）冷热交替法：将材料投入沸水中，在 90℃维持数分钟，立即置于冰浴中，使之迅速冷却，绝大多数细胞被破坏，一般适用于从细菌或病毒中提取蛋白质。

（4）低渗裂解法：是指无胞壁细胞在低渗溶液中，通过渗透张力作用裂解的方法，常用于红细胞的裂解。

3. 化学法

（1）有机溶剂法：有些有机溶剂（如苯、甲苯等）可以改变细胞壁或膜的通透性，使内含物有选择性的渗透出来。丙酮也是常用的有机试剂，它不仅可以有效地破碎细胞膜，而且可以制成具有蛋白质活性的干粉，即丙酮粉，后者能长时间保存，另外它还可以脱去脂肪，便于后续的抽提。

（2）表面活性剂：较常用的有 SDS、Triton X-100、NP-40 和脱氧胆酸等。

（3）酶解法：用生物酶将细胞壁和细胞膜消化溶解的方法称为酶解法。利用此法处理细胞必须根据细胞的结构和化学组成选择适当的酶。常用的有溶菌酶、蛋白酶、甘露糖酶、糖苷酶和肽链内切酶等。细菌主要用溶菌酶处理，酵母需用几种酶复合处理。酶解时应注意控制温度、酸碱度、用量、先后次序及时间。

三、蛋白质的纯化

随着分子生物学的发展，基因克隆表达变得越来越容易。但分子生物学的上游工作往往并非研究的最终目的，分子克隆与表达的关键是要拿到纯的表达产物，以研究其生物学作用，或者大量生产出可用于疾病治疗的生物制品。相对于上游工作来说，分子克隆的下游工作显得更难，蛋白质纯化工作非常复杂，除了要保证纯度外，蛋白质产品还必须保持其生物学活性。纯化工艺必须能够每次都产生相同数量和质量的蛋白质，重复性良好。这就要求应用适应性非常强的方法，而不是用能得到纯蛋白质的最佳方法去纯化。在实验室条件下的好方法却可能在大规模生产中应用失败，因为后者要求规模化，且在每日的应用中要有很好的重复性。因此，学习蛋白质纯化的基本原则和各种纯化技术的原理、优点及局限性尤为重要，它对蛋白质纯化的方法选择及整体方案的制订提供一定的指导。

（一）蛋白质纯化的一般原则

蛋白质的纯化要利用不同蛋白质间内在的相似性与差异，利用各种蛋白质间的相似性除去非蛋白质物质的污染，而利用各蛋白质的差异将目的蛋白质从其他蛋白质中纯化出来。每种蛋白质间的大小、形状、电荷、疏水性、溶解度和生物学活性都会有差异，利用这些差异可将蛋白质从混合物（如大肠埃希菌裂解物）中提取出来得到重组蛋白质。蛋白质的纯化大致分为粗分离阶段和精细纯化阶段两个阶段。粗分离阶段主要将目的蛋白质和其他细胞成分如 DNA、RNA 等分开，由于此时样本体积大、成分杂，要求所用的树脂高容量、高流速、颗粒大、粒径分布宽，并可以迅速将蛋白质与污染物分开，防止目的蛋白质被降解。精细纯化阶段是要把目的蛋白质与那些大小及理化性质接近的蛋白质区分开来，需要更高的分辨率。因此，要用更小的树脂颗粒以提高分辨率。应用时要综合考虑树脂的选择性和柱效两个因素。选择性是指树脂与目的蛋白质结合的特异性，柱效则是指蛋白质的各成分逐个从树脂上集中洗脱的能力，洗脱峰越窄则柱效越好。

蛋白质分子能否成功、高效率地制备，关键在于纯化方案的正确选择和各纯化方法实验条件的探索。选择与探索纯化实验条件的依据就是蛋白质分子与杂质之间的生物学和物理化学性质上的差异。

（二）几种蛋白质纯化方法及优缺点

纯化蛋白质分子的方法可以粗略地分类如下：①以分子大小和形态的差异为依据的方法，如差速离心、区带离心、超滤、透析和凝胶过滤等；②以溶解度的差异为依据的方法，如盐析、萃取、分配层析、选择性沉淀和结晶等；③以电荷差异为依据的方法，如电泳、电渗析、等电点沉淀、吸附层析和离子交换层析等；④以生物学功能专一性为依据的方法，如亲和层析等。

1. 蛋白质沉淀 蛋白质沉淀可以把蛋白质从混有蛋白酶和其他有害杂质的培养基及细胞裂解物中解脱出来。蛋白质能溶于水是因为其表面有亲水性氨基酸。在蛋白质的等电点处若溶液的离子强度特别高或特别低，蛋白质则倾向于从溶液中析出。硫酸铵是沉淀蛋白质最常用的盐，目前蛋白质纯化多采用这种办法作为纯化的第一步，它可以对蛋白质进行粗提，去除非蛋白质成分。蛋白质在硫酸铵沉淀中较稳定，可以短期在这种状态下保存中间产物，进行粗分离。但在规模化生产上，此法仍存在一些问题，如硫酸铵对不锈钢器具有很强的腐蚀性。

除盐析法外，蛋白质还可以用 PEG 和防冻剂等多聚物沉淀出来，PEG 是一种惰性物质，同硫酸铵一样对蛋白质有稳定效果，在缓慢搅拌下逐渐提高冷的蛋白质溶液中的 PEG 浓度，通过离心或过滤获得蛋白质沉淀，蛋白质可在这种状态下长期保存而不损坏。

蛋白质沉淀对蛋白质纯化来说并不是最合适的方法，因为它只能达到几倍的纯化效果，而我们在达到目的前需要上千倍的纯化。

2. 缓冲液的更换　虽然更换缓冲液不能提高蛋白质纯度，但它却在蛋白质纯化方案中起着极其重要的作用。不同的蛋白质纯化方法需要不同 pH 值及不同离子强度的缓冲液。如硫酸铵将蛋白质沉淀出来后，蛋白质处在高盐环境中，需脱盐，传统的脱盐是用半透膜透析，通过勤换透析液法去除盐分，此法耗时长、难以用于大规模纯化。而新型的设备可将透析膜夹在两个板中间，板的一侧加缓冲液，另一侧加需脱盐的蛋白质溶液，并在蛋白质溶液一侧通过泵加压，使两侧溶液在数小时内达到平衡，若增加对蛋白质溶液的压力，还可迫使水分和盐更多通过透析膜进入透析液，达到对蛋白质浓缩的目的。蛋白质纯化的过程中每一步都会造成目的蛋白质的丢失，缓冲液平衡的步骤尤为明显。蛋白质会结合在任何它所接触的表面上，剪切力、起泡沫和离子强度的快速变化很容易让蛋白质失活。

3. 离子交换色谱　离子交换色谱是蛋白质纯化与浓缩最有效的方法。基于蛋白质与离子交换树脂间的相互电荷作用，通过选择不同的缓冲液，同一种蛋白质既可以和阴离子交换树脂（能结合带负电荷的分子）结合，也可以和阳离子交换树脂结合。树脂所用的带电基团有四种：①二乙基氨基乙基用于弱的阴离子交换树脂；②羧甲基用于弱的阳离子交换树脂；③季铵用于强阴离子交换树脂；④甲基磺酸基用于强阳离子交换树脂。大多数蛋白质在生理 pH 值下带负电荷，需用阴离子交换柱纯化，极端的 pH 值下蛋白质会变性失活，应尽量避免。由于在某个特定的 pH 值下，不同的蛋白质所带电荷数不同，与树脂的结合力也不同，故随着缓冲液盐浓度的增加或 pH 值的变化，蛋白质按结合力的强弱被依次洗脱。在实验室中几乎总是用盐浓度梯度去洗脱离子交换柱，利用泵的辅助可以使流入柱的缓冲液中盐浓度平稳地上升，当离子强度能够中和蛋白质的电荷时，蛋白质就被从柱上洗脱下来。离子交换色谱的特异性好，有更多的参数可以调整以获得最优的纯化效果，树脂价格也比较便宜。但是即便采用最精确控制的条件，仅用离子交换单一的方法也得不到纯的蛋白质，还需要其他的纯化方法。

4. 亲和层析　亲和层析基于目的蛋白质与固相化的配基特异性结合而滞留于柱上，而其他蛋白质会流过柱子。本法通常在纯化过程的后期应用，此时标本体积已缩小，大部分的杂质已经去除。但本方法单抗价格昂贵，且需先纯化；单抗与目的蛋白质结合力太强，要用苛刻的条件来洗脱，这会导致目的蛋白质失活并破坏单抗；某些单抗也会在纯化过程中从树脂上解离下来混入产物中，也需要从终产物中去除；混合物中的其他蛋白质，如蛋白酶，也可能破坏抗体或与它们非特异结合。

常用的纯化标签包括谷胱甘肽 S-转移酶（Glutathione S-transferase，GST）和 6 组氨酸标签。GST 是最常用的亲和层析纯化标签之一，带有此标签的重组蛋白质可用交联谷胱甘肽的层析介质纯化，但蛋白质上的 GST 必须能合适地折叠，形成与谷胱甘肽结合的空间结构才能用此方法纯化；并且，GST 标签多达 220 个氨基酸，如此大的标签可能会影响表达蛋白质的可溶性，使其形成包涵体，这会破坏蛋白质的天然结构，难于进行结构分析，有时即便纯化后再酶切去除 GST 标签也不一定能解决问题。6 组氨酸标签利用组氨酸的咪唑侧链可亲和结合镍、锌和钴等金属离子，在中性和弱碱性条件下，带组氨酸标签的目的蛋白质与镍柱结合，在低 pH 值下用咪唑竞争洗脱。6 组氨酸标签与 GST 相比有许多优点：首先，由于只有 6 个氨基酸，分子量很小，一般需要酶切去除；其次，可以在变性条件下纯化蛋白质，在高浓度的尿素和盐酸胍中仍能保持结合力；最后，6 组氨酸标签无免疫原性，重组蛋白质可直接用来注射动物，也不影响免疫学分析。虽有诸多优点，但此标签仍有不足，如目的蛋白质易形成包涵体、难以溶解、稳定性差及错误折叠等。镍柱纯化时，金属镍离子容易脱落漏出混入蛋白质溶液，不但会通过氧化破坏目的蛋白质的氨基酸侧链，而且柱子也会非特异吸附蛋白质，影响纯化效果。若目的蛋白质可与某种碳水化合物特异结合，或者需要某种特殊的辅因子，可将该碳水化合物或辅因子固相化制成亲和柱，结合后，目的蛋白质可用高浓度的碳水化合物或辅因子洗脱。

5. 疏水作用　亲水性氨基酸残基位于蛋白质表面吸引了许多的水分子，所以通常情况下整个蛋白质分子被水分子包围着，疏水性氨基酸不会暴露在外。在高盐浓度的环境中蛋白质的疏水性区域则会暴露并与疏水性介质表面的疏水性配基结合。不同的蛋白质疏水性不同，其疏水作用力大小也不同，可通过逐渐降低缓冲液中盐浓度冲洗柱子，在盐浓度很低时，蛋白质恢复自然状态，疏水作用力减弱，被洗脱出来。疏水性树脂的选择性是由疏水性配基的结构决定的，常用的直链配体为烷基配体（alkyl ligands）和芳基配体（arylligands），链越长，结合蛋白质的能力也越强。为选择合适的介质，Amersham Biosciences 推出了疏水作用树脂选择试剂盒，包括 5 种不同的树脂供比较。疏水层析很适合作为离子交换纯化的下一个步骤，因为疏水作用层析在高盐浓度下上样，从离子交换得到的产物不需更换缓冲液即可使用。蛋白质又在低盐缓冲液中洗脱，省去了下一步纯化前更换缓冲液的步骤，减少了蛋白质的丢失。

6. 排阻层析　也叫凝胶过滤或分子筛。排阻层析柱的填充颗粒是多孔的介质，柱中围绕着颗粒所能容纳的液体（流动相），由于各种蛋白质的分子大小不同，扩散进入特定孔径大小颗粒内的能力也各异。太大的蛋白质不能进入颗粒的孔内，只能存在于无效体积的溶液中，将会最早从柱中洗脱出来，对这部分蛋白质无纯化效果。蛋白分子越小，洗脱出来得越晚。为得到最佳的纯化效果，将孔径大小选为能够使目的蛋白质在无效体积和总柱床体积的中点附近被洗脱。排阻层析的优点是能纯化的蛋白质分子量范围宽，如有的聚合物树脂，排阻极限可达 200 000kD；而且，树脂微孔的形状适合分离球形的蛋白质，纯化过程中不需要加入能引起蛋白质变性的有机溶剂。但有些电荷密度较高的蛋白质不适合用凝胶过滤纯化，因树脂有轻度的亲水性，电荷密度高的蛋白质容易吸附在上面。排阻层析要求标本高度浓缩，故从不用于纯化过程的早期。

7. 丙烯酰胺凝胶电泳　通常用来查看蛋白质混合物样品的复杂程度和监测纯化效果。这种方法分离效果极好，但很难在不丧失精度的情况下放大到制备规模，因为随着胶厚度的增加，电泳时的热效应会严重干扰蛋白质的泳动。在基础研究中，有时仅需要少量的纯蛋白质进行研究，如蛋白质测序等，此时电泳纯化不失为一种简便快速的好方法。丙烯酰胺凝胶电泳也是蛋白质纯化过程中重要的分析工具，可检测目的蛋白质是在哪个梯度的离子交换柱盐洗脱液中；可用来判定对已有的纯化方法的改进。

新型的纯化方法也相继涌现。羟磷灰石是磷酸钙的结晶，由于其理化性质不够稳定，结合能力差，很难用于层析。而对其进行了改进，提高了钙和磷的比例，使其形成球形、多孔、性质稳定的陶瓷羟磷灰石颗粒，其带正电的钙离子和负电性的磷酸根离子可分别与蛋白质的羧基及氨基结合。通过调整缓冲液的 pH 值，酸性及碱性氨基酸可选择性地与此树脂结合，改变缓冲液的盐浓度可将蛋白质洗脱分离。资料显示，使用这种方法能使两种等电点、分子量和疏水性相同的蛋白质很好分离。亲和纯化方面，Sigma 发展了利用 FLAG 标签的纯化方法，FLAG 序列为 N－AspTyrLysAspAspAspAsp－Lys－C，分子量小，且亲水，与其融合表达的蛋白质不易形成包涵体，活性也不受影响。

四、蛋白质浓度的测定

蛋白质的定量分析是生物化学和其他生命学科最常涉及的分析内容，是临床上诊断疾病及检查康复情况的重要方法，也是许多生物制品、药品、食品质量检测的重要方法。在生化实验中，对样品中的蛋白质进行准确、可靠的定量分析则是经常进行的一项工作。蛋白质测定的方法很多，但每种方法都有其特点和局限性，因此需要在了解各种方法的基础上，根据不同情况选用恰当的方法，以满足不同的要求。目前常用的有四种经典方法，即定氮法，双缩脲法（Biuret 法）、Folin-酚试剂法（Lowry 法）和紫外吸收法。另外，还有近年才普遍使用起来的新测定法，即考马斯亮蓝结合法（Bradford 法），由于其突出的优点，正得到越来越广泛的应用。在这些方法中，以 Bradford 法和 Lowry 法灵敏度最高，比紫外吸收法灵敏 10～20 倍，比 Biuret 法灵敏 100 倍以上。定氮法虽然比较复杂，但较准确，往往以定氮法测定的蛋白质作为其他检测方法中标准蛋白质的标定方法。

值得注意的是，这四种经典的方法并不能在所有条件下适用于所有形式的蛋白质，因为一种蛋白质溶液用这四种方法测定，有可能得出四种不同的结果。每种测定法都不是完美无缺的，都有其优缺点。在选择方法时应考虑：①实验对测定所要求的灵敏度和精确度；②蛋白质的性质；③溶液中存在的干扰物质；④测定所要花费的时间。

下面介绍几种常用的测定方法。

1. 微量凯氏定氮法　简称凯氏定氮法，是目前分析有机化合物含氮量常用的方法，是测定样品中总有机氮最准确和最简单的方法之一，被国内外作为法定的标准检验方法。通过对蛋白质样品的消化、蒸馏、吸收和滴定四个过程，完成含氮量的测定。其原理是样品中含氮有机化合物与浓硫酸在催化剂作用下共热消化，含氮有机物分解产生氨，氨又与硫酸作用成硫酸铵。然后加碱蒸馏释出氨，用过量的硼酸溶液吸收氨，再用盐酸标准溶液滴定求出总氮量，最后换算为蛋白质含量。

凯氏定氮法适用范围广泛、测定结果准确、重现性好，但操作复杂、费时，试剂消耗量大。若采用模块式消化炉代替传统的消化装置，可同时测定几份样品，节省时间，提高了工作效率，适用于批量蛋白质的测定，具有准确、快速、简便、低耗、稳定的优点。

2. Biuret 法　Biuret 法是第一个用比色法测定蛋白质浓度的方法，至今仍被广泛采用。在需要快速但不很准确的测定中，常用此法，适用于 0.5～10g/L 含量的蛋白质溶液测定。其原理是 Cu^{2+} 与蛋白质的肽键以及酪氨酸残基络合成紫蓝色络合物，在 540nm 波长处有最大吸收峰。该法可受硫醇以及具有肽性质的缓冲液，如 Tris、Good 缓冲液等的干扰。可用等体积冷的 10% 三氯醋酸沉淀蛋白质，然后弃上清液，再用已知体积的 1mol/L NaOH 溶解后进行定量测定，除去干扰物。

3. Lowry 法　此法是 Biuret 法的进一步发展。其第一步是双缩脲反应，即 Cu^{2+} 与蛋白质在碱性溶液中形成络合物，然后这个络合物还原磷钼酸-磷钨酸试剂（福林-酚试剂），生成深蓝色物。此法比双缩脲法灵敏，适用于含量范围在 20～400mg/L 样品的测定。其干扰物质与 Biuret 法相同，而且受他们的影响更大，硫醇和许多其他物质的存在会使结果严重偏差。

4. 紫外吸收法　利用蛋白质在280nm波长处有特征性的最大吸收这一特点，可以计算蛋白质的含量。如果没有干扰物质的存在，在280nm处的吸收可用于测定0.1～0.5mg/ml含量的蛋白质溶液。部分纯化的蛋白质样品常含有核酸，核酸在260nm波长处有最大吸收，因此有核酸时，所测得的蛋白质浓度必须作适当校正。由于各种蛋白质所含芳香族氨基酸的量不同，因此，浓度为0.1%的各种蛋白质在280nm处的消光系数为0.5～2.5。所有的蛋白质在230nm以下都有强吸收。例如，0.1%的牛血清白蛋白在225nm和215nm处光吸收分别为5.0和11.7，而在280nm处为0.58。蛋白质在230nm以下的强吸收是由于肽键的存在，因此，此值对所有的蛋白质都是一样的。从215nm和225nm处的光密度之差也可用于测定浓度为10～100μg/ml的蛋白质。但是，蛋白质之间的分子量差异比较大，因此，在比较几种蛋白质含量时，必须作适当的校正。由于蛋白质的吸收峰常因pH值改变而变化，所以在制作标准曲线时，必须与样品条件一致。

5. Bradford法　Bradford法是1976年由Bradford建立的，是根据蛋白质与染料相结合的原理设计的。考马斯亮蓝G-250染料，在酸性溶液中与蛋白质结合，使染料的最大吸收峰位置由465nm变为595nm，溶液的颜色也由棕黑色变为蓝色。经研究认为，染料主要是与蛋白质中的碱性氨基酸（特别是精氨酸）和芳香族氨基酸残基相结合。在595nm下测定的光密度值与蛋白质浓度成正比。

这种测定法具有超过其他几种方法的突出优点，因而正在得到广泛的应用，是目前灵敏度最高的蛋白质测定法。

（1）灵敏度高，据估计比lowry法约高4倍，其最低蛋白质检测量可达1mg。这是因为蛋白质与染料结合后产生的颜色变化很大，蛋白质-染料复合物有更高的消光系数，因而光吸收值随蛋白质浓度的变化范围比Lowry法要大得多。

（2）测定快速、简便，只需加一种试剂。完成一个样品的测定，只需要5min左右。由于染料与蛋白质结合的过程，大约只要2min即可完成，其颜色可以在1h内保持稳定，且在5～20min时颜色的稳定性较好。

（3）干扰物质少。如干扰Lowry法的K^+、Na^+、Mg^{2+}、Tris缓冲液、糖和蔗糖、甘油、巯基乙醇和EDTA等均不干扰本测定结果。

但此法也存在不足：①由于各种蛋白质中的精氨酸和芳香族氨基酸的含量不同，因此对不同蛋白质测定时存在较大的偏差，在制作标准曲线时通常选用G-球蛋白为标准蛋白质，以减少这方面的偏差；②去污剂、tritonx-100、十二烷基硫酸钠和0.1N的NaOH可干扰此法；③标准曲线有轻微的非线性，因而不能用Beer定律进行计算，而只能用标准曲线来测定未知蛋白质的浓度。

五、蛋白质的保存

蛋白质制品的正确保存极为重要，一旦保存不当，会导致样品失活、变性、变质，使前面的全部制备工作化为乌有。

（一）影响蛋白质样品保存的主要因素

1. 空气　空气的影响主要是潮解、微生物污染和自动氧化。空气中微生物的污染可使样品腐败变质，样品吸湿后会引起潮解变性，同时也为微生物污染提供了有利条件。某些样品与空气中的氧接触会自发引起自由基链式反应，巯基酶等因还原性强而易于氧化变质和失活。

2. 温度　蛋白质分子都有其稳定的温度范围，温度升高10℃，氧化反应加快数倍，酶促反应增加1~3倍。因此，绝大多数样品都是低温保存，以抑制氧化、水解等化学反应和微生物的生成。

3. 水分　包括样品本身所带的水分和由空气中吸收的水分，可参加水解、酶解、水合和加成。加速蛋白质的氧化、聚合、离解和霉变。

4. 光线　某些蛋白质可吸收一定波长的光，使分子活化而不利于样品保存，尤其是日光中能量大的紫外线，对生物大分子制品影响最大，样品受光催化发生变色、氧化和分解等。

5. 样品的pH值　保存液态样品时注意其稳定的pH值范围。

6. 时间　蛋白质样品不可能永久存活，不同的样品有其不同的有效期，因此，保存的样品必须写明日期，定期检查和处理。

(二) 几种蛋白质保存方法

1. 低温保存　由于多数蛋白质和酶对热敏感，通常35~40℃以上就会失活，冷藏于冰箱一般只能保存一周左右，而且蛋白质和酶越纯越不稳定，液体状态比固体状态更不稳定。因此通常要保存于-20~-5℃，如能在-70℃下保存则最为理想。极少数酶耐热：核糖核酸酶可以短时煮沸；胰蛋白酶在稀HCl中可以耐受90℃；蔗糖酶在50~60℃可以保持15~30min不失活。还有少数酶对低温敏感，如鸟肝丙酮酸羧化酶25℃稳定，低温下失活，过氧化氢酶要在0~4℃保存，冰冻则失活，羧肽酶反复冻融会失活等。

2. 干粉或结晶保存　蛋白质和酶固态比在溶液中要稳定的多。固态干粉制剂放在干燥剂中可长期保存，例如葡萄糖氧化酶干粉0℃下可保存2年，-15℃下可保存8年。通常，酶与蛋白质含水量大于10%，室温低温下均易失活，含水量小于5%时，37℃活性会下降。如要抑制微生物活性，含水量要小于10%；抑制化学活性，含水量要小于3%。此外，要特别注意酶在冻干时往往会部分失活。

3. 保护剂　很早就有人观察到，在无菌条件下，室温保存了45年的血液，血红蛋白仅有少量改变，许多酶仍保留部分活性，这是因为血液中有蛋白质稳定的因素，为了长期保存蛋白质和酶，常常要加入某些稳定剂，包括：①惰性的生化试剂或有机物质保护剂，如糖类、脂肪酸、牛血清白蛋白、氨基酸、多元醇等，以保持稳定的疏水环境；②中性盐保护剂，有一些蛋白质要求在高离子强度（1~4mol/L或饱和的盐溶液）的极性环境中才能保持活性，最常用的是$MgSO_4$、$NaCl$、$(NH_4)_2SO_4$等，使用时要脱盐；③巯基保护剂，一些蛋白质和酶的表面或内部含有半胱氨酸巯基，易被空气中的氧缓慢氧化为磺酸或二硫化物而变性，保存时可加入半胱氨酸或巯基乙醇。

(崔荣军)

第四节　分光光度技术

一、分光光度技术基本原理

有色溶液对光线有选择性的吸收作用，不同物质由于其分子结构不同，对不同波长光的吸收能力也不同，因此，每种物质都具有其特异的吸收光谱。利用此吸收光谱对物质进行定性定量分析和物质结构分析的方法，称为分光光度法或分光光度技术，使用的仪器称为分光光度计。该技术灵敏度强，精确度高，操作简便、快速，对于多组分系统，无需分离即可检测出其中的微量组分,其中的紫外/可见分光光度技术更是生物化学研究工作中必不可少的基本手段之一。以下介绍分光光度技术的基本原理。

光是由光量子组成的电磁波,具有二重性,即不连续的微粒和连续的波动性。波长和频率是光的波动性和特征,可用下式表示:

$$\lambda = C/\nu$$

式中 λ 为波长,具有相同的振动相位的相邻两点间的距离叫波长。ν 为频率,即每秒钟振动次数。C 为光速。

常用于检测的光谱有紫外光和可见光。紫外光区可分为紫外(近紫外)和真空紫外(远紫外)。由于吸收池(又称样品池、比色杯等)和光学元件以及氧气能吸收小于 190nm 波长的光,因此常规紫外测定集中在近紫外区,即 200~400nm。而可见光区为 400~800nm。

1. 分子光谱产生原理　分子是由原子组成的,原子中的电子总是围绕着原子核不停地运动。因此,一个化合物分子的电子总是处在某一种运动状态,每一种状态都具有一定的运动能量,对应于一定的能级。当分子中的电子受到光、热、电等刺激时,分子中的总动能就会发生变化,从一个能级转到另一个能级,称之为电子跃迁。分子能级状态由基态转变为激发态后,吸能的过程产生了相应的吸收光谱。分子转动、振动和电子能级的跃迁,相应地产生转动、振动及电子光谱。由于吸收是不连续的,因此在光的一定部位出现一系列吸收暗带。因为分子转动、振动及电子能级跃迁的能量差别较大,因此,它们的吸收光谱出现在不同的光谱区域。分子转动能级级差小,$\triangle E<0.05ev$(电子伏特),分子转动光谱的吸收出现在远红外或微波区。振动能级之间的差别较大,$\triangle E=0.05\sim1.0ev$,振动光谱出现在中红外区。电子能级的级差更大,$\triangle E=1\sim20ev$,所以由电子跃迁得到的光谱出现在可见、紫外或波长更短的光谱区。可见光、紫外光吸收光谱,是由于分子中联系较松散的价电子被激发产生跃迁从而吸收光辐射能量形成的,即分子由基态变为激发态,电子吸收了光的能量,由一个低能级的轨道(即成键轨道)跃迁到高能级轨道(称为反键轨道)。

与吸收光谱有关的三种电子是:

(1) 2个原子的电子沿其对称方向相互形成的共价键(即单键),称 σ 键,构成键的电子称 σ 电子,如 C—C、C—H 键。

(2) 平行于2个原子轨道形成的价键(即双键),称 π 键,形成 π 键的电子称为 π 电子,如 C=C 键。

(3) 未共享成键的电子,称 n 电子。

各种电子跃迁所需能量大小的顺序是:

$$n \to \pi^* < \pi \to \pi^* \leqslant n \to \sigma^* < \pi \to \sigma^* < \sigma \to \pi^* < \sigma \to \sigma^*$$

凡与饱和碳氢化合物连接能引起 $n \to \pi^*$、$\pi \to \pi^*$、$n \to \sigma^*$ 等电子跃迁的基团称为发色团。如 C=C、C=O 等发色团。一些具有非共价键的基团在波长>200nm 处没有吸收,当它与发色团相连接时,使发色团的吸收带向长波移动,这种现象称为红移(或浅色效应),这些基团称为助色团,如 OH、NH_2、SH 等。红移的同时吸收带的强度增加。若助色团与发色团相连接,产生 $n \to \pi^*$ 跃迁,使吸收波长向短波移动,称为蓝移(或深色效应)。

紫外吸收光谱主要是由于双键电子,尤其是共轭双键中的 π 电子和未共享的电子对的激发所产生的。所以各种物质分子对紫外光的吸光性质取决于该分子的双键数目和未共享电子对的共轭情况等。因此，分子内部电子之间的相互作用改变，会导致紫外吸收光谱的变化，如 DNA 变性伴随的增色效应（hyperchromic effect）。

π→π* 跃迁：此类跃迁所需能量较小，吸收波长在紫外区的 200～300nm，不饱和烃、共轭烯烃及芳香烃均可发生这类跃迁，蛋白质分子中的芳香族氨基酸在 280nm 处有最大吸收峰；核酸分子中的碱基对在 260nm 处有最大吸收峰；肽分子中的肽键在 200～220nm 之间有最大吸收峰。

2. 光谱分析

（1）光密度与透光度：当光线通过均匀、透明的溶液时可出现三种情况：一部分光被散射，一部分光被吸收，另有一部分光透过溶液。设入射光强度为 I_0，透射光强度为 I，I 和 I_0 之比称为透光度（transmittance，T），即 $T \times 100\%$ 为 $T\%$，称为百分透光度。$T=I/I_0$。透光度的负对数称为光密度（optical density，OD，用 A 表示），即 $A=-\lg T=-\lg I/I_0=\lg I_0/I$。

（2）朗伯-比尔（Lambert-Beer）定律：Lambert-Beer 定律是讨论溶液光密度同溶液浓度和溶液层厚度之间关系的基本定律，该定律是分光分析的理论基础。其表达式为：

$$A=KLC$$

式中 A 为光密度；K 为比例常数，称为消光系数；L 为液层厚度，称为光径；C 为溶液浓度。Lambert-Beer 定律适用于可见光、紫外光、红外光和均匀非散射的液体。当液层厚度为"cm"，浓度单位为 mol/L 时，吸光系数 K 又称为摩尔吸光系数（ε）。其意义是：当液层厚度为 1cm 时，物质浓度为 1mol/L 时，在特定波长下的光密度值。ε 是物质的特征性常数。在固定条件（入射光波长、温度等）下，特定物质的 ε 不变，这是分光光度法对物质进行定性的基础。通过对已知浓度的溶液测定其光密度，可求得某物质的 ε。

（3）偏离 Lambert-Beer 定律的因素：应用 Lambert-Beer 定律产生的误差主要来源于光学和化学两方面因素。

1）光学因素：Lambert-Beer 定律要求入射光是单色光，在目前的分光条件下，所分出的单色光并不是严格的单色光，而是包括一定波长范围宽度的谱带，其他波长的杂色光是引起误差的主要原因。入射光的谱带越宽，其误差越大。

2）化学因素：浓度、pH 值、溶剂和温度等因素可影响化学平衡，使被测物质的浓度因离解、缔合和形成新的化合物而发生变化，从而使光密度和浓度不呈线性关系。

（4）溶液颜色与相应波长的关系：当一定波长的光通过某介质时，该介质有选择地吸收某一波长的光，使入射光的强度减弱，这种现象称为光吸收。一束光经棱镜色散后所得到的光谱透过介质时可以出现一处或几处暗的谱带，称为吸收光谱。溶液颜色与相应颜色的单色光生成互补色，这种物理现象称之为光互补色，见表 1-1。

表 1-1 溶液的颜色与吸收光颜色的关系

波长范围（nm）	样品颜色	光互补色	波长范围（nm）	样品颜色	光互补色
400～435	青紫	绿色带黄	560～580	绿色带黄	青紫
435～480	蓝	黄	580～595	黄	蓝
480～490	蓝色带绿	橙红	595～630	橙红	蓝色带绿
490～500	绿色带蓝	红	630～700	红	绿色带蓝
500～560	绿	紫			

二、分光光度计种类、结构和工作原理

由于分光光度计所采用的是具有辐射连续光谱的光源，不同的波长对分子吸收光谱的强弱是有差异的，因此，分光光度计需根据不同的波长而设计相应的用途和测定范围。

（一）分光光度计的种类

通常按仪器的使用波长进行分类：①紫外分光光度计（0.1～200nm）；②可见分光光度计（350～700nm）；③紫外-可见分光光度计（190～1100nm）；④紫外-可见-红外分光光度计（190～2500nm）；⑤红外分光光度计等（表1-2）。

表1-2 分光光度计的种类

名称	常见型号	检测范围（nm）	主要用途
可见分光光度计	722、722PC、723、V1200等	400～700	物质定量分析
紫外分光光度计	UV750等	190～400	纯度检查和定量
紫外-可见分光光度计	750、DU800	200～800	物质鉴定、纯度检查、定量
红外分光光度计	TJ270-30、WFD-14、傅立叶变换红外光谱仪	900～3300	有机物、异构体鉴定，检查化学反应
原子吸收分光光度计	L520798、L8681153等	190～900	测定特定元素
荧光分光光度计	F96、F95、F380等荧光分光光度计	200～750	物质定量分析

（二）分光光度计基本结构

各种型号的紫外/可见分光光度计基本上都由光源、单色器、样品室、接收检测放大系统和显示（或记录）器五部分组成（图1-9）。

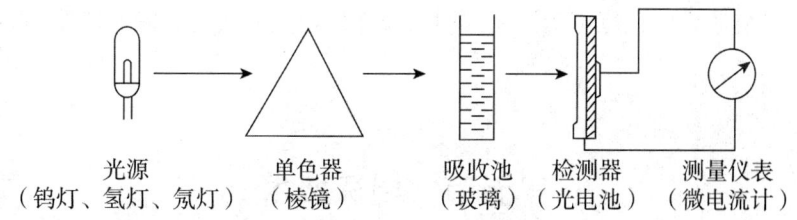

光源　　　　　单色器　　　吸收池　　检测器　　测量仪表
（钨灯、氢灯、氘灯）（棱镜）　（玻璃）　（光电池）（微电流计）

图1-9　分光光度计的基本结构示意图

（三）工作原理

以722型光栅分光光度计为例，采用光栅自准式色散系统和单光束结构光路。钨灯发出的连续辐射经滤色片选择聚光镜聚光后投向单色器进狭缝，此狭缝正好处于聚光镜及单色器内准直镜的焦平面上，因此进入单色器的复合光通过平面反射镜反射及准直镜准直变成平行光射向色散元件光栅，光栅将入射的复合光通过衍射作用形成按照一定顺序均匀排列的连续单色光谱，此单色光谱重新回到准直镜上，由于仪器出射狭缝设置在准直镜的焦平面上，从光栅色散出来的光谱经准直镜后利用聚光原理成像在出射狭缝上，出射狭缝选出指定带宽的单色光通过聚光镜落在试样室被测样品中心，样品吸收后透射的光经光门射向光电管阴极面。

(四) 仪器的安装使用与维护

1. 为了防止光电管疲劳，不测定时必须将试样室盖打开，使光路切断，以延长光电管的使用寿命。

2. 如果大幅度改变测试波长时，在调整"0"和"100%"后稍等片刻（因光能量变化急剧，光电管受光后响应缓慢，需一段光响应平衡时间），当稳定后，重新调整"0"和"100%"即可工作。

3. 每台仪器所配套的变色皿，不能与其他仪器上的比色皿单个调换。

4. 吸收池使用注意事项

（1）要彻底清洗，尤其是盛过蛋白质等溶液的吸收池，其干后形成一层膜，不易洗去，通常杯子不用时可放在1%洗洁净液中浸泡，去污效果好，使用时用水冲洗干净，要求杯壁不挂水珠，还可以用绸布、丝线或软塑料制作一个小刷子清洗杯子。

（2）严禁用手指触摸透光面，因指纹不易洗净。严禁用硬纸或布擦拭透光面，只能使用镜头纸和绸布。

（3）严禁加热烘烤：急用干的杯子时，可用乙醇荡洗后用冷风吹干。决不可用超声波清洗器清洗。

（4）吸收池的校正：要固定参比杯和样品杯，可在杯的毛玻璃面上写上记号。用盛有参比液的参比杯和样品杯测定光密度"A_0"，样品杯换上样品液后测定的光密度为"A_1"，则校正后的实际光密度 A 为：

$$A = A_1 - A_0$$

高档的分光光度计有自动置零系统，可将两个杯子的偏差置零。

（5）其他重要附件：高档分光光度计的样品室还可以更换各种重要附件，用于各种特殊量测。如换上"积分球"，可用来检测微弱透光和不透光的样品。换上"凝胶扫描装置"，可用于电泳凝胶胶条上样品带的扫描测量。

5. 为了避免仪器积灰和沾污，在停止工作时间内，用塑料套子罩住整个仪器，在套子内应放数袋防潮硅胶，以免灯室受潮、反射镜镜面发霉点或沾污，影响仪器功能。

（袁丽杰）

第五节　电泳技术

一、电泳技术发展史

俄国物理学家 Von Rue 在湿黏土中插上带两个相反电极的玻璃管，加电压后发现正极玻璃管中原有的水层变混浊，即带负电荷的黏土颗粒向正极移动，由此发现了电泳现象。随后在 1909 年，Michaelis 用不同 pH 值的溶液在 U 形管中测定了过氧化氢酶和转化酶的电泳移动和等电点，并首次提出"胶体离子在电场中的移动称为电泳"。1937 年，瑞典 Uppsala 大学化学家 Tiselius 创造了 Tiselius 电泳仪，建立了研究蛋白质的界面电泳方法，并首次证明了血清是由白蛋白及 α、β、γ 球蛋白组成的。为此，Tiselius 摘取了 1948 年的诺贝尔化学奖。为电泳技术在生物学和化学领域的应用提供了重要的理论和方法。但是，由于界面电泳要求高、价格昂贵，真正在实验室中广泛应用还是从 20 世纪 50 年代后，特别是 Durrum 等用纸电泳进行了各种蛋白质的分离后，开创了利用各种滤纸、醋酸纤维素薄膜、琼脂凝胶、淀粉凝胶等固体物质作为支持介质的区带电泳方法，使电泳成为生化实验中最常用、最重要的实验技术之一，而用于分析、鉴定和物质的制备。目前，电泳技术的发展不仅局限于支持介质的改革和发展，聚丙烯酰胺凝胶电泳、毛细管电泳等的问世极大地提高了电泳技术的分辨率，开创了近代电泳发展的新时代。近几十年来，电泳技术在蛋白质、多肽、核酸等生物大分子分离、纯化、鉴定中被广泛使用，发生了飞跃式的发展，各种类型的电泳技术相继诞生，成为当今分子生物学研究领域不容置疑的重要方法之一，被人们称为是对生物大分子进行分析鉴定的最后、最准确的手段，即"Last Check"。

二、电泳技术的基本原理

（一）电泳现象

电泳（electrophoresis）是指带电物质在电场中向与自己所带电荷电性相反的电极移动的现象。溶液中任何物质由于其本身的解离或表面吸附其他带电质点而带电，带电颗粒在电场中移动，移动方向取决于它们的带电符号。它们的静电荷取决于介质的 H^+ 浓度及与其他大分子的相互作用。带电粒子在电场中运动，不仅是物质的一种运动现象，还是一种有效的物质分离方法。许多重要的生物分子，如蛋白质、核酸、多肽、氨基酸、核苷酸等都具有可解离的基团，它们在特定的 pH 值条件下，可带正电或负电，在电场的作用下，这些带电分子会向着与其所带电荷电性相反的电极方向移动。

电泳技术就是指利用待分离样品中各种分子所带电荷性质、分子大小、分子形状等的性质差异，使带电颗粒在同一电场中产生不同的迁移速度，从而对样品进行分离、鉴定或提纯的技术。以蛋白质分子为例，由于它具有许多可解离的酸性基团和碱性基团，在一定的 pH 值条件下就会解离带电，带电性质和所带电荷的多少决定于蛋白质分子的性质及溶液的 pH 值和离子强度。由于待分离样品中各种蛋白质分子带电性质及分子大小、形状等性质的差异，使其迁移速度不同，从而分离。

电泳过程必须在一种支持介质中进行。最早的自由界面电泳（又称移动界面电泳）没有固定支持介质，所以扩散和对流都比较强，影响分离效果。于是，后来的电泳技术出现了固定支持介质的电泳，样品在固定介质中电泳，减少了扩散和对流等对电泳分离的干扰作用。最早采用的支持介质是滤纸和醋酸纤维素膜等纸类支持介质。氨基酸、多肽、糖等小分子物质常用滤纸或纤维素、硅胶薄层平板为支持介质进行电泳分离、分析。目前可使用更灵敏的技术，如 HPLC 等适合于分离小分子物质的介质来对待测物质进行分析。凝胶作为支持介质的引入大大促进了电泳技术的发展，使电泳技术成为分析蛋白质、核酸等生物大分子的重要手段之一。最初使用的凝胶是淀粉凝胶，但目前使用得最多的是琼脂糖凝胶和聚丙烯酰胺凝胶。蛋白质电泳主要使用聚丙烯酰胺凝胶。

（二）常用术语

1. 电泳迁移（electrophoretic migration）　用 EM 表示，在电泳过程中，带电粒子在电场的作用下做定向移动，单位是"cm"。

2. 迁移时间（migration time）　用 t_m 表示，在电泳过程中，带电粒子在电场的作用下做定向移动所用的时间，单位是"min"。

3. 电泳速度（electrophoretic velocity）　用 V_{ep} 表示，在单位时间内，带电粒子在电场

的作用下做定向运动的距离，单位是"cm/s"。

4. 电场强度（electric field strength） 用 E 表示，在给定的电泳支持物两端电极压后所形成的电效应，单位是"V/cm"。

$$E = V/L_t$$

式中：V 表示电压；L_t 表示两端电极的距离。

5. 电渗流（electroosmotic flow） 用 EOF 表示，在电场中电泳溶液的正电荷与固体支持物表面上的负电荷之间相互作用，形成一个正离子层，导致流体朝负极方向移动（图1-10），称为电渗流，这种现象也称之为电渗（electroosmosis）现象。

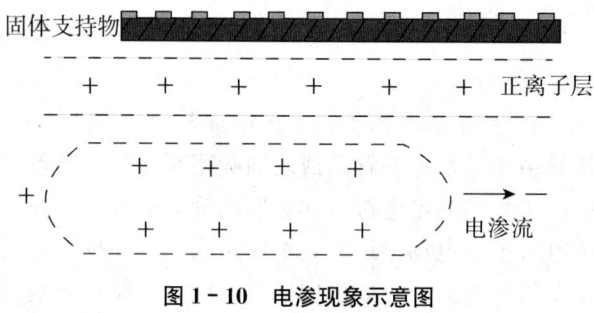

图 1-10 电渗现象示意图

电渗流迁移速度 V_{ep} 的表达式为：

$$V_{ep} = \frac{\varepsilon \xi}{4\pi \eta} \times E$$

式中：ε 表示电解常数；ξ 表示支持物与各方面平切面的 Zeta 电势；η 表示缓冲液黏度；E 表示电场强度。

通常情况下，电渗流总是由正极向负极移动，只有在特殊情况下分离碱性蛋白质的阴极电泳时，溶液 pH 值较低，固体支持物表面带正电荷，形成负极向正极移动的电渗。电渗流的大小受到 Zeta 电势、偶电层和缓冲液黏度等因素的影响，直观地看电渗流随着电解质的增加而增加，随着 pH 值增加而增大。

（三）电泳迁移率

电泳迁移率（mobility）是指带电颗粒在单位电场强度下的泳动速度。

在两个平行电极上加一定的电压（V），就会在电极中间产生电场强度（E），

$$E = \frac{V}{L}$$

式中：L 表示电极间距离。

在稀溶液中，电场对带电分子的作用力（F），等于其所带净电荷与电场强度的乘积：

$$F = qE$$

式中：q 表示带电分子的净电荷，E 表示电场强度。

这个作用力使得带电分子向其电荷相反的电极方向移动。在移动过程中，分子会受到介质黏滞力的阻碍。黏滞力（F'）的大小与分子大小、形状、电泳介质孔径大小以及缓冲液黏度等

有关,并与带电分子的移动速度成正比,对于球状分子,F'的大小服从Stokes定律,即:

$$F'=6\pi r\eta v$$

式中:r表示球状分子的半径;η表示缓冲液黏度;v表示电泳速度($v=d/t$,单位时间粒子运动的距离,cm/s)。当带电分子匀速移动时:

$$F=F', qE=6\pi r\eta v$$

不同的带电颗粒在同一电场中运动速度不同,其泳动速度用迁移率m来表示,定义为在电位梯度E(v/cm)的影响下,颗粒在时间t(s)中迁移距离d(cm),即在单位电场强度(1V/cm)时的泳动速度:

$$m=\frac{v}{E}=\frac{d}{tE}=\frac{Q}{6\pi r\eta}$$

由公式可看出,迁移率与带电分子所带净电荷呈正比,与分子的大小和缓冲液的黏度呈反比。用SDS-聚丙烯酰胺凝胶电泳测定蛋白质分子量时,实际使用的是相对迁移率R_m。

$$R_m=\frac{m_1}{m_2}=\frac{\frac{d_1/t}{v/L}}{\frac{d_2/t}{V/L}}=\frac{d_1}{d_2}$$

式中:d为带电粒子泳动的距离;t为电泳的时间;V为电压;L为两电极交界面之间的距离,即凝胶的有效长度。

因此,R_m就是两种带电粒子在凝胶中泳动迁移的距离之比。

$$R_m==\frac{\text{蛋白质的迁移距离(cm)}}{\text{示踪染料的迁移距离(cm)}}$$

带电分子由于各自的电荷和形状大小不同,因而在电泳过程中具有不同的迁移速度,形成了依次排列的不同区带而被分开。即使两个分子具有相似的电荷,如果它们的分子大小不同,由于它们所受的阻力不同,因此迁移速度也不同,在电泳过程中就可以被分离。有些类型的电泳几乎完全依赖于分子所带的电荷不同进行分离,如等电聚焦电泳;而有些类型的电泳则主要依靠分子大小的不同即电泳过程中产生的阻力不同而得到分离,如SDS-聚丙烯酰胺凝胶电泳。分离后的样品通过各种方法的染色,或者如果样品有放射性标记,则可以通过放射性自显影等方法进行检测。

三、影响电泳分离的主要因素

(一)待分离生物大分子的性质

待分离生物大分子所带的电荷、分子大小和性质都会对电泳有明显影响。一般来说,分子带的电荷量越大、直径越小、形状越接近球形,则其电泳迁移速度越快。

(二)缓冲液的性质

在电泳过程中,缓冲液的作用一方面是维持溶液合适、稳定的pH值。电泳时正极与负极发生电解反应,正极是氧化反应($4OH^--4e^-\rightarrow 2H_2O+O_2$),负极是还原反应($4H^++4e^-\rightarrow 2H_2$),长时间的电泳势必导致正极变酸、负极变碱。由弱酸及弱酸盐组成的缓冲溶液构成一个好的缓冲系统,对少量酸性或碱性变化有较强的缓冲能力,维持电泳溶液两极的pH

值保持基本不变。电泳缓冲液另一个方面的作用是使溶液具有一定的导电性，以利于待分离分子的迁移，例如，一般电泳缓冲液中含有 0.01~0.04mol/L 的 Na^+，Na^+ 浓度太低时电泳速度变慢；太高时就会造成过大的电流使胶发热，甚至熔化。

  缓冲液的 pH 值会影响待分离生物大分子的解离程度。当溶液的 pH 值距离等电点越远时，其所带净电荷量就越大，电泳的速度也就越快，尤其是对于蛋白质等两性电解质。缓冲液的 pH 值还会影响到其电泳的方向，当缓冲液 pH 值大于蛋白质分子的等电点时，蛋白质分子带负电荷，其电泳的方向是指向正极，反之亦然。因蛋白质在酸性溶液中易变性，在偏碱溶液中比较稳定，所以蛋白质电泳大多采用 pH 值在 8.2~8.8 的巴比妥或硼酸缓冲液，此时血清蛋白质一般都带负电荷。为了保持电泳过程中待分离生物大分子的电荷以及缓冲液 pH 值的稳定性，缓冲液通常要保持一定的离子强度，一般为 0.02~0.2，离子强度越低，缓冲液荷载的电流下降，扩散现象严重，使分辨力明显降低。但离子强度太高，将有大量的电流通过支持介质，在待分离分子周围形成较强的带相反电荷的离子扩散层（即离子氛），由于离子氛与待分离分子的移动方向相反，它们之间产生了静电引力，因而引起电泳速度降低。另外缓冲液的黏度也会对电泳速度产生影响。此外，由于介质通过电流增加，产热使支持介质中的水分大量蒸发，严重时可导致电泳中断。

  溶液中离子强度与溶液的浓度呈正比：

$$\mu = 1/2 \sum CZ^2$$

  式中，μ 为离子强度，C 为摩尔浓度，Z 为离子的价数。

（三）电场强度

  电场强度是每厘米距离的电位差（V/cm），也称电位梯度。如滤纸电泳中滤纸的长为 15cm，两端电势差为 150V，则电场强度为 150/15＝10V/cm。电场强度越大，电泳颗粒移动的速度越快。但增大的电场强度会引起通过介质的电流强度增大，而造成电泳过程中产热量加大。电流在介质中所做的功（W）为：

$$W = I^2 Rt$$

  其中，I 为电流强度，R 为电阻，t 为电泳时间。

  电流所做的功绝大部分都转换为热，因而引起介质温度升高，这会导致如下结果：

（1）样品和缓冲离子扩散的速度增加，引起样品分离带的加宽；

（2）产生对流，引起待分离物的混合；

（3）对热敏感的样品，如蛋白质发生变性；

（4）介质黏度降低、电阻下降等。

  电泳中产热常由中心向外周散发，故介质中心温度一般要高于外周，尤其是管状电泳，由此引起中央部分介质相对于外周部分黏度下降，摩擦系数减小，电泳迁移速度增大，使中央部分的电泳速度比边缘要快，分离带常呈弓形。

  电泳实验中要选择适当的电场强度，同时可以适当冷却降低温度以获得较好的分离效果。但是，降低电流强度，虽然可减小电泳中产热，但会延长电泳时间，引起待分离生物大分子扩散的增加而影响分离效果。所以电泳时要选择适当的电场强度，同时可适当冷却降温以获得良好的分离效果。

（四）电渗

在电场中，液体对于固体支持介质的相对移动称为电渗现象。由于电泳支持介质表面可能会存在一些带电基团，如滤纸表面通常有一些羧基，琼脂可能会含有一些硫酸基，而玻璃表面通常有 Si－OH 基团等等。这些基团电离后会使支持介质表面带电，吸附一些带相反电荷的离子，在电场的作用下向一定的电极方向移动，形成介质表面溶液的流动。在 pH＞3 时，玻璃表面带负电，吸附溶液中的正电离子，使玻璃表面的溶液层带正电，在电泳中向负极迁移，带动电极液产生向负极的电渗流。如果电渗方向与待分离分子电泳方向相同，则加快电泳速度；反之，则降低电泳的速度。

（五）支持介质的筛孔

支持介质的筛孔大小对待分离生物大分子的电泳迁移速度有明显的影响。在筛孔大的介质中泳动速度快，反之，则泳动速度慢。

（六）温度

电泳时电流通过支持介质会产生热量，按焦耳定律，电流通过导体时的产热与电流强度（I）的平方、导体的电阻（R）和通电的时间（t）呈正比（$Q=I^2Rt$）。

四、电泳的分类

电泳法可分为自由电泳（无支持体）及区带电泳（有支持体）两大类。前者包括 Tiseleas 式微量电泳、显微电泳、等电聚焦电泳、等速电泳及密度梯度电泳。区带电泳则包括滤纸电泳（常压及高压）、薄层电泳（薄膜及薄板）、凝胶电泳（琼脂、琼脂糖、淀粉胶、聚丙烯酰胺凝胶）等。

自由电泳法的发展并不迅速，因为其电泳仪构造复杂、体积庞大，操作要求严格，价格昂贵等。而区带电泳可用各种类型的物质作支持体，其应用比较广泛。

（一）按分离原理的不同分类

分为区带电泳、移动界面电泳、等速电泳、等电聚焦电泳等，如图 1－11 所示。

1. **区带电泳** 是应用最为广泛的电泳技术，在电泳过程中，待分离的各组分在支持介质中被分离成许多条明显的区带。区带电泳按支持物的物理性状不同，又可分为纸和其他纤维膜电泳、粉末电泳、凝胶电泳与丝线电泳。

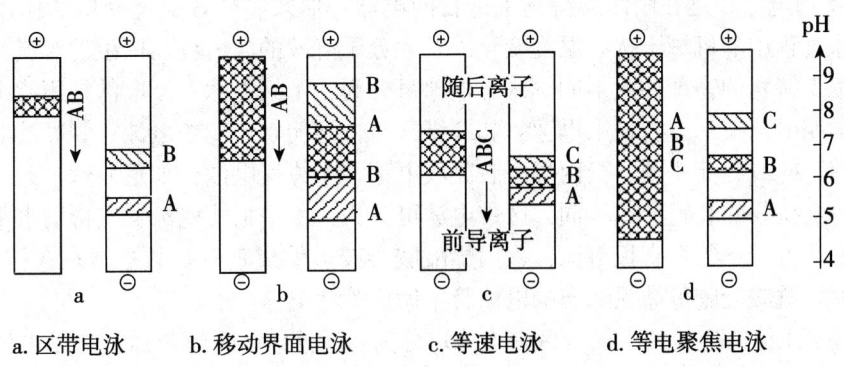

a. 区带电泳　　b. 移动界面电泳　　c. 等速电泳　　d. 等电聚焦电泳

图 1－11　不同分离原理的电泳示意图

2. **自由界面电泳** 是最早建立的电泳技术，在 U 形管中进行电泳，无支持介质，将被分离的离子（如阴离子）混合物置于电泳槽的一端（如负极），在电泳开始前，样品与载体电解质有清晰的界面。电泳开始后，带电粒子向另一极（正极）移动，泳动速度最快的离子走在最前面，其他离子依电极速度快慢顺序排列，形成不同的区带。只有第一个区带的界面是清晰的，达到完全分离，其中含有电泳速度最快的离子，其他大部分区带重叠因而分离效果差，现已被其他电泳技术所取代。

3. 等速电泳　需使用专用电泳仪，当电泳达到平衡后，各电泳区带相随，分成清晰的界面，并以等速向前运动。在样品中加有领先离子（其迁移率要比所有被分离的粒子大）和终末离子（其迁移率比所有被分离的粒子小），样品加在领先离子和终末离子之间，在外电场作用下，各离子进行移动，经过一段时间电泳后，达到完全分离。被分离的各离子的区带按迁移率大小依序排列在领先离子与终末离子的区带之间。由于没有加入适当的支持电解质来载带电流，所得到的区带是相互连接的，且因"自身校正"效应，界面是清晰的。

4. 等电聚焦电泳　是根据两性电解质等电点（pI）的不同进行分离的，具有很高的分辨率，可分辨出等电点相差 0.01 的蛋白质，是分离两性物质如蛋白质的一种理想方法。其分离原理是在凝胶中通过加入两性电解质，形成一个 pH 值梯度，两性物质在电泳过程中会被集中在与其等电点相等的 pH 值区域内，从而得到分离。将两性电解质加入盛有 pH 值梯度缓冲液的电泳槽中，当它处在低于自身等电点环境中时带正电荷，向负极移动；若处于高于本身等电点的环境中时，则带负电向正极移动。当泳动到其自身特有的等电点时，其净电荷为零，泳动速度下降到零，具有不同等电点的物质最后聚焦在各自等电点位置，形成分离清晰的区带，分辨率极高。

（二）按有无支持介质不同分类

1. 自由电泳（free electrophoresis）　是指在溶液中进行的电泳，不用支持物。在移动界面电泳中，混合物的不同组成成分显示在相对应的运动区域内，而这些运动区域是一个一个部分地重叠着。该法可以确定带电物质的迁移率，并且能用来研究混合物的组成成分，但是它不能用来分离混合物，也不适用于研究低分子量的物质，主要用于蛋白质系统等生物大分子的研究方面。虽然它曾取得过很大的发展，但是由于设备复杂，操作时间很长，不能完全地分离混合物的各个组分等一些不可克服的缺点，已逐渐为区域电泳所代替，并从而发展为许多新的电泳法。

2. 支持物电泳　是在固体支持物上进行的电泳，形式多样，支持介质的作用主要是为了防止电泳过程中的机械干扰，温度变化以及大分子溶液的高密度而产生的对流。

（1）按支持物的物理性状不同，区带电泳可分为：①纸电泳：纸电泳是用滤纸作支持介质的一种早期电泳技术；②粉末电泳：如纤维素粉，淀粉，玻璃粉电泳；③凝胶电泳：如琼脂、琼脂糖、硅胶、淀粉胶、聚丙烯酰胺凝胶电泳；④缘线电泳：如尼龙丝，人造丝电泳。

（2）按支持物的装置形式不同，区带电泳可分为：①平板式电泳：支持物水平放置，是最常用的电泳方式；②垂直板电泳：聚丙烯酰胺凝胶可做成垂直板式电泳；③柱状（管状）电泳：聚丙烯酰胺凝胶可灌入适当的电泳管中做成管状电泳。

（3）按 pH 值的连续性不同，区带电泳可分为：①连续 pH 值电泳：如纸电泳、醋酸纤维素薄膜电泳；②非连续 pH 值电泳：如聚丙烯酰胺凝胶盘状电泳。

（三）按支持介质形状的不同分类

分为薄层电泳、板电泳、柱电泳等。

（四）按用途不同分类

分为分析电泳、制备电泳、定量免疫电泳、连续制备电泳等。

（五）按所用电压不同分类

分为低压电泳、高压电泳。

1. 低压电泳：100～500V，电泳时间较长，适于分离蛋白质等生物大分子。

2. 高压电泳：1 000～5 000V，电泳时间短，有时只需几分钟，多用于氨基酸、多肽、核苷酸和糖类等小分子物质的分离。

五、常用电泳技术

（一）纸电泳和醋酸纤维薄膜电泳

1. 纸电泳　是用滤纸作支持介质的一种早期电泳技术。尽管分辨率比凝胶电泳要差，但由于操作简单，所以仍有很多应用，特别是在血清样品的临床检测和病毒分析等方面。纸电泳使用水平电泳槽。分离氨基酸和核苷酸时常用 pH 值在 2～3.5 的酸性缓冲液，分离蛋白质时常用碱性缓冲液。选用的滤纸必须厚度均匀，常用国产新华滤纸和进口的 Whatman 1 号滤纸。通常将 5～100μg 和 5～10μl 样品点在滤纸的一端距纸边 5～10cm 处，样品呈圆形或长条形，通常长条形的分离效果较好。点样的方法有湿点法和干点法。湿点法是指在点样前即将滤纸用缓冲液浸湿，要求样品液较浓，不宜多次点样。干点法是在点样后再用缓冲液和喷雾器将滤纸喷湿，点样时可吹干后多次点样，可用较稀的样品。电泳完毕记下滤纸的有效使用长度，然后烘干，用显色剂显色。显色剂和显色方法，可查阅有关书籍。定量测定的方法有洗脱法和光密度法。洗脱法是将确定的样品区带剪下，用适当的洗脱剂洗脱后进行比色或分光光度测定。光密度法是将染色后的干滤纸用光密度计直接定量测定各样品电泳区带的含量。

2. 醋酸纤维薄膜电泳　与纸电泳相似，醋酸纤维薄膜电泳只是换用了醋酸纤维薄膜作为支持介质。将纤维素的羟基乙酰化为醋酸酯，溶于丙酮后涂布成有均一细密微孔的薄膜，其厚度为 0.1～0.15mm。醋酸纤维薄膜电泳与纸电泳相比有以下优点：

（1）醋酸纤维薄膜对蛋白质样品吸附极少，无"拖尾"现象，染色后蛋白质区带更清晰。

（2）快速省时。由于醋酸纤维薄膜亲水性比滤纸小，吸水少，电渗作用小，电泳时大部分电流由样品传导，所以分离速度快，电泳时间短，完成全部电泳操作只需 90min 左右。

（3）灵敏度高，样品用量少。血清蛋白质电泳仅需 2μl 血清，点样量甚至少到 0.1μl，仅含 5μg 的蛋白样品也可以得到清晰的电泳区带。

（4）应用面广，可用于那些纸电泳不易分离的样品，如胎儿甲种球蛋白、溶菌酶、胰岛素、组蛋白等。

（5）醋酸纤维薄膜电泳染色后，用乙酸、乙醇混合液浸泡后可制成透明的干板，有利于光密度计和分光光度计扫描定量及长期保存。由于醋酸纤维薄膜电泳操作简单、快速、价廉，目前已广泛用于分析检测血浆蛋白质、脂蛋白、糖蛋白、胎儿甲种球蛋白、体液、脊髓液、脱氢酶、多肽、核酸及其他生物大分子，为心血管疾病、肝硬化及某些癌症鉴别诊断提供了可靠的依据，因而已成为医学和临床检验的常规技术。

（二）聚丙烯酰胺凝胶电泳

聚丙烯酰胺凝胶电泳简称为 PAGE（polyacrylamide gel electrophoresis），以聚丙烯酰胺凝胶作为支持介质。聚丙烯酰胺凝胶是由单体的丙烯酰胺（$CH_2=CHCONH_2$, acrylamide）和甲叉双丙烯酰胺［$CH_2(NHCOHC=CH_2)_2$, N,N'- methylenebisacrylamide］聚合

而成，这一聚合过程需要有自由基催化完成。

常用的催化聚合方法有两种：化学聚合和光聚合。化学聚合通常是加入催化剂过硫酸铵（AP）和加速剂四甲基乙二胺（TEMED），四甲基乙二胺催化过硫酸铵产生自由基：

$S_2O_8^{2-} + e^- \longrightarrow SO_4^{2-} + SO_4^- \cdot$

以 R^* 代表自由基，M 代表丙烯酰胺单体，则聚合过程可以表示为：

$R^* + M \longrightarrow RM^*$

$RM^* + M \longrightarrow RMM^*$

$RMM^* + M \longrightarrow RMMM^*$

这样由于乙烯基"$CH_2=CH-$"一个接一个地聚合，就形成丙烯酰胺长链，同时甲叉双丙烯酰胺在不断延长的丙烯酰胺链间形成甲叉键交联，从而形成交联的三维网状结构。氧气对自由基有清除作用，所以通常凝胶溶液聚合前要进行抽气。

丙烯酰胺的另一种聚合方法是光聚合，催化剂是核黄素，核黄素在光照下能够产生自由基，催化聚合反应。一般光照 2~3h 即可完成聚合反应。

聚丙烯酰胺凝胶的孔径可以通过改变丙烯酰胺和甲叉双丙烯酰胺的浓度来控制，丙烯酰胺的浓度可以在 3%~30%之间。低浓度的凝胶具有较大的孔径，如 3%的聚丙烯酰胺凝胶对蛋白质没有明显的阻碍作用，可用于平板等电聚焦或 SDS-聚丙烯酰胺凝胶电泳的浓缩胶，也可以用于分离 DNA；高浓度凝胶具有较小的孔径，对蛋白质有分子筛的作用，可以用于根据蛋白质的分子量进行分离的电泳中，如 10%~20%的凝胶常用作 SDS-聚丙烯酰胺凝胶电泳的分离胶，如图 1-12。

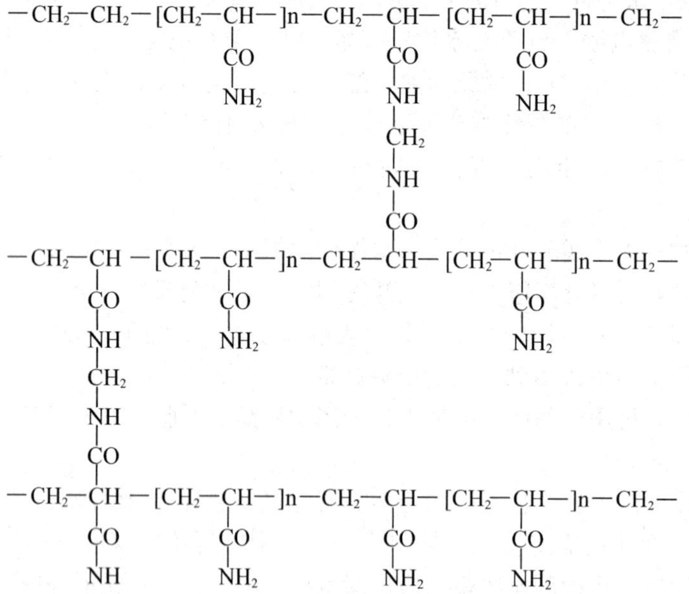

图 1-12 聚丙烯酰胺的凝胶网络

聚合后的聚丙烯酰胺凝胶的强度、弹性、透明度、黏度和孔径大小均取决于两个重要参数 T 和 C，T 是丙烯酰胺和甲叉双丙烯酰胺两个单体的总百分浓度。C 是与 T 有关的交联百分浓度。T 与 C 的计算公式是：

$$C=\frac{b}{a+b}\times100\,(\%)\qquad T=\frac{a+b}{m}\times100\,(\%)$$

式中：a 为丙烯酰胺的克数；b 为甲叉双丙烯酰胺的克数；m 为水或缓冲液体积（ml）。式中 a 与 b 的比例很重要。富有弹性且完全透明的凝胶 a 与 b 的重量比应在 30 左右。选择 T 和 C 的经验公式是：

$$C=6.5-0.3T$$

此式可用于计算 T 为 5%～20% 时的凝胶组成。C 值并不很严格，在大多数情况下，可变化的范围约为 ±1%，当 C 保持恒定时，凝胶的有效孔径随着 T 的增加而减小，当 T 保持恒定，C 为 4% 时，有效孔径最小；C 大于或小于 4% 时，有效孔径均变大，C 大于 5% 时凝胶变脆，不宜使用，实验中最常用的 C 是 2.6% 和 3.0%。

配成 30% 的丙烯酰胺水溶液在 4℃ 下能保存 1 个月，在贮存期间丙烯酰胺会水解为丙烯酸而增加电泳时的电渗现象并减慢电泳的迁移率。丙烯酰胺和甲叉双丙烯酰胺是一种对中枢神经系统有毒的试剂，操作时要避免直接接触皮肤，但它们聚合后则无毒。

聚丙烯酰胺凝胶有突出的优点，因而四十年来得到广泛的应用，目前尚无更好的支持介质能够取代它。其主要的优点有：①可以随意控制胶浓度"T"和交联度"C"，从而得到不同的有效孔径，用于分离不同分子量的生物大分子；②能把分子筛作用和电荷效应结合在同一方法中，达到更高的灵敏度：$10^{-12}\sim10^{-9}$ mol/L；③由于聚丙烯酰胺凝胶是由 C—C 键结合的酰胺多聚物，侧链只有不活泼的酰胺基—CO—NH$_2$，没有带电的其他离子基团，化学惰性好，电泳时不会产生"电渗"；④由于可以制得高纯度的单体原料，因而电泳分离的重复性好；⑤透明度好，便于照相和复印；机械强度好，有弹性，不易碎，便于操作和保存；⑥凝胶无紫外吸收，不染色就可以在紫外波长下对凝胶分离的蛋白质进行扫描，做定量分析；⑦还可以用作固定化酶的惰性载体。

1. **天然聚丙烯酰胺凝胶电泳** 可以使生物大分子在电泳过程中保持其天然的形状和电荷，它们的分离是依据其电泳迁移率的不同和凝胶的分子筛作用，因而可以得到较高的分辨率，尤其是在电泳分离后仍能保持蛋白质和酶等生物大分子的生物活性，对于生物大分子的鉴定有重要意义，其方法是在凝胶上进行两份相同样品的电泳，电泳后将凝胶切成两半，一半用于活性染色，对某个特定的生物大分子进行鉴定，另一半用于所有样品的染色，以分析样品中各种生物大分子的种类和含量。

聚丙烯酰胺凝胶分离蛋白质最初是在玻璃管中进行的，玻璃管通常直径为 7mm，长 10cm，将凝胶装入到多个管中进行电泳，又称为柱状电泳。目前仍有应用，尤其用于二维电泳中的第一维电泳。但由于各个玻璃管的不同以及装胶时的差异使每管的分离条件会有所差异，所以对各管样品进行比较时可能会出现较大误差。后来发展起来的垂直平板电泳一次最多可以容纳 20 个样品，电泳过程中样品所处的条件比较一致，样品间可以进行更好地比较，重复性也更好，所以垂直平板电泳目前应用更为广泛，常用于蛋白质及 DNA 序列分析过程中片段的分离和鉴定。

2. **SDS-聚丙烯酰胺凝胶电泳（SDS-PAGE）** 是最常用的定性分析蛋白质的电泳方法，特别是用于蛋白质纯度检测和测定蛋白质分子量。

SDS-PAGE 是在电泳样品中加入含有 SDS 和 β-巯基乙醇的样品处理液的一种电泳方法。SDS 即十二烷基磺酸钠 [CH_3—$(CH_2)_{10}$—H_2OSO_3—Na^+]，是一种阴离子表面活性剂即去污剂,它可以断开分子内和分子间的氢键,破坏蛋白质分子的二级和三级结构,强还原剂β-巯基乙醇可以断开半胱氨酸残基之间的二硫键,破坏蛋白质的四级结构。电泳样品加入样品处理液后,要在沸水浴中煮3~5min,使SDS与蛋白质充分结合,以使蛋白质完全变性和解聚,并形成棒状结构。SDS与蛋白质结合后使蛋白质-SDS复合物上带有大量的负电荷,平均每两个氨基酸残基结合一个SDS分子,这时各种蛋白质分子本身的电荷完全被SDS掩盖。这样就消除了各种蛋白质本身电荷上的差异。样品处理液中通常还加入溴酚蓝染料,用于控制电泳过程。另外,样品处理液中也可加入适量的蔗糖或甘油以增大溶液密度,使加样时样品溶液可以沉入样品凹槽底部。

制备凝胶时,首先要根据待分离样品的情况选择适当的分离胶浓度,例如通常使用的15%的聚丙烯酰胺凝胶的分离范围是10^4~10^5kD,即分子量小于10^4kD的蛋白质可以不受孔径的阻碍而通过凝胶,而分子量大于10^5的蛋白质则难以通过凝胶孔径,这两种情况的蛋白质都不能得到分离。所以如果要分离较大的蛋白质,需要使用低浓度如10%或7.5%的凝胶(孔径较大);而对于分离较小的蛋白质,使用的较高浓度凝胶(孔径较小)可以得到更好的分离效果。分离胶聚合后,通常在上面加上一层浓缩胶(约1cm),并在浓缩胶上插入样品梳,形成上样凹槽。浓缩胶是低浓度的聚丙烯酰胺凝胶,由于浓缩胶具有较大的孔径(丙烯酰胺浓度通常为3%~5%),各种蛋白质都可以不受凝胶孔径阻碍而自由通过。浓缩胶通常pH值较低(通常pH=6.8),用于样品进入分离胶前将样品浓缩成很窄的区带。浓缩胶聚合后取出样品梳,上样后即可通电开始电泳。

聚丙烯酰胺凝胶电泳和SDS-PAGE有两种系统,即只有分离胶的连续系统和有浓缩胶与分离胶的不连续系统,不连续系统中最典型、国内外均广泛使用的是著名的Ornstein-Davis高pH值碱性不连续系统,其浓缩胶丙烯酰胺浓度为4%,pH=6.8,分离胶的丙烯酰胺浓度为12.5%,pH=8.8。电极缓冲液的pH=8.3,用Tris、SDS和甘氨酸配制。配胶的缓冲液用Tris、SDS和HCl配制。

样品在电泳过程中首先通过浓缩胶,在进入分离胶前由于等速电泳现象而被浓缩。这是由于在电泳缓冲液中主要存在三种阴离子,Cl^-、甘氨酸阴离子以及蛋白质-SDS复合物,在浓缩胶的pH值下,甘氨酸只有少量的电离,所以其电泳迁移率最小,而Cl^-的电泳迁移率最大。在电场的作用下,Cl^-最初的迁移速度最快,这样在Cl^-后面形成低离子浓度区域,即低电导区,而低电导区会产生较高的电场强度,因此Cl^-后面的离子在较高的电场强度作用下会加速移动。达到稳定状态后,Cl^-和甘氨酸之间形成稳定移动的界面。而蛋白质-SDS复合物由于相对量较少,聚集在甘氨酸和Cl^-的界面附近而被浓缩成很窄的区带(可以被浓缩三百倍),所以在浓缩胶中Cl^-是快离子(前导离子),甘氨酸是慢离子(尾随离子)。

当甘氨酸到达分离胶后,由于分离胶的pH值(通常pH=8.8)较大,甘氨酸离解度加大,电泳迁移速度变大超过蛋白质-SDS复合物,甘氨酸和Cl^-的界面很快超过蛋白质-SDS复合物。这时蛋白质-SDS复合物在分离胶中以本身的电泳迁移速度进行电泳,向正极移动。由于蛋白质-SDS复合物在单位长度上带有相等的电荷,所以它们以相等的迁移速度从浓缩胶进入分离胶,进入分离胶后,由于聚丙烯酰胺的分子筛作用,小分子的蛋白质可以容易的通过凝胶孔径,阻力小,迁移速度快;大分子蛋白质则受到较大的阻力而被滞后,这样蛋白质在电泳过程中就会根据其各自分子量的大小而被分离。溴酚蓝指示剂是一个较小的分子,可以自由通过凝胶孔径,所以它显示着电泳的前沿位置。当指示剂到达凝胶底部时,停止电泳,从平板中取出凝胶。在适当的染色液中(如通常使用的考马斯亮蓝)染色几个小时,而后过夜脱色。脱色液去除凝胶中未与蛋白质结合的背底染料,这时就可以清晰地观察到凝胶中被染色的蛋白质区带。通常凝胶制备需要 1~1.5h,电泳在 25~30mA 下通常需要 3h,染色 2~3h,过夜脱色。通常使用的垂直平板电泳可以同时进行多个样品的电泳。Ornstein 和 Davis 设计的高 pH 值碱性不连续系统,有其独特的特点。根据 Henderson - Hasselbalch 公式:

$$pH=pKa+\lg\frac{\alpha}{1+\alpha}$$

式中的 "α" 是缓冲液中各种分子的离解度。由上式可以看出:①浓缩胶的 pH 值 (6.8) 小于慢离子甘氨酸的 pKa (9.8) 3 个 pH 左右,所以 α≈0.001,即在浓缩胶中甘氨酸只有 0.1% 离解,因此在电场中迁移很慢,是慢离子;②快离子 Cl^- 由于几乎全部离解,电泳迁移率最大,不受 pH 值变化的影响;③分离胶的 pH 值 (8.8) 小于慢离子的 pKa 一个 pH 左右,α≈0.1,所以在分离胶中甘氨酸离解加大,电泳迁移率加大,就赶到蛋白质带的前面。

此外,还可以总结出该系统的特点有:电极缓冲液中共轭碱 Tris 的 pKa 小于分离胶的 pH 值约 1 个 pH,使其缓冲能力大。电极缓冲液的 pH 值为 8.3,相近于 Tris 的 pKa (8.1),以便获得最大的缓冲能力。SDS-聚丙烯酰胺凝胶电泳还可以用于未知蛋白质分子量的测定,在同一凝胶上对一系列已知分子量的标准蛋白质及未知蛋白质进行电泳,测定各个标准蛋白质的电泳距离(或迁移率),并对各自分子量的对数(logMr)作图,即得到标准曲线。通过标准曲线就可以求出未知蛋白质的分子量。

SDS-PAGE 经常应用于提纯过程中纯度的检测。在 SDS 电泳上,纯化的蛋白质通常应只有一条带,但如果蛋白质是由不同的亚基组成的,它在电泳中可能会形成分别对应于各个亚基的几条带。SDS-PAGE 具有较高的灵敏度,一般只需要不到微克量级的蛋白质,而且通过电泳还可以同时得到关于分子量的信息,这些信息对于了解未知蛋白质及设计提纯过程都是非常重要的。

3. 梯度凝胶电泳 梯度凝胶电泳也通常采用聚丙烯酰胺凝胶,但不是在单一浓度(孔径)的凝胶上进行,而是形成梯度凝胶。从凝胶顶部到底部丙烯酰胺的浓度呈梯度变化,如通常顶部凝胶浓度为 5%,底部凝胶浓度为 25%。凝胶梯度是通过梯度混合器形成的,高浓度的丙烯酰胺溶液首先加入到玻璃平板中,然后溶液浓度呈梯度下降,因此在凝胶的顶部孔径较大,而在凝胶的底部孔径较小。

梯度凝胶电泳也通常加入 SDS,并有浓缩胶。电泳过程与 SDS-PAGE 基本类似。与单一浓度的凝胶相比,梯度凝胶有几个优点。首先,梯度凝胶比单一浓度凝胶的分离范围更宽,可以同时分离较大分子量范围的蛋白质。单一凝胶电泳对于分子量超过其分离范围的蛋白质,过大或过小,都不能分离。而梯度凝胶孔径范围比单一凝胶大,分子量较大的蛋白质可以在凝胶顶部大孔径部分得到分离,而分子量较小的蛋白质可以在凝胶底部小孔径部分得到分离,所以分子量较大和较小的蛋白质可以同时得到分离。例如用 4%~30% 的梯度胶可以分离分子量 50~2 000kD 的蛋白质。其次,另一个优点是梯度凝胶可以分辨分子量相差较小、在单一浓度凝胶中不能分辨的蛋白质。电泳过程中,蛋白质在梯度凝胶中迁移,经过的孔径越来越小,直到凝胶的孔径不能通透,这样电泳过程中蛋白质就被浓缩,集中在一个很窄的区带中。而分子量略小的蛋白质可以迁移得更靠前一些,被集中在前面的区带中。由于梯度凝胶孔径逐步变小,在蛋白质不能通透的孔径附近对蛋白质有浓缩作用,所以电泳后形成很窄的区带，可以分辨出分子量相差较小的蛋白质。对于太稀的样品，在电泳过程中可以将样品分几次加样，大小不同的蛋白质分子最终都会滞留在其相应的凝胶孔径中而得到分离。最后，可以直接测定天然状态蛋白质的分子量而不需要解离为亚基，因此这一方法可以与 SDS-PAGE 测定分子量的方法互为补充。

梯度凝胶电泳主要适用于测定球蛋白的分子量，而对纤维蛋白将产生较大的误差。由于分子量的测定必须是在未知和标准蛋白质分子到达完全被阻止迁移的孔径时才能成立，因此电泳时要使用较高的电压，例如平板凝胶为 0.5mm 厚，使用 600V 电压，50mA 电流，电泳时间约需 2h。

4. 二维聚丙烯酰胺凝胶电泳　二维聚丙烯酰胺凝胶电泳又称双向电泳，该技术结合了等电聚焦技术（根据蛋白质等电点进行分离）以及 SDS-PAGE 技术（根据蛋白质的大小进行分离）。这两项技术结合形成的二维电泳是分离分析蛋白质最有效的一种电泳手段。通常第一维电泳是等电聚焦，在细管中（$\varphi=1\sim3mm$）中加入含有两性电解质、8M 的脲以及非离子型去污剂的聚丙烯酰胺凝胶进行等电聚焦，变性的蛋白质根据其等电点的不同进行分离。而后将凝胶从管中取出，用含有 SDS 的缓冲液处理 30min，使 SDS 与蛋白质充分结合。将处理过的凝胶条放在 SDS-PAGE 浓缩胶上，加入丙烯酰胺溶液或熔化的琼脂糖溶液使其固定并与浓缩胶连接。在第二维电泳过程中，结合 SDS 的蛋白质从等电聚焦凝胶中进入 SDS-聚丙烯酰胺凝胶，在浓缩胶中被浓缩，在分离胶中依据其分子量大小被分离。这样各个蛋白质根据等电点和分子量的不同而被分离，分布在二维图谱上（图 1-13）。

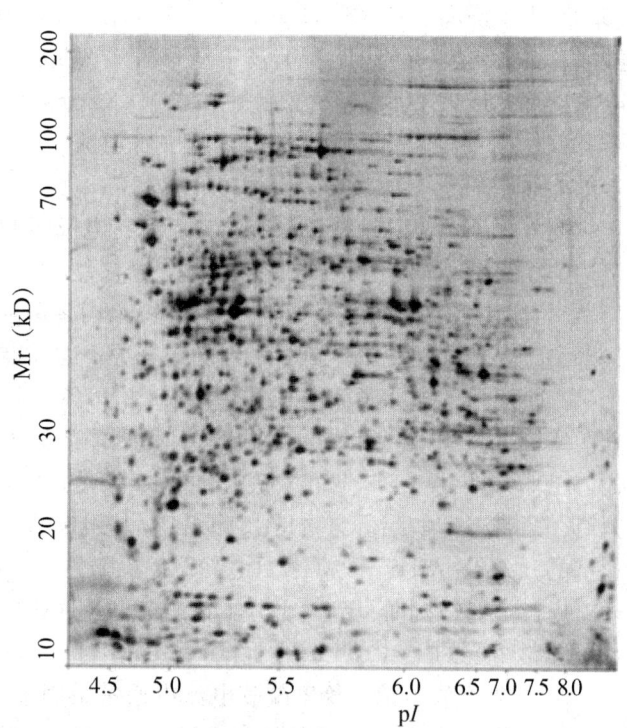

图 1-13　二维聚丙烯酰胺凝胶电泳

细胞提取液的二维电泳可以分辨出 1 000～2 000 个蛋白质，有的可以分辨出 5 000～10 000 个斑点，这与细胞中可能存在的蛋白质数量接近。由于二维电泳具有很高的分辨率，它可以直接从细胞提取液中检测某蛋白质。

（三）琼脂糖凝胶电泳

琼脂糖是从琼脂中提纯出来的，主要是由 D-半乳糖和 3,6 脱水-L-半乳糖连接而成的一种线性多糖（图 1-14）。

1. 琼脂糖凝胶　琼脂糖凝胶的制作是将干的琼脂糖悬浮于缓冲液中，通常使用的浓度是 1%～3%，加热煮沸至溶液变为澄清，注入模板后室温下冷却凝聚即成琼脂糖凝胶。琼脂糖之间以分子内和分子间氢键形成较为稳定的交联结构，这种交联的结构使琼脂糖凝胶有较好的抗对流性质。琼脂糖凝胶的孔径可以通过琼脂糖的最初浓度来控制，低浓度的琼脂糖形

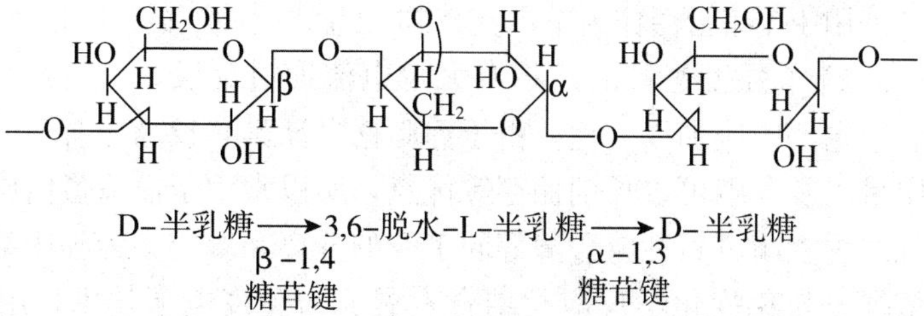

$$\text{D-半乳糖} \xrightarrow[\text{糖苷键}]{\beta\text{-1,4}} \text{3,6-脱水-L-半乳糖} \xrightarrow[\text{糖苷键}]{\alpha\text{-1,3}} \text{D-半乳糖}$$

图 1-14 琼脂糖的结构

成较大的孔径，而高浓度的琼脂糖形成较小的孔径。尽管琼脂糖本身没有电荷，但一些糖基可能会被羧基、甲氧基，特别是硫酸根不同程度的取代，使得琼脂糖凝胶表面带有一定的电荷，引起电泳过程中发生电渗以及样品和凝胶间的静电相互作用，影响分离效果。市售的琼脂糖有不同的提纯等级，主要以硫酸根的含量为指标，硫酸根的含量越少，提纯等级越高。

2. 琼脂糖凝胶的应用　琼脂糖凝胶可用于蛋白质和核酸的电泳支持介质，尤其适合于核酸的提纯、分析。琼脂糖凝胶约可区分相差 100bp 的 DNA 片段，其分辨率虽比聚丙烯酰胺凝胶低，但它制备容易，分离范围广，尤其适于分离大片段 DNA。普通琼脂糖凝胶分离 DNA 的范围为 0.2～20kb，利用脉冲电泳，可分离高达 10^7 bp 的 DNA 片段。如浓度为 1% 的琼脂糖凝胶的孔径对于蛋白质来说是比较大的，对蛋白质的阻碍作用较小，这时蛋白质分子大小对电泳迁移率的影响相对较小，所以适用于一些忽略蛋白质大小而只根据蛋白质天然电荷来进行分离的电泳技术，如免疫电泳、平板等电聚焦电泳等。琼脂糖也适合于 DNA、RNA 分子的分离、分析，由于 DNA、RNA 分子通常较大，所以在分离过程中会存在一定的摩擦阻碍作用，这时分子的大小会对电泳迁移率产生明显影响。例如，对于双链 DNA，电泳迁移率的大小主要与 DNA 分子大小有关，而与碱基排列及组成无关。另外，一些低熔点的琼脂糖（62～65℃）可以在 65℃时熔化，因此其中的样品（如 DNA）可以重新溶解到溶液中而回收。

由于琼脂糖凝胶的弹性较差，难以从小管中取出，所以一般琼脂糖凝胶不适用于管状电泳，管状电泳通常采用聚丙烯酰胺凝胶。琼脂糖凝胶通常是形成水平式板状凝胶，用于等电聚焦、免疫电泳等蛋白质电泳，以及 DNA、RNA 的分析。垂直式电泳应用相对较少。

3. 琼脂糖凝胶的特征　琼脂糖凝胶电泳分析原理与其他支持物电泳的最主要区别是兼有"分子筛"和"电泳"的双重作用。因其具有网络结构，直接参与了带电颗粒的分离过程，在电泳中，被分离的分子通过空隙时会受到阻力，大分子物质在泳动时受到的阻力比小分子大，因此在凝胶电泳中，带电颗粒的分离不仅依赖于净电荷的性质和数量，而且还取决于分子大小，这就大大地提高了分辨能力。琼脂糖是中性物质，不带电荷，而其凝胶是一种含硫酸根和羧基的强酸性多糖，由于这些基团带有电荷，在电场作用下能产生较强的电渗现象，加之硫酸根可与某些蛋白质作用而影响电泳速度及分离效果，而加工制得的琼脂糖凝胶为支持物进行电泳可以克服琼脂不足之处，其优点如下：

(1) 琼脂糖凝胶电泳操作简单，电泳速度快，样品不需事先处理就可进行电泳。

(2) 琼脂糖凝胶结构均匀，含水量大（占 98%～99%），近似自由电泳，样品扩散度较自由电泳小，对样品吸附极微，电泳图谱清晰，分辨率高，重复性好。

(3) 琼脂糖透明无紫外吸收，电泳过程和结果可直接用紫外监测及定量测定。

(4) 电泳后区带易染色，样品易洗脱，便于定量测定。制成干膜可长期保存。琼脂糖凝胶通常制成板状，常用1%琼脂糖作为电泳支持物。电泳缓冲液的pH值为6～9，离子强度最适为0.02～0.05。离子强度过高时，将有大量电流通过凝胶，使凝胶中水分大量蒸发，甚至造成凝胶干裂，电泳中应加以避免。由于琼脂糖电泳具有较高分辨率、重复性好，区带易染色、洗脱和定量以及干膜可以长期保存等优点，所以常用于血清蛋白质、血红蛋白、脂蛋白、糖蛋白、乳酸脱氢酶、碱性磷酸酶等同工酶的分离和鉴定，为临床某些疾病的鉴别诊断提供了可靠的依据。与免疫化学反应相结合发展成为免疫电泳技术，用于分离和检测抗原。可对目前常用的琼脂糖进行某些修饰，如引入化学基团羟乙基，则可使琼脂糖在65℃左右便能熔化，被称为低熔点琼脂糖。该温度低于DNA的熔点，而且凝胶强度又无明显改变。以此为支持物进行电泳，称为低熔点琼脂糖凝胶电泳，主要应用于DNA研究。如DNA鉴定，DNA限制性内切酶图谱制作等，为DNA分子及其片段分子量测定和DNA分子构象的分析提供了重要手段。

琼脂糖凝胶电泳对核酸的分离作用主要是依据它们的相对分子质量及分子构型，同时与凝胶的浓度也有密切关系。

(1) 核酸分子大小与琼脂糖浓度的关系

1) DNA分子的大小：在凝胶中，DNA片段迁移距离（迁移率）与碱基对的对数成反比，因此通过已知大小的标准物移动的距离与未知片段的移动距离进行比较，便可测出未知片段的大小。但是当DNA分子大小超过20kb时，普通琼脂糖凝胶就很难将它们分开。此时电泳的迁移率不再依赖于分子大小，因此，在用琼脂糖凝胶电泳分离DNA时，分子大小不宜超过此值。

2) 琼脂糖的浓度：不同大小的DNA需要用不同浓度的琼脂糖凝胶进行电泳分离，见表1-3。

表1-3 琼脂糖浓度与DNA分离范围

琼脂糖浓度（%）	线状DNA大小（kb）
0.3	5～60
0.6	1～20
0.7	0.8～10
0.9	0.5～7
1.2	0.4～6
1.5	0.2～4
2.0	0.1～3

(2) 核酸构型与琼脂糖凝胶电泳分离的关系

不同构型DNA的移动速度次序为：共价闭环DNA（covalently closed circular DNA，cccDNA）＞直线DNA＞开环的双链环状DNA。当琼脂糖浓度太高时，环状DNA（一般为球形）不能进入胶中，相对迁移率为0（$R_m=0$），而同等大小的直线双链DNA（刚性棒状）则可以长轴方向前进（$R_m>0$），由此可见，这三种构型的相对迁移率主要取决于凝胶浓度，但同时，也受到电流强度、缓冲液离子强度等的影响。

(四) 免疫电泳

免疫电泳（immunoelectrophoresis）是将区带电泳与双向免疫扩散相结合的一种免疫化

学分析技术。先将蛋白质抗原在琼脂平板上进行电泳，使不同的抗原成分因所带电荷、分子量及构型不同，电泳迁移率各异而彼此分离。然后在与电泳方向平行的琼脂槽内加入相应抗体进行双向免疫扩散。分离成区带的各种抗原成分与相应抗体在琼脂中扩散后相遇，在二者比例合适处形成肉眼可见的弧形沉淀线。根据沉淀线的数量、位置和形状，与已知的标准（或正常）抗原、抗体形成的沉淀线比较，即可对样品中所含成分及性质进行分析鉴定，如图 1-15 所示。

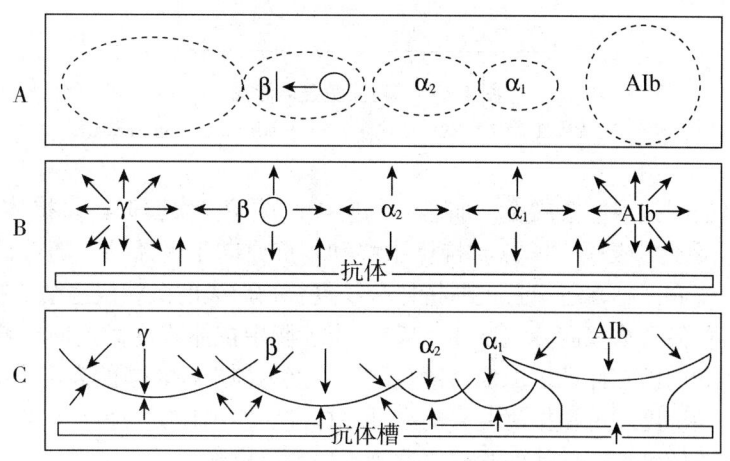

图 1-15 免疫电泳示意图
A. 电泳后蛋白质的位置 B. 加抗体后双扩散的情况 C. 双扩散结果

免疫电泳用途主要有：①纯化抗原或抗体的纯度鉴定；②血清蛋白质成分的分析，有助于原发性补体组分及免疫球蛋白缺陷（如先天性无丙种球蛋白血症）的诊断；③浆细胞恶病质，如多发性骨髓瘤、巨球蛋白血症及重链病等的鉴别诊断。

1. 对流免疫电泳（counter immunoelectrophoresis，CIEP） 实质上是将双向免疫扩散与电泳相结合的定向加速的免疫扩散技术。在 pH＝8.6 的缓冲液中，大部分蛋白质抗原成分常带较强的负电荷，在电场中向正极移动；而等电点偏高（约为 pH＝6~7）的抗体 IgG 则带负电荷较少，再加之分子量较大，移动速度慢，所以它本身向正极移动缓慢甚至不移动，故在电渗作用下，随水流向负极，电渗引向负极移动的液流速度超过了 IgG 向正极的移动，因此抗体移向负极，在抗原抗体最适比处形成沉淀线，从沉淀线相对于两孔的位置还可大致判断抗原抗体的比例关系。实验时在琼脂板上打两排孔，标记上正极与负极，将抗原溶液放入负极侧的孔内，相应抗体放入正极侧的孔内，通电后，带负电荷的抗原向正极泳动，而抗体借电渗作用向负极泳动，在两者之间或抗体的另一侧（抗原过量时）形成沉淀线。在抗原浓度超过抗体时，沉淀线靠近抗体孔，抗原浓度越高，在抗体孔边沿出现弧形沉淀线，甚至超越抗体孔（图 1-16）。本实验简便、快速，灵敏度比双向免疫扩散法高 8~16 倍，可测出蛋白质的浓度达 $\mu g/ml$。

IgG 作为蛋白质在电泳中比较特殊，4 个亚型有不同的表现，IgG_3 和 IgG_4 与一般蛋白质无异，泳向正极，而 IgG_1 和 IgG_2 则因其带电荷少，受电渗的作用力大于电泳，所以被水分子携裹向负极移动。这就形成了 IgG 的特殊电泳形式：一部分泳向正极，另一部分泳向负极，在抗体孔两侧都有抗体存在，因此所谓对流只是部分 IgG 的电渗作用所致。

2. 火箭免疫电泳（rocket immunoelectrophoresis，RIE） 是将单向免疫扩散与电泳相

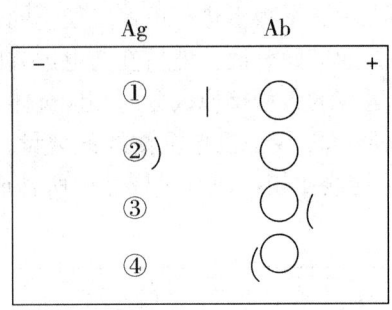

图 1-16 对流免疫电泳图
①：Ag 为阳性 ②：Ag 为弱阳性 ③：Ag 为强阳性 ④：Ag 为强阳性

结合的一项定量检测技术，实质上是加速的单向扩散试验。实验时，将抗体混合于琼脂中，样品孔中的抗原置于负极端，电泳时抗体不移动，抗原向正极泳动，随着抗原量的逐渐减少，抗原泳动的基底区越来越窄，抗原抗体分子复合物形成的沉淀线逐渐变窄，形成一个形状如火箭的不溶性复合物沉淀峰（图 1-17）。当琼脂中抗体浓度固定时，峰的高度与抗原量呈正相关，因此用已知标准抗原作对照，抗原浓度为横坐标，峰的高度为纵坐标，绘制标准曲线，待测样品浓度就可根据沉淀峰的高度在标准曲线中计算获得。如果将琼脂中加入固定浓度的抗原时，便可检测抗体的含量（称为反向火箭电泳）。

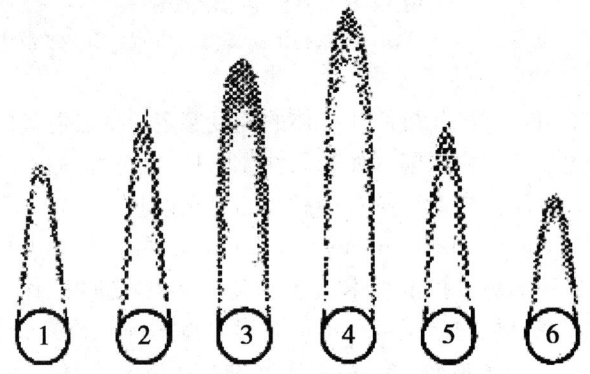

图 1-17 火箭免疫电泳图
①②③④为标准抗原 ⑤⑥为标本

影响火箭电泳的因素很多，因此在操作时应注意以下几点：
（1）所用琼脂应是无电渗或电渗很小的，否则火箭形状不规则。
（2）注意电泳终点时间的确定，如火箭电泳顶部呈不清晰的云雾状或圆形，则表示未达终点。
（3）待测标本数量多时，电泳板应先置电泳槽上搭桥并开启电源（电流要小）后加样，否则易形成宽底峰形，使定量不准。
（4）作 IgG 定量时，由于抗原和抗体的性质相同，火箭峰因电渗呈纺锤状，为了纠正这种现象，可用甲醛与 IgG 上的氨基结合（甲酰化），使本来带两性电荷的 IgG 变为只带负电荷，加快了电泳速度，抵消了电渗作用，而出现伸向正极的火箭峰。

火箭电泳作为抗原定量只能测定 pg/ml 以上的含量，如低于此水平则难以形成可见的沉淀峰。加入少量^{125}I标记的标准抗原共同电泳，则可在含抗体的琼脂中形成不可见的火箭峰，经洗涤干燥后，用X线胶片显影，可出现放射显影，这就是目前采用的免疫自显影技术，根据自显影火箭峰降低的程度（竞争法）可计算出抗原的浓度。免疫自显影技术可测出ng/ml的抗原浓度。

3. 免疫固定电泳（immunofixation electrophoresis） 是将待检的混合抗原先在载体上进行区带电泳，使不同蛋白质由于所带净电荷不同，电泳迁移率也各异而进行分离，然后直接用抗血清作用于被分离的蛋白质，进行抗原抗体反应，使抗原在电泳位置上被免疫固定。此法实质上是常规免疫电泳的一种衍生方法。免疫固定后的区带为单一免疫复合物沉淀带，与同时电泳而未经免疫固定的标本比较，可判明该蛋白质为何种成分，以对样品中所合成成分及其性质进行分析、鉴定。

4. 交叉免疫电泳（cross immunoelectrophoresis） 又称双向火箭免疫电泳，由两次连续电泳组成。第一次电泳时，样品中不同的蛋白质在琼脂凝胶中依据各自的迁移率而被分开，随后，在琼脂凝胶板一侧倾注含多价抗体的琼脂糖，再进行与原电泳方向垂直的第二次电泳，使各个已分离的抗原成分与凝胶内的相应抗体形成独立的火箭峰。由于第二次电泳的方向呈90°角改变，沉淀峰不会出现重叠。峰的位置取决于各种蛋白质的迁移率。此法比经典的免疫电泳更优越，分辨率更高，且有利于各蛋白质组分的比较，既能用于定性分析，也可用于定量测定。

（五）等电聚焦电泳

等电聚焦电泳（isoelectric focusing electrophoresis, IFE）是根据两性物质等电点（pI）的不同而进行分离的，它具有很高的分辨率，可以分辨出等电点相差0.01的蛋白质，是分离两性物质（如蛋白质）的一种理想方法。等电聚焦的分离原理是在凝胶中通过加入两性电解质形成一个pH值梯度，两性物质在电泳过程中会被集中在与其等电点相等的pH值区域内，从而得到分离。

两性电解质是人工合成的一种复杂的多氨基、多羧基的混合物。不同的两性电解质有不同的pH值梯度范围，既有较宽的范围如pH＝3～10，也有各种较窄的范围如pH＝7～8。要根据待分离样品的情况选择适当的两性电解质，使待分离样品中各个组分都在两性电解质的pH值范围内，两性电解质的pH值范围越小，分辨率越高。

等电聚焦多采用水平平板电泳，也使用管式电泳。由于两性电解质的价格昂贵，使用1～2mm厚的凝胶进行等电聚焦价格较高。使用两条很薄的胶带作为玻璃板间隔，可以形成厚度仅0.15mm的薄层凝胶，大大降低成本，所以等电聚焦通常使用这种薄层凝胶。由于等电聚焦过程需要蛋白质根据其电荷性质在电场中自由迁移，通常使用较低浓度（如4%）的聚丙烯酰胺凝胶以防止分子筛作用，也经常使用琼脂糖，尤其是对于分子量很大的蛋白质。制作等电聚焦薄层凝胶时，首先将两性电解质、核黄素与丙烯酰胺贮液混合，加入到带有间隔胶条的玻璃板上，而后在上面加上另一块玻璃板，形成平板薄层凝胶。经过光照聚合后，将一块玻璃板撬开移去，将一小薄片湿滤纸分别置于凝胶两侧，连接凝胶和电极液（阳极为酸性如磷酸溶液，阴极为碱性如氢氧化钠溶液）。接通电源，两性电解质中不同的等电点的物质通过电泳在凝胶中形成pH值梯度，从阳极侧到阴极侧pH值由低到高呈线性梯度分布。

随后关闭电源，上样时取一小块滤纸吸附样品后放置在凝胶上，通电30min后样品通过电泳离开滤纸加入凝胶中，这时可以去掉滤纸。最初样品中蛋白质所带的电荷取决于放置样品处凝胶的pH值，等电点在pH值以上的蛋白质带正电，在电场的作用下向阴极移动，在迁移过程中，蛋白质所处凝胶的pH值逐渐升高，蛋白质所带的正电逐渐减少，到达pH=pI处的凝胶区域时蛋白质不带电荷，停止迁移。同样，等电点在上样处凝胶pH值以下的蛋白质带负电，向阳极移动，最终到达pH=pI处的凝胶区域停止。可见等电聚焦过程无论样品加在凝胶上什么位置，各种蛋白质都能向着其等电点处移动，并最终到达其等电点处，对最后的电泳结果没有影响。所以有时样品可以在制胶前直接加入到凝胶溶液中。使用较高的电压（如2000V，0.5mm平板凝胶）可以得到较快速的分离（0.5~1h），但应注意对凝胶的冷却以及使用恒定功率的电源。凝胶结束后对蛋白质进行染色时应注意，由于两性电解质也会被染色，使整个凝胶都被染色。所以等电聚焦的凝胶不能直接染色，要首先经过10%的三氯乙酸的浸泡以除去两性电解质后才能进行染色。

等电聚焦还可以用于测定某个未知蛋白质的等电点，将一系列已知等电点的标准蛋白质（通常pI在3.5~10）及待测蛋白质同时进行等电聚焦。测定各个标准蛋白电泳区带到凝胶某一侧边缘的距离对各自的pI值作图，即得到标准曲线。而后测定待测蛋白的距离，通过标准曲线即可求出其等电点。

等电聚焦具有很高的灵敏度，特别适合于研究蛋白质微观不均一性，例如一种蛋白质在SDS-PAGE中表现单一带，而在等电聚焦中表现三条带。这可能是由于蛋白质存在单磷酸化、双磷酸化和三磷酸化形式。由于几个磷酸基团不会对蛋白质的分子量产生明显的影响，因此在SDS-PAGE中表现单一带，但由于它们所带的电荷有差异，所以在等电聚焦中可以被分离检测到。同工酶之间可能只有一两个氨基酸的差别，利用等电聚焦也可以得到较好的分离效果。由于等电聚焦过程中蛋白质通常是处于天然状态的，所以可以通过前面介绍的活性染色的方法对酶进行检测。等电聚焦主要用于分离分析，但也可以用于纯化制备。虽然成本较高，但操作简单、纯化效率很高。除了通常的方法，制备性等电聚焦也可以在垂直玻璃管中的梯度蔗糖溶液或颗粒状凝胶（如Sephadex G-75）中进行。

(六) 毛细管电泳

毛细管电泳（capIllary electrophoresis，CE）又叫高效毛细管电泳（HPCE），是近年来发展最快的分析方法之一。

1981年Jorgenson和Lukacs首先提出在75μm内径毛细管柱内用高电压进行分离，创立了现代毛细管电泳。1984年Terabe等建立了胶束毛细管电动力学色谱。1987年Hjerten建立了毛细管等电聚焦，Cohen和Karger提出了毛细管凝胶电泳。1988~1989年出现了第一批毛细管电泳商品仪器。短短几年内，由于CE符合了以生物工程为代表的生命科学各领域中对多肽、蛋白质（包括酶、抗体）、核苷酸乃至脱氧核糖核酸（DNA）的分离分析要求，得到了迅速的发展。

CE是经典电泳技术和现代微柱分离相结合的产物。CE和高效液相色谱法（HPLC）相比，其相同之处在于二者都是高效分离技术，仪器操作均可自动化，且二者均有多种不同分离模式。二者之间的差异在于：CE用迁移时间取代HPLC中的保留时间，CE的分析时间通常不超过30min，比HPLC速度快。

对于CE而言，从理论上推得其理论塔板高度和溶质的扩散系数成正比，对扩散系数小的生物大分子而言，其柱效就要比HPLC高得多；CE所需样品为nl（10^{-9}L）级，最低可达270fl（10^{-15}L），流动相用量也只需几毫升，而HPLC所需样品为μl级，流动相则需几百毫升乃至更多；但CE仅能实现微量制备，而HPLC可作常量制备。CE和普通电泳相比，由于其采用高电场，因此分离速度要快得多；检测器则除了未能和原子吸收及红外光谱连接以外,其他类型检测器均已和 CE 实现了连接检测;一般电泳定量精度差,而 CE 和 HPLC 相近;CE 操作自动化程度比普通电泳要高得多。总之,CE 的优点可概括为三高两少:高灵敏度,常用紫外检测器的检测限可达 $10^{-15} \sim 10^{-13}$ mol,激光诱导荧光检测器则达 $10^{-21} \sim 10^{-19}$ mol;高分辨率,其每米理论塔板数为几十万;高者可达几百万乃至千万,而 HPLC 一般为几千到几万;高速度,最快可在 60s 内完成,在 250s 内分离 10 种蛋白质,1.7min 分离 19 种阳离子,3min 内分离 30 种阴离子;样品少,只需 nl 级的进样量;成本低,只需少量(几毫升)流动相和价格低廉的毛细管。

由于以上优点以及分离生物大分子的能力,使 CE 成为近年来发展最迅速的分离分析方法之一。当然 CE 还是一种正在发展中的技术,有些理论研究和实际应用正在进行与开发。"CE"统指以高压电场为驱动力,以毛细管为分离通道,依据样品中各组分之间淌度和分配行为上的差异而实现分离的一类液相分离技术(图 1-18)。

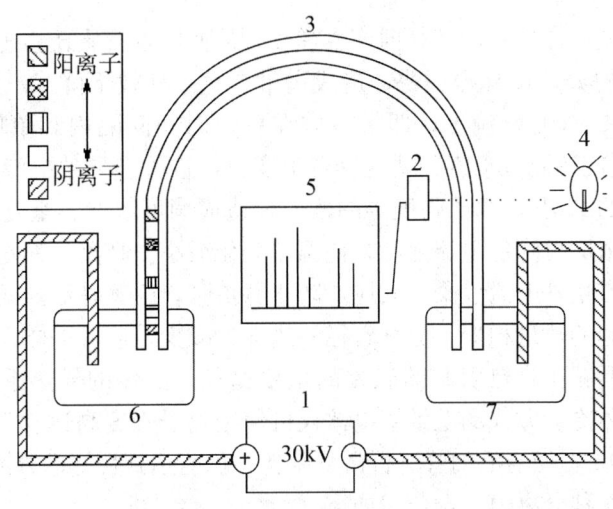

图 1-18 毛细管电泳仪的工作原理示意图

1. 高压电源;2. 光电倍增管;3. 液叶冷温控毛细管;4. 光源;5. 数据采集;6. 缓冲液或样品;7. 缓冲液。其仪器结构包括一个高压电源,一根毛细管,一个检测器及两个供毛细管两端插入而又可和电源相连的缓冲液贮瓶。

CE 所用的石英毛细管柱,在 pH>3 的情况下,其内表面带负电,和溶液接触时形成了一双电层。在高电压作用下,双电层中的水合阳离子引起流体整体地朝负极方向移动的现象叫电渗,粒子在毛细管内电解质中的迁移速度等于电泳和电渗流(EOF)两种速度的矢量和,正离子的运动方向和电渗流一致,故最先流出;中性粒子的电泳流速度为"零",故其迁移速度相当于电渗流速度;负离子的运动方向和电渗流方向相反,但因电渗流速度一般都大于电泳流速度,故它将在中性粒子之后流出,从而因各种粒子迁移速度不同而实现分离。电渗是 CE 中推动流体前进的驱动力,它使整个流体像一个塞子一样以均匀速度向前运动,使整个流型呈近似扁平型的"塞式流"(图 1-19)。它使溶质区带在毛细管内原则上不会扩张。但在 HPLC 中,采用的压力驱动方式使柱中流体呈抛物线形,其中心处速度是平均速度的两倍,导致溶质区带本身扩张,引起柱效下降,使其分离效率不如 CE。

理论分析表明,增加速度是减少谱带展宽、提高效率的重要途径,增加电场强度可以提高速度。但高场强导致电流增加,引起毛细管中电解质产生焦耳热(自热)。自热将使流体在径向产生抛物线形温度分布,即管轴中心温度要比近壁处温度高。因溶液黏度随温度升高

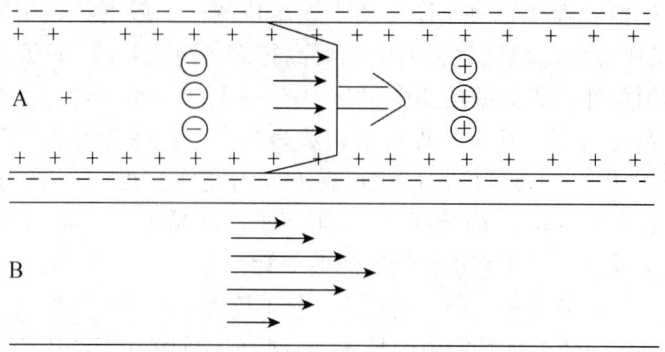

图1-19 电流渗流型和压力驱动流型的比较
A. 毛细管中电渗流呈"塞式流"流型 B. HPLC柱中压力驱动呈抛物线流型

呈指数下降，温度梯度使介质黏度在径向产生梯度，从而影响溶质迁移速度，使管轴中心的溶质分子要比近管壁的分子迁移得更快，造成谱带展宽，柱效下降。一般来说温度每提高1℃，将使淌度增加2%（所谓淌度，即指溶质在单位时间间隔内和单位电场上移动的距离）。此外，温度改变使溶液pH值、黏度等发生变化，进一步导致电渗流、溶质分子的电荷分布（包括蛋白质的结构）、离子强度等的改变，造成淌度改变、重复性变差、柱效下降等现象。降低缓冲液浓度可降低电流强度，使温差变化减小。高离子强度缓冲液可阻止蛋白质吸附于管壁，并可产生柱上浓度聚焦效应，防止峰扩张，改善峰形。减小管径在一定程度上缓解了由高电场引起的热量积聚，但细管径使进样量减少，造成进样、检测等技术上的困难。因此，加快散热是减小自热引起的温差的重要途径。液体的导热系数要比空气高100倍。现在有的采用液体冷却方式的毛细管电泳仪可使离子强度高达0.5mol/L的缓冲液进行分离，或使用200μm直径的毛细管进行微量制备，仍能达到良好的分离效果和重现性。

毛细管电泳现有六种分离模式，分述如下：

1. 毛细管区带电泳（capillary zone electrophoresis，CZE） 又称毛细管自由电泳，是CE中最基本、应用最普遍的一种模式。前述基本原理即是CZE的基本原理。

2. 胶束电动毛细管色谱（micellar electrokinetic capIllary chromatography，MECC）是把一些离子型表面活性剂（如十二烷基硫酸钠，SDS）加到缓冲液中，当其浓度超过临界浓度后就形成有一疏水内核、外部带负电的胶束。虽然胶束带负电，但一般情况下电渗流的速度仍大于胶束的迁移速度，故胶束将以较低速度向阴极移动。溶质在水相和胶束相（准固定相）之间产生分配，中性粒子因其本身疏水性不同，在二相中分配就有差异，疏水性强的胶束结合牢，流出时间长，最终按中性粒子疏水性不同得以分离。MECC使CE能用于中性物质的分离，拓宽了CE的应用范围，是对CE极大的贡献。

3. 毛细管凝胶电泳（capillary gel electrophoresis，CGE） 是将板上的凝胶移到毛细管中作支持物进行的电泳。凝胶具有多孔性，起类似分子筛的作用，溶质按分子大小逐一分离。凝胶黏度大，能减少溶质的扩散，所得峰形尖锐，能达到CE中最高的柱效。常用聚丙烯酰胺在毛细管内交联制成凝胶柱，可分离、测定蛋白质和DNA的分子量或碱基数，但其制备麻烦，使用寿命短。如采用黏度低的线性聚合物（如甲基纤维素）代替聚丙烯酰胺，可形成无凝胶但有筛分作用的无胶筛分（Non-Gel Sieving）介质。

毛细管凝胶电泳能避免空泡形成，比凝胶柱制备简单，寿命长，但分离能力比凝胶柱略差。

CGE 和无胶筛分正在发展成第二代 DNA 序列测定仪,将在人类基因组织计划中起重要作用。

4. 毛细管等电聚焦(capillary isoelectric focusing,CIEF) 将普通等电聚焦电泳转移到毛细管内进行。通过管壁涂层使电渗流减到最小,以防蛋白质吸附及破坏稳定的聚焦区带,再将样品与两性电解质混合进样,两端贮瓶分别为酸和碱。加高压(6000~8000V)3~5min 后,毛细管内部建立 pH 值梯度,蛋白质在毛细管中向各自等电点聚焦,形成明显的区带。最后改变检测器末端贮瓶内的 pH 值,使聚焦的蛋白质依次通过检测器而得以确认。

5. 毛细管等速电泳(capillary isotachor-phoresis,CITP) 是一种较早的模式,采用先导电解质和后继电解质,使溶质按其电泳淌度不同得以分离,常用于分离离子型物质,目前应用不多。

6. 毛细管电色谱(capillary electrochromatography,CEC) 是将 HPLC 中众多的固定相微粒填充到毛细管中,以样品与固定相之间的相互作用为分离机制,以电渗流为流动相驱动力的色谱过程,虽柱效有所下降,但增加了选择性。此法有发展前景。

毛细管电泳(CE)除了比其他色谱分离分析方法具有效率更高、速度更快、样品和试剂耗量更少、应用面同样广泛等优点外,其仪器结构也比高效液相色谱(HPLC)简单。CE 只需高压直流电源、进样装置、毛细管和检测器。前三个部件均易实现,困难之处在于检测器。特别是光学类检测器,由于毛细管电泳溶质区带的超小体积的特性导致光程太短,而且圆柱形毛细管作为光学表面也不够理想,因此对检测器灵敏度要求相当高。当然在 CE 中也有利于检测的因素,如:在 HPLC 中,因稀释之故,溶质到达检测器的浓度一般是其进样端原始浓度的 1%,但在 CE 中,经优化实验条件后,可使溶质区带到达检测器时的浓度和在进样端开始分离前的浓度相同。而且 CE 中还可采用堆积等技术使样品达到柱上浓缩效果,使初始进样体积浓缩为原体积的 1%~10%,这对检测十分有利。因此从检测灵敏度的角度来说,HPLC 具有良好的浓度灵敏度,而 CE 提供了很好的质量灵敏度。总之,检测仍是 CE 中的关键问题,有关研究报道很多,发展也很快。迄今为止,除了原子吸收光谱、电感耦合等离子体发射光谱(ICP)及红外光谱未用于 CE 外,其他检测手段如:紫外、荧光、电化学、质谱、激光等类型检测器均已用于 CE。

与 HPLC 类似,CE 中应用最广泛的是紫外/可见检测器。按检测方式可分为固定波长或可变波长检测器和二极管阵列或波长扫描检测器两类。前一类检测器采用滤光片或光栅来选取所需检测波长,优点在于结构简单,灵敏度比后一类检测器高;后一类检测器能提供时间—波长—光密度的三维图谱,优点在于在线紫外光谱可用来定性、鉴别未知物。有些商用仪器的二极管阵列检测器还可做到在线峰纯度检查,即在分离过程中便可得知每个峰含有几种物质;缺点在于灵敏度比前一类略差。采用快速扫描的光栅获取三维图谱方式时,其扫描速度受到机械动作速度的限制。用二极管阵列方式时,扫描速度受到计算机数据存储容量大小的限制。由于 CE 的峰宽较窄,理论上要求能对最窄的峰采集 20 个左右的数据,因此要很好地选取扫描频率,才能得到理想的结果。

电泳结果处理常用蛋白质检测与回收方法。检测蛋白质最常用的染色剂是考马斯亮蓝 G-250(coomassie brilliant blue,CBB)。银染是比考马斯亮蓝染色灵敏度高 100 倍的一种方法,它是通过银离子(Ag^+)在蛋白质上被还原成金属银形成黑色来指示蛋白质区带的。银染可以直接进行也可以在考马斯亮蓝染色后进行,这样凝胶主要的蛋白质带可以通过考马斯亮蓝染色分辨,而细小的考马斯亮蓝染色检测不到的蛋白质带由银染检测。

糖蛋白通常使用过碘酸-Schiff试剂（PAS）染色，但PAS染色不十分灵敏，染色后通常形成较浅的红-粉红带，难以在凝胶中观察。目前更灵敏的方法是将凝胶印迹后用凝集素检测糖蛋白（详见第八节）。通过扫描光密度仪对染色的凝胶进行扫描可以进行定量分析，确定样品中不同蛋白质的相对含量。扫描仪测定凝胶上不同迁移距离的光密度值，各个染色的蛋白质带形成对应的峰，峰面积的大小可以代表蛋白质含量的多少。另外一种简单的方法是将染色的蛋白质带切下来，在一定体积的50%吡啶溶液中摇晃过夜溶解染料，而后通过分光光度计测定光密度值就可以估算蛋白质的含量。但应注意，蛋白质只有在一定的浓度范围内其含量才与光密度值成线性关系，另外不同的蛋白质即使在含量相同的情况下染色程度也可能有所不同，所以上面的方法对蛋白质含量的测定只能是一种半定量的结果。

尽管凝胶电泳通常是作为一种分析工具使用，它也可以用于蛋白质的纯化制备。但电泳后需将蛋白质从凝胶中回收，通常是将所需的蛋白质区带部分的凝胶切下，通过电泳的方法将蛋白质从凝胶中洗脱下来（称为电洗脱）。目前有各种商品电洗脱池装置。最简单的方法是将切下的凝胶装入透析袋内加入缓冲液浸泡，再将透析袋浸入缓冲液中进行电泳，蛋白质就会向某个电极方向迁移而离开凝胶进入透析袋内的缓冲液。由于蛋白质不能通过透析袋，所以电泳后蛋白质就留在透析袋的缓冲液中。电洗脱后可通一个反向电流，持续几秒钟，使吸附在透析袋上的蛋白质进入缓冲液，这样就可以将凝胶中的蛋白质回收。

（林雪松　朱贵明）

【参考文献】

1. 周先碗. 生物化学与仪器分析与实验技术. 北京：化学工业出版社，2002.
2. 陈毓荃. 生物化学与实验方法和技术. 北京：科学出版社，2002.
3. 陈义. 毛细管电泳技术及应用. 北京：化学工业出版社，2006.

第六节　层析（色谱）技术

一、层析（色谱）技术发展简史

层析法（chromatography）又称色谱法、色层法和层离法，是一种分离和分析方法，在分析化学、有机化学、生物化学等领域有着非常广泛的应用。

层析法起源于20世纪初，1906年，俄国植物学家Michael Tswett首先将含有植物叶子色素的溶液通过装填有白垩粒子吸附剂的柱子，以石油醚洗脱植物色素的提取液，经过一段时间洗脱之后，植物色素在白垩柱中实现分离，由一条色带分散为数条平行的色带。由于这一实验将混合的植物色素分离为不同的色带而命名为色谱法，Tswett也因此被人们尊称为"色谱学之父"。真正意义上的制备型液相色谱分离是20世纪30年代对植物代谢产物——色素（如叶绿素及胡萝卜素等）的分离。1931年，人们首次应用氧化铝层析柱分离了胡萝卜素的两种同分异构体；随后色谱法也广泛应用于无色物质的分离。1938年Martin和Synge利用氨基酸在水和有机溶剂中的溶解度差异分离不同种类的氨基酸，他们将水吸附在固相的硅胶上，以氯仿冲洗，成功地分离了氨基酸，即分配色谱。1943年martin以及synge又发明了在蒸汽饱和环境下进行的纸色谱法。可以分离检测生物体内的各种酶、多糖、磷酸酯等等，他们因此而获得1952年的诺贝尔化学奖。1848年，Thompson等人在研究土壤碱性物质交换过程中发现离子交换现象。20世纪40年代出现了具有稳定交换特性的聚苯乙烯离子交换树脂，50年代离子交换层析进入生物化学领域，应用于氨基酸的分析。1952年Martin和James提出用气体作为流动相进行色谱分离的想法，他们用硅藻土吸附的硅酮油作为固定相，用氮气作为流动相分离了若干种小分子量挥发性有机酸，创立了气-液色谱法。

20世纪50年代之后，层析法得到了飞速发展，并发展出一个独立的三级学科——色谱学。20世纪70年代初，高效液相色谱法（HPLC）正式建立，HPLC能同时一次性完成分离和纯化鉴定，具有较高的分辨率，使其在许多学科的研究领域得到广泛的应用，如石油化工、有机合成、生理生化、医药卫生、环境保护，乃至空间探索等。

二、层析方法的一般原理

层析利用两个相，其中一个相称为固定相，另一个相称为流动相。由于被分离的混合物中各组分的物理化学性质（分子的形状和大小、分子极性、吸附力、分子亲和力、分配系数等）不同，使各组分以不同程度分布在两相（流动相和固定相）中，当流动相流过固定相时，各组分以不同的速度移动，从而达到分离。由于各组分受固定相的阻力和流动相的推力影响不同，各组分移动速度各异，从而得到分离。

三、层析的分类

（一）按流动相的状态分类

按流动相的状态将层析分为四类，见表1-4。

表1-4 按流动相不同的层析分类

固定相	流动相	
	液体（液相层析）	气体（固相层析）
液体	液-液层析	气-液层析
固体	液-固层析	气-固层析

（二）按固定相的使用形式分类

按固定相的使用形式分类将层析分为三类，见表1-5。

表1-5 按固定相不同的层析分类

类型	操作形式	适用范围
柱层析	将固定相装于柱内，使样品沿一个方向移动而达到分离的目的	适用于大量样品分析、分离。常用的凝胶层析、离子交换层析、亲和层析、高效液相色谱等通常都采用柱层析形式
薄层层析	将适当黏度的固定相均匀涂铺在薄板上，点样后用流动相展开，使各组分分离	主要适用于小分子物质的快速检测分析和少量分离制备，通常为一次性使用
纸层析	利用滤纸作固定液的载体，把试样点在滤纸上，然后用溶剂展开，各组分在滤纸的不同位置以斑点形式显现，根据滤纸上斑点位置及大小进行定性和定量分析	常用于鉴定氨基酸混合物，可用于蛋白质的氨基酸成分的定性鉴定和定量测定

（三）按分离过程所主要依据的物理化学性质分类

按分离过程所主要依据的物理化学性质将层析分为五类：

1. 吸附层析　利用吸附剂表面对不同物质吸附性能的差异进行分离。
2. 分配层析　利用不同物质在流动相和固定之间的分配系数和溶解度不同，使物质分离。
3. 离子交换层析　利用不同物质对离子交换剂亲和力不同进行分离。
4. 凝胶层析　利用某些凝胶对不同分子量的物质阻滞作用不同进行分离，亦称分子筛层析。
5. 亲和层析　利用某些蛋白质能与配体分子特异而非共价地结合进行分离。

（四）按实验技术分类

根据实验技术将层析分为三类，见表1-6。

表1-6　按实验技术不同的层析分类

类型	特征
低压层析	操作压力小于0.5MPa
中压层析	操作压力为0.5～5MPa
高压层析	操作压力为5～40MPa

（五）按操作方式不同分类

按操作方式不同将层析分为三类，见表1-7。

表1-7　按操作方式不同的层析分类

类型	特征
迎头法	将混合物溶液连续通过固定相，只有化学亲和力最弱的组分以纯粹状态最先流出，但其他各组分都不能达到分离
顶替法	利用一种化学亲和力比各被结合组分都强的物质来洗脱，这种物质称为顶替剂。此法处理量大，且各组分分层清楚，但层与层相连，故不能将组分分离完全
洗脱法	将混合液尽量浓缩，使体积缩小，引入固定相的一端，然后用溶剂洗脱，洗脱溶剂可以是原来溶解混合物的溶剂，也可选用另外的溶剂

四、常见的层析技术

（一）吸附层析

1. 吸附层析的原理　吸附是指物质（主要是固体物质）表面吸住周围介质（液体或气体）中的分子或离子的现象。凡能将其他物质聚集到自己表面的物质称吸附剂（图1-20），包括硅皮、氧化铝、活性炭、淀粉、纤维素及陶土。吸附剂与被吸附物分子之间的相互作用是由可逆的范德瓦尔斯力所引起的，在一定的条件下，被吸附物可以离开吸附剂表面，这称为解吸作用。利用吸附剂对不同物质具有不同吸附力使混合物得到分离的现象就叫吸附层析（absorption chromatography）。吸附层析就是通过连续的吸附和解吸附完成的。

常用的吸附剂有极性和非极性的两种。极性吸附剂有羟基磷灰石、硅胶、氧化铝和人造沸石，活性炭属非极性吸附剂。最常用的吸附剂是硅胶和氧化铝，硅胶的吸附能力和含水量

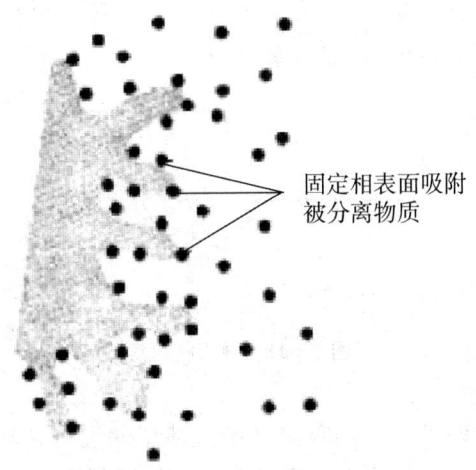

图1-20 吸附层析示意图

关系极大,硅胶吸水后,吸附能力下降。甘油酯、磷脂、胆固醇等非极性的与极性不强的有机物用这种方法分离效果较好。氧化铝、硅胶等吸附剂对各种被吸附物质的吸附能力不同,吸附能力的强弱与吸附剂本身的性质有关,也与被吸附物质的性质有关。吸附剂与被吸附物质之间的作用除了物理作用外,还有化学作用,如DNS-氨基酸双向聚酰胺薄膜层析时,被分离的物质之所以能吸附在聚酰胺薄膜上就是由于二者之间形成氢键。因此在选择具体吸附剂时,主要是根据吸附剂本身和被吸附物质的理化性质进行的。极性强的吸附剂易吸附极性强的物质,非极性的吸附剂易吸附非极性的物质。但是为了便于解吸附,对于极性大的分离物,应选择极性小的吸附剂,反之亦然。理想的吸附剂必须经过多次试验才能获得。

合适的洗脱剂应符合下列条件:①纯度较高;②稳定性好;③能较完全洗脱所分离的成分;④黏度小;⑤易和所需要的成分分开。

2. 吸附层析的种类

(1) 柱层析法:将吸附剂填装在玻璃或不锈钢管中,构成层析柱,层析时将待分离的样品自柱顶加入,当样品溶液全部流入吸附层析柱后,再加入溶剂冲洗。冲洗的过程称为洗脱,加入的溶剂称为洗脱剂,是溶解被吸附样品和平衡固定相的溶剂。

如图1-21所示,样品内含两种成分A与B,则两者被吸附在柱上端,样品溶液全部流入吸附柱之后,加入合适的溶剂洗脱,A与B随溶剂向下流动而移动,最后达到分离。在洗脱过程中,管内连续发生溶解、吸附、再溶解、再吸附的现象。例如,被吸附的A粒子被溶解随溶剂下移,但遇新的吸附剂,又将A吸附,随后,新溶剂又使A溶解下移,由于溶剂与吸附剂对A与B的溶解力与被吸附力不完全相同,A与B移动的距离也不同。连续加入溶剂,连续分段收集洗脱液,各成分即可顺序洗出。

柱式层析系统的组成基本相似,由以下几个部分构成:①蠕动泵;②层析柱;③装柱;④加试样;⑤洗脱;⑥检测器;⑦部分收集器。

(2) 薄层层析法:薄层层析法是将吸附剂在玻璃板或其他薄膜上均匀地铺成薄层,把要分析的样品加到薄层上,然后用合适的溶剂展开,而达到分离鉴定的目的。优点是设备简单,操作容易,层析展开时间短,分离效率高,并可采用腐蚀性显色剂,而且可以在高温下

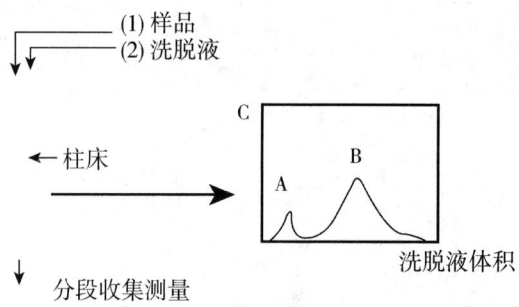

图 1-21　柱层析示意图

显色。薄层层析可以分为两类：①用吸附剂铺成薄层的层析为吸附薄层层析；②用纤维素粉、硅胶、硅藻土等作为支持剂铺成的薄层则属于分配薄层层析。其中，吸附薄层为多用，常用的吸附剂为氧化铝和硅胶。

1) 吸附薄层层析的基本原理：吸附薄层层析主要是利用吸附剂对样品中各成分吸附能力不同及展开剂对它们的解吸附能力的不同，使各成分达到分离。吸附作用主要由物体表面作用力、氢键、范德瓦尔斯力等产生。而吸附强度决定于吸附剂的吸附能力，还受被吸附成分的性质影响，展开剂的性质对吸附剂的吸附能力也产生影响。

2) 薄层层析法分析程序：将样品溶液用毛细管点在薄层板的一端，置密闭槽中，加入适宜溶剂为流动相。由于毛细管原理，溶剂被吸上，沿板移动，并带动样品中各组分向前移动，这个过程称为展开。由于各组分性质不同，移动距离不同，展开一定距离后，即得互相分离的组分斑点。可用适当方法使各组分在板上显示其位置，如组分本身有颜色，即可直接观察，否则可喷显色试剂或在紫外灯下观察荧光等办法确定斑点位置。通常用比移值（R_f）表示组分移动的特性。在流动相、固定相和展开条件固定时，R_f 值是组分的特性，可用以进行定性鉴别。使用时也常将样品与已知纯物质同时展开，比较二者移动情况，进行定性、定量分析。

薄层层析展开有多种方式，以上行法最为常用。将薄层板垂直或倾斜放置，将展开溶剂加于底部，使之自下向上移动（图 1-22）。下行法则为用滤纸将溶剂引至薄层上端，使其自上向下流动。平行展开时，将板平放，溶剂被吸上至薄层板点有样品的一端，进行展开。使用圆形薄层板时，将样品点在圆心附近，使溶剂自圆心向圆周方向移动，称为环形展开或径向展开；将样品点在圆周位置，使溶剂自圆周向圆心移动为向心展开，适用于 R_f 值大的组分的分离。展开一次后取出薄层板使溶剂挥发，再用同一溶剂或换用其他溶剂再次沿此方向展开的称多次展开。将样品点在方形薄层板的一角，先沿着一个方向展开，然后将板转动 90°，再沿着另一方向展开的为双向展开。多次展开和双向展开都可加强分离效果。

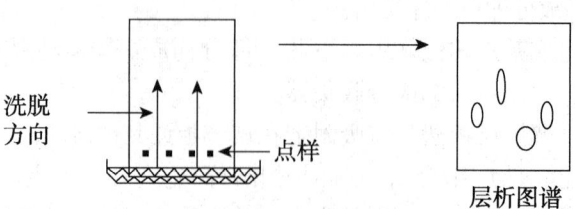

图 1-22　上行法薄层层析

（二）分配层析

分配层析（partition chromatography）是 Martin 和 Synge 在 1941 年发明的，这种方法是用硅胶吸附水（水重为硅胶自身重量的 50%），再装成柱体，然后将氨基酸混合物的溶液加到柱体上，这时用含少量丁醇的氯仿进行层析。这种方法可以使氨基酸分离，人们称之为分配层析法。这种方法的原理是利用了被分离物质在两相中分配系数的差别。

分配系数：当一种溶质分布在两个互不相溶的溶剂中时，它在固定相和流动相两相内的浓度之比是个常数，称为分配系数（K）。分配系数是层析中分离纯化物质的主要依据：

$$K = C_s / C_m$$

式中：C_s 为固定相中的浓度，C_m 为流动相中的浓度。

分配系数主要与被分离物质本身的性质、固定相和流动相的性质以及层析柱的温度等因素有关。

溶质在两种不相混的溶剂中溶解分配是逐步达到平衡的，平衡后，溶质在两种溶剂中的浓度取决于分配系数，分配层析即是利用物质在两种溶剂中的分配平衡。其中溶剂之一通常是水，它是保持在圈定的支持相之中（用淀粉、纤维素粉、滤纸等惰性材料制成），另一溶剂是移动相，由以水饱和过的有机溶剂组成。分配系数小的溶质在流动相中分配的数量多，移动快；分配系数大的溶质在固定相中分配的数量多，移动慢。因此可彼此分开。如果被分离的物质彼此之间分配系数相差较大，就容易被分离开来。

纸层析是分配层析法的一种，滤纸为惰性载体，滤纸纤维的羟基可吸附有机溶剂中的水作为固定相，有机溶剂作流动相，当流动相沿滤纸自下向上展开，称为上行层析；反之，流动相自上向下移动，为下行层析。试样经层析后在滤纸上形成距原点不等的层析点，可用比移值（R_f）表示各组分的位置。

$$R_f = \frac{斑点中心到原点的距离}{溶剂前缘到原点的距离}$$

实验条件恒定时，对于某一样品成分 R_f 值是一个常数，因此可以作定性分析。比移值受较多因素影响，因此一般采用在相同实验条件下与对照物质对比，确定 R_f 异同。鉴别单体时，试样所显主色谱斑点的颜色与位置，应与对照（标准）样所显主色谱斑点或供试品-对照品（1∶1）混合所显的主色谱斑点相同。样品纯度检查时，可取一定量的试样，经展开后，按各单体的规定，检测其所显杂质色谱斑点的个数或呈色的强度。含量测定时，可将色谱斑点剪下洗脱后，再用适宜的方法测定，也可用色谱扫描仪测定。

（三）离子交换层析

离子交换层析（ion exchange chromatography，IEC）是以离子交换剂为固定相，依据流动相中的组分离子与交换剂上的平衡离子进行可逆交换时的结合力大小的差别而进行分离的一种层析方法。即利用离子交换剂上的可交换离子与周围介质中被分离的各离子的亲和力的不同，经过交换平衡达到分离的一种柱层析法。离子交换层析广泛用于各学科领域。在生物化学及临床生化检验中主要用于分离氨基酸、多肽及蛋白质，也可用于分离核酸、核苷酸及其他带电荷的生物分子。

离子交换剂由三部分组成：高分子聚合物基质、电荷基团和平衡离子。电荷基团与高分子聚合物共价结合，形成一个带电的可进行离子交换的基团。平衡离子是结合于电荷基团上的相反离子，它能与溶液中其他的离子基团发生可逆的交换反应。在一定条件下，溶液中的某种离子基团可以把平衡离子置换出来,并通过电荷基团结合到固定相上,而平衡离子则进入流动相,这就是离子交换层析的基本置换反应。通过在不同条件下的多次置换反应,就可以对溶液中不同的离子基团进行分离。

1. 离子交换剂的基质　离子交换层析中,基质是带有电荷的树脂或纤维素。聚苯乙烯离子交换剂(又称为聚苯乙烯树脂)一般常用于分离小分子物质,如无机离子、氨基酸、核苷酸等。以纤维素、球状纤维素、葡聚糖 Sephadex G-25 和 G-50、琼脂糖 Sepharose CL-6B 为基质的离子交换剂适合于分离蛋白质等大分子物质。

2. 离子交换剂的电荷基团　根据与基质共价结合的电荷基团的性质,可以将离子交换剂分为阳离子交换剂和阴离子交换剂。阳离子交换剂的电荷基团带负电,可以交换阳离子物质(图 1-23)。根据电荷基团的解离度不同,又可以分为强酸型、中等酸型和弱酸型三类。强酸型离子交换剂在较大的 pH 值范围内电荷基团完全解离,而弱酸型完全解离的 pH 值范围则较小,一般来讲强酸型离子交换剂对 H^+ 的结合力比对 Na^+ 离子小,弱酸型离子交换剂对 H^+ 的结合力比对 Na^+ 离子大。

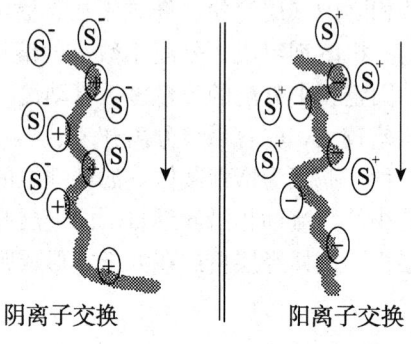

图 1-23　离子交换剂作用示意图

各种离子与离子交换剂上的电荷基团的结合是由静电力产生的,是一个可逆的过程;结合的强度与多种因素有关,包括离子交换剂的性质、离子本身的性质、离子强度、pH 值、温度、溶剂组成等等,因此改变离子强度、pH 值等条件就能够改变各种离子与离子交换剂的结合力。离子交换剂的电荷基团对不同的离子有不同的结合力。一般来讲,离子价数越高,结合力越大;价数相同时,原子序数越高,结合力越大。蛋白质等生物大分子通常呈两性,它们与离子交换剂的结合与它们的性质及 pH 值有较大关系。以蛋白质分离为例,当蛋白质处于不同的 pH 值条件下,其带电状况也不同。阴离子交换基质结合带有负电荷的蛋白质,所以这类蛋白质被留在柱子上,然后通过提高洗脱液中的盐浓度等措施,将吸附在柱子上的蛋白质洗脱下来。结合较弱的蛋白质首先被洗脱下来。反之,阳离子交换基质结合带有正电荷的蛋白质,结合的蛋白质可以通过逐步增加洗脱液中的盐浓度或是提高洗脱液的 pH 值洗脱下来。

3. 交换容量

(1) 交换容量的概念:离子交换剂的交换容量是指离子交换剂所能提供交换离子的总量,又称为总交换容量,它反映离子交换剂与溶液中离子进行交换的能力。交换容量只和离子交换剂本身的性质有关。在实际离子交换层析中的交换容量不仅与所用的离子交换剂有关,还与实验条件有很大的关系,一般又称为有效交换容量。因此交换容量如未经说明都是指有效交换容量。

离子交换剂的总交换容量通常以每毫克或每毫升交换剂含有可解离基团的毫摩尔数（mmol/mg 或 mmol/ml）来表示。阳离子交换剂首先用 HCl 处理，使其平衡离子为 H^+。再用水洗至中性，对于强酸型离子交换剂，用 NaCl 充分置换出 H^+，再用标准浓度的 NaOH 滴定生成的 HCl，就可以计算出离子交换剂的交换容量；对于弱酸型离子交换剂，用一定量的碱将 H^+ 充分置换出来，再用酸滴定，计算出离子交换剂消耗的碱量，就可以算出交换容量。阴离子交换剂的交换容量也可以用类似的方法测定。

(2) 影响交换容量的因素：影响交换容量的因素很多，可主要分为两个方面：

1) 离子交换剂颗粒大小、颗粒内孔隙大小以及所分离的样品组分的大小等的影响。这些因素主要影响离子交换剂中能与样品组分进行作用的有效表面积。样品组分与离子交换剂作用的表面积越大交换容量越高。一般离子交换剂的孔隙应尽量能够让样品组分进入，这样样品组分与离子交换剂作用面积大。分离小分子样品，可以选择较小孔隙的交换剂，因为小分子可以自由的进入孔隙，较大分子样品则不能进入孔隙内部，交换只限于颗粒表面，而小颗粒的离子交换剂表面积大，交换容量高。

2) 离子强度、pH 值等主要影响样品中组分和离子交换剂的带电性质。一般 pH 值对弱酸和弱碱型离子交换剂影响较大，如对于弱酸型离子交换剂在 pH 值较高时，电荷基团充分解离，交换容量大，而在较低的 pH 值时，电荷基团不易解离，交换容量小。同时 pH 值也影响样品组分的带电性。尤其对于蛋白质等两性物质，在离子交换层析中要选择合适的 pH 值以使样品组分能充分的与离子交换剂交换、结合。一般来说，离子强度增大，交换容量下降。实验中增大离子强度进行洗脱，就是要降低交换容量以将结合在离子交换剂上的样品组分洗脱下来。

4. 离子交换层析的基本操作　阴离子交换层析的基本分离过程有：

(1) 层析柱：离子交换层析要根据分离的样品量选择合适的层析柱，离子交换用的层析柱一般粗而短，不宜过长。直径和柱长比一般为 1∶10 到 1∶50 之间，层析柱安装要垂直。装柱时要均匀平整，不能有气泡。

(2) 平衡缓冲液：平衡缓冲液是指装柱后及上样后用于平衡离子交换柱的缓冲液。阴离子交换剂的电荷基团带正电，装柱平衡后，与缓冲溶液中的带负电的平衡离子结合。待分离溶液中可能有正电基团、负电基团和中性基团。

平衡缓冲液的离子强度和 pH 值的选择首先要保证各个待分离物质（如蛋白质）的稳定。其次是要使各个待分离物质与离子交换剂有适当的结合，并尽量使待分离样品和杂质与离子交换剂的结合有较大的差别。一般是使待分离样品与离子交换剂有较稳定的结合。而尽量使杂质不与离子交换剂结合或结合不稳定。

(3) 上样：离子交换层析在上样时应注意样品液的离子强度和 pH 值，上样量也不宜过大，一般为柱床体积的 1‰～5‰ 为宜，以使样品能吸附在层析柱的上层，得到较好的分离效果。加样后，负电基团可以与平衡离子进行可逆的置换反应，而结合到离子交换剂上。而正电基团和中性基团则不能与离子交换剂结合，随流动相流出而被去除。

(4) 洗脱缓冲液：在离子交换层析中一般常用梯度洗脱，通常有改变离子强度和改变 pH 值两种方式。如增加离子强度的梯度洗脱，随着洗脱液离子强度的增加，洗脱液中的离子可以逐步与结合在离子交换剂上的各种负电基团进行交换，而将各种负电基团置换出来，随洗脱液流出。与离子交换剂结合力小的负电基团先被置换出来，而与离子交换剂结合力强的需要较高的离子强度才能被置换出来，这样各种负电基团就会按其与离子交换剂结合力从小到大的顺序逐步被洗脱下来，从而达到分离目的。

（5）洗脱速度：洗脱液的流速也会影响离子交换层析分离效果，洗脱速度通常要保持恒定。一般来说洗脱速度慢比快的分辨率要好，但洗脱速度过慢会造成分离时间长、样品扩散、谱峰变宽、分辨率降低等副作用，所以要根据实际情况选择合适的洗脱速度。如果洗脱峰相对集中造成某个区域重叠，则应适当缩小梯度范围或降低洗脱速度来提高分辨率；如果分辨率较好，但洗脱峰过宽，则可适当提高洗脱速度。

（6）样品的浓缩、脱盐：离子交换层析得到的样品往往盐浓度较高，而且体积较大，样品浓度较低。所以一般离子交换层析得到的样品要进行浓缩、脱盐处理。

5. 离子交换剂的选择、处理和保存

（1）离子交换剂的选择：首先是对离子交换剂电荷基团的选择，确定是选择阳离子交换剂还是选择阴离子交换剂。这要取决于被分离的物质在其稳定的 pH 值下所带的电荷，如果带正电，则选择阳离子交换剂；如带负电，则选择阴离子交换剂。弱酸型或弱碱型离子交换剂不易使蛋白质失活，故一般分离蛋白质等大分子物质常用弱酸型或弱碱型离子交换剂。

其次是对离子交换剂基质的选择。疏水性较强的离子交换剂一般常用于分离小分子物质，如无机离子、氨基酸、核苷酸等。而纤维素、葡聚糖、琼脂糖等离子交换剂亲水性较强，适合分离蛋白质等大分子物质。

离子交换剂颗粒大小也会影响分离的效果。一般来说颗粒小，分辨率高，但平衡离子的平衡时间长，流速慢；颗粒大则相反。所以大颗粒的离子交换剂适用于对分辨率要求不高的大规模制备性分离，而小颗粒的离子交换剂适于需要高分辨率的分析或分离。

（2）离子交换剂的处理和保存：离子交换剂使用前一般要进行处理。干粉状的离子交换剂首先要进行膨化，将干粉在水中充分溶胀，以使离子交换剂颗粒的孔隙增大，具有交换活性的电荷基团充分暴露出来。而后用水悬浮去除杂质和细小颗粒。再用酸碱分别浸泡，每一种试剂处理后要用水洗至中性，再用另一种试剂处理，最后再用水洗至中性，这是为了进一步去除杂质，并使离子交换剂带上需要的平衡离子。

离子交换剂的再生是指对使用过的离子交换剂进行处理，使其恢复原来性状的过程。离子交换剂的转型是指离子交换剂由一种平衡离子转为另一种平衡离子的过程。对离子交换剂的处理、再生和转型的目的是一致的，都是为了使离子交换剂带上所需的平衡离子。

离子交换剂保存时应首先处理洗净蛋白质等杂质，并加入适当的防腐剂，一般加入 0.02% 的叠氮钠，4℃下保存。

（四）凝胶层析

凝胶层析（gel chromatography）又称分子筛层析、排阻层析。当生物大分子随流动相通过装有作为固定相的凝胶颗粒的层析柱时，根据它们分子大小不同而进行分离。凝胶层析是六十年代初发展起来的一种快速而又简单的分离分析技术，由于设备简单、操作方便，不需要有机溶剂，对高分子物质有很好的分离效果。目前已经被生物化学、分子生物学、生物工程学、分子免疫学以及医学等有关领域广泛采用。主要应用于：①蛋白质分离——混合物中不同蛋白质分子大小进行分离；②分子量测定——蛋白质分子量（球形）的对数与其在凝胶过滤层析时的保留时间呈线性关系；③样品脱盐或溶剂置换。

凝胶颗粒是一类具有三维空间多孔性网络结构的物质，不带电荷，可起滤过或"筛"的作用（图1-24）。当含有多种分子的样品溶液缓慢地流经凝胶色谱柱时，各分子在柱内同时进行垂直向下的移动和无定向的扩散运动。大分子物质由于直径较大,不易进入凝胶颗粒的微孔,而只能分布于颗粒之间,所以在洗脱时向下移动的速度较快。小分子物质除了可在凝胶颗粒间隙中扩散外,还可以进入凝胶颗粒的微孔中,即进入凝胶相内,在向下移动的过程中,从一个凝胶内扩散到颗粒间隙后再进入另一凝胶颗粒,如此不断地进入和扩散,小分子物质的下移速度落后于大分子物质,从而使样品中分子大的先流出色谱柱,中等分子的后流出,分子最小的最后流出,这种现象叫分子筛效应。具有多孔的凝胶就是分子筛。

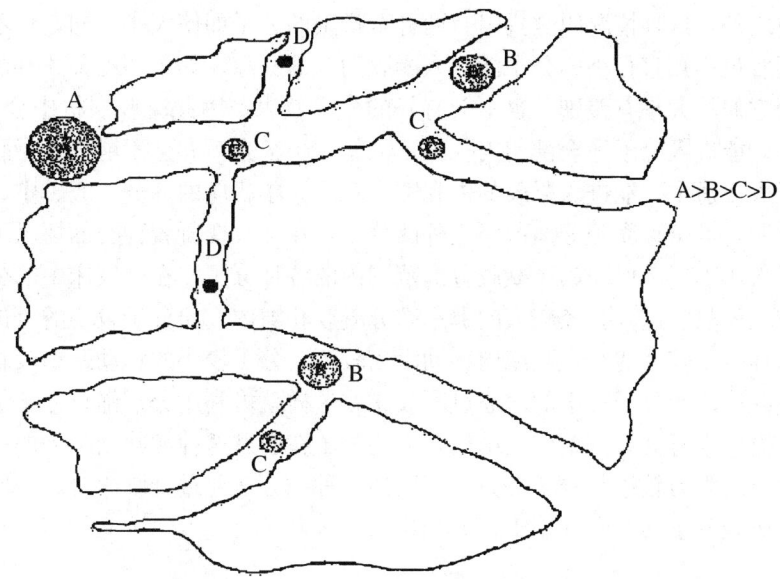

图 1-24 凝胶多孔性网络结构示意图

各种分子筛的孔隙大小分布有一定范围,有最大极限和最小极限。

1. 凝胶层析的基本概念

(1) 外水体积:色谱柱内凝胶颗粒间隙,这部分体积称外水体积,又称间隙体积,常用 V_0 表示(图1-25)。

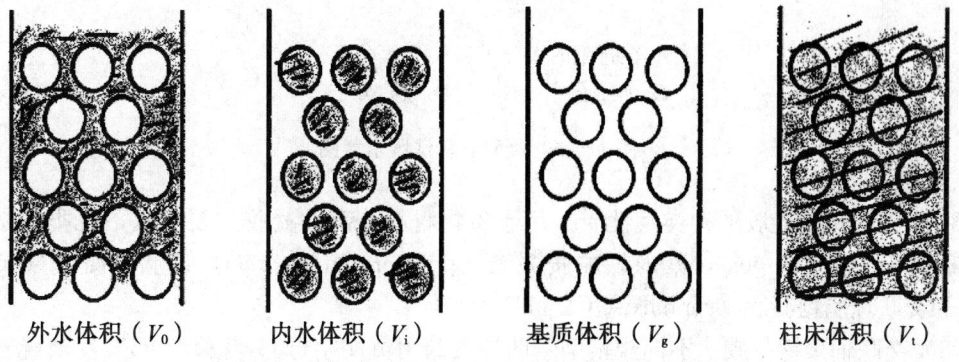

外水体积(V_0)　内水体积(V_i)　基质体积(V_g)　柱床体积(V_t)

图 1-25 凝胶层析柱各种体积示意图(阴影部分)

（2）内水体积：凝胶三维网状结构颗粒内部仍有空间，液体可进入颗粒内部，这部分间隙的总和为内水体积，又称定相体积，常用 V_i 表示。不包括固体支持物的体积（基质体积）（V_g）。

（3）柱床体积：凝胶装柱后，从柱的底板到凝胶沉积表面的体积，常用 V_t 表示。柱中充满凝胶的部分称为凝胶床。

（4）峰洗脱体积：被分离物质通过凝胶柱所需洗脱液的体积，常用 V 表示。

2. 凝胶层析的原理　待分离物质的分子直径比凝胶最大孔隙直径大的，就会全部被排阻在凝胶颗粒之外，这种情况叫全排阻。两种全排阻的分子即使大小不同，也不能有分离效果。直径比凝胶最小孔直径小的分子能进入凝胶的全部孔隙。如果两种分子都能全部进入凝胶孔隙，即使它们的大小有差别，也不会有好的分离效果。因此凝胶层析中会有三种情况：一是分子很小，能进入分子筛全部的内孔隙；二是分子很大，完全不能进入凝胶的任何内孔隙；三是分子大小适中，能进入凝胶的内孔隙中孔径大小相应的部分。大、中、小三类分子彼此间较易分开，但每种凝胶分离范围之外的分子，在不改变凝胶种类的情况下是很难分离的。对于分子大小不同，但同属于凝胶分离范围内的各种分子，在凝胶床中的分布情况是不同的：分子较大的只能进入孔径较大的那一部分凝胶孔隙内，而分子较小的可进入较多的凝胶颗粒内，这样分子较大的在凝胶床内移动距离较短，分子较小的移动距离较长。于是分子较大的先通过凝胶床而分子较小的后通过凝胶床，这样就可利用分子筛将分子量不同的物质分离。另外，凝胶本身具有三维网状结构，大的分子在通过这种网状结构上的孔隙时阻力较大，小分子通过时阻力较小。分子量大小不同的多种成分在通过凝胶床时，按照分子量大小"排队"，凝胶表现分子筛效应（图1-26，图1-27）。

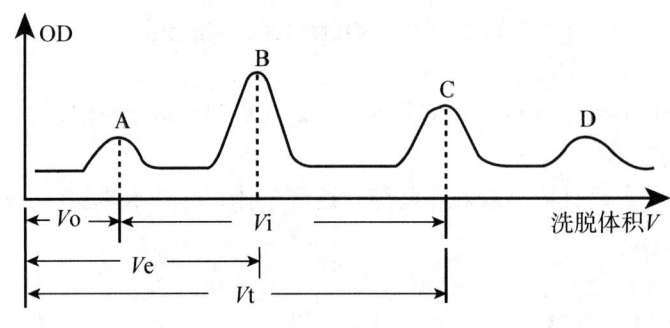

A. 全排阻的大分子　B. 中等分子
C. 小分子　　　　　D. 吸附分子

图1-26　凝胶层析洗脱示意图

3. 凝胶层析中凝胶的种类及性质　用于生物材料分离的凝胶主要有以下几类：交联葡聚糖凝胶（sephadex gel），聚丙烯酰胺凝胶（polyacrylamide gel），琼脂糖凝胶（agarose gel）和交联琼脂糖凝胶（sepharose CL gel）。

（1）交联葡聚糖凝胶：不同规格型号的葡聚糖用英文字母 G 表示，"G"反映凝胶的交联程度，膨胀程度及分部范围。G 后面的阿拉伯数为凝胶得水值的10倍。例如，G-25 为每克凝胶膨胀时吸水 2.5 克，同样 G-200 为每克干胶吸水 20 克。交联葡聚糖凝胶的种类有 G-10、G-15、G-25、G-50、G-75、G-100、G-150 和 G-200。Sephadex LH-20，

第一篇　基本操作及常用仪器使用

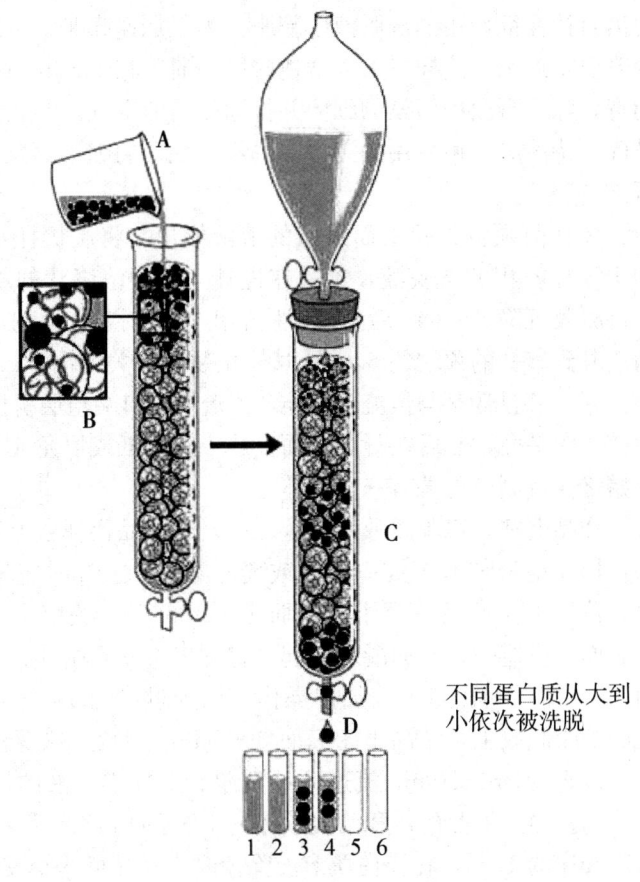

图1-27　凝胶层析示意图

A. 分子大小不同混合物上柱　B. 洗脱开始,小分子扩散进入凝胶颗粒内,大分子被排阻于颗粒之外
C. 大小分子分开：大分子行程较短,已洗脱出层析柱,小分子尚在进行中

是 Sephadex G-25 的羧丙基衍生物,能溶于水及亲脂溶剂,用于分离不溶于水的物质。

（2）聚丙烯酰胺凝胶：是一种人工合成凝胶,是以丙烯酰胺为单位,由甲叉双丙烯酰胺交联成的,经干燥粉碎或加工成形制成粒状,控制交联剂的用量可制成各种型号的凝胶。交联剂越多,孔隙越小。聚丙烯酰胺凝胶的商品为生物胶-P（Bio-Gel P）,适合蛋白质和多糖的纯化。

（3）琼脂糖凝胶：琼脂糖凝胶是依靠糖链之间的次级链如氢键来维持网状结构,网状结构的疏密依靠琼脂糖的浓度。一般情况下,它的结构是稳定的,可以在许多条件下使用。琼脂糖凝胶在40℃以上开始融化,也不能高压消毒,可用化学灭菌处理。常见的琼脂糖凝胶有：Sepharose（瑞典,pharmacia）、Bio-Gel-A（美国,Bio-Rad）等。

（4）聚苯乙烯凝胶：商品为Styrogel,有大网孔结构,可用于分离分子量1600到40 000 000的生物大分子,适用于有机多聚物,分子量测定和脂溶性天然物的分级,凝胶机械强度好,洗脱剂可用甲基亚砜。

4. 凝胶层析操作步骤

（1）凝胶溶胀：根据所需凝胶体积,估计所需干胶的量。一般葡聚糖凝胶吸水后的凝胶体积约为其吸水量的2倍,例如 Sephadex G-200 的吸水量为20,1g Sephadex G-200 吸水后

59

形成的凝胶体积约40ml。凝胶颗粒要求大小比较均匀，流速稳定，结果较好。商品凝胶是干燥的颗粒，使用前需直接在欲使用的洗脱液中膨胀。为了加速膨胀，可用加热法，即在沸水浴中将湿凝胶逐渐升温至近沸，这样可大大加速膨胀，通常在1~2h内即可完成。不但节约时间，而且还可消毒，除去凝胶中污染的细菌并排除胶内的空气。溶胀过程中注意不要过分搅拌，以防颗粒破碎。待溶胀平衡后用倾泻法除去不易沉下的细小颗粒，最后凝胶经减压抽气除去气泡，即可准备装柱。

（2）装柱与平衡：装柱前须将凝胶上面过多的溶液倾出，将层析柱垂直装好。关闭出口，向柱管内加入约1/3柱容积的洗脱液，然后在搅拌下，将浓浆状的凝胶连续地倾入柱中，使之自然沉降，待凝胶沉降2~3cm后，打开柱的出口，调节合适的流速，使凝胶继续沉积，待沉积的胶面上升到离柱的顶端约5cm处时停止装柱，关闭出水口。装柱要求连续、均匀、无气泡、无"纹路"。将洗脱剂与恒流泵相连，恒流泵出口端与层析柱相连。通过2~3倍柱床容积的洗脱液使柱床平衡，然后在凝胶表面上放一片滤纸或尼龙滤布，以防将来在加样时凝胶被冲起，并始终保持凝胶上端有一段液体。

（3）上样与洗脱：样品上柱是实验成败的关键之一，若样品稀释或上柱不均，会使区带扩散，影响层析效果，样品溶液如有沉淀应过滤或离心除去。上样时应尽量保持床面的稳定。先打开柱的出口，待柱中洗脱液流至距床表面1~2mm时，关闭出口，用滴管将1ml样品慢慢地加至柱床表面，应避免将床面凝胶冲起，打开出口并开始计算流出体积，当样品渗入床中接近床表面1mm时关闭出口。按加样操作，用少量（约1ml）洗脱液冲洗管壁2次。最后加入少量洗脱液于凝胶上，使高出床表面3~5cm，旋紧上口螺丝帽，柱进水口连通恒流泵，调好流速，以每管3ml/10min流速开始洗脱。上柱样品液的体积根据凝胶床体积的分离要求确定。分离蛋白质样品的体积为凝胶床的1%~4%（一般0.5~2ml），进行分族分离时样品液可为凝胶床的10%，在蛋白质溶液除盐时，样品可达凝胶床的20%~30%。上样制备用量为柱床容积的20%~30%。

（4）收集与鉴定：用自动部分收集器收集流出液，每管4ml，紫外检测仪280nm波长处检测，最高的一个OD值时的体积即为吸收峰的洗脱体积V_e。

（5）凝胶柱的处理：凝胶用过后，反复用蒸馏水洗后保存，如果有颜色或比较脏，可用0.5mol/L NaCl洗涤。短期可保存在水相中，加入防腐剂或加热灭菌后于低温保存。建议长期于干燥状态保存。交联葡聚糖和琼脂糖都是多糖类物质，防止微生物的生长，在凝胶层析中十分重要，常用的抑菌剂有：叠氮化钠（NaN_3）、可乐酮［$Cl_3C-C(OH)(CH_3)_2$］、乙基汞代巯基水杨酸钠、苯基汞代盐。

分子量的测定和计算一般都采用标准曲线法。只要测得几种标准蛋白质相对分子质量的V_e，并以它们的相对分子质量的对数（$logMr$）对V_e作图得一直线，再测出待测样品的V_e，即可从图中确定它的相对分子质量。

（五）亲和层析

亲和层析（affinity chromatography）是利用共价键连接有特异配体的层析介质，分离蛋白质混合物中能特异结合配体的目的蛋白质或其他分子的层析技术。在生物分子中有些分子的特定结构部位能够同其他分子相互识别并结合，如抗体与抗原的识别结合、受体与配体的识别结合、酶与底物的识别结合，这种结合既是特异的，又是可逆的，改变条件可以使这种结合解除。生物分子间的这种结合能力称为亲和力。亲和层析就是根据这样的原理设计的蛋白质分离纯化方法。

1. 亲和层析的原理　将具有特殊结构的亲和分子制成固定相吸附剂放置在层析柱中，当要被分离的蛋白质混合液通过层析柱时，与吸附剂具有亲和能力的蛋白质就会被吸附而滞留在层析柱中。那些没有亲和力的蛋白质由于未被吸附，直接流出，从而与被分离的蛋白质分开，然后选用适当的洗脱液，改变结合条件将被结合的蛋白质洗脱下来，这种分离纯化蛋白质的方法称为亲和层析（图1-28）。亲和层析法是分离蛋白质的一种极为有效的方法。它经常只需经过一种处理即可使某种待提纯的蛋白质从很复杂的蛋白质混合物中分离出来，并且纯度很高。

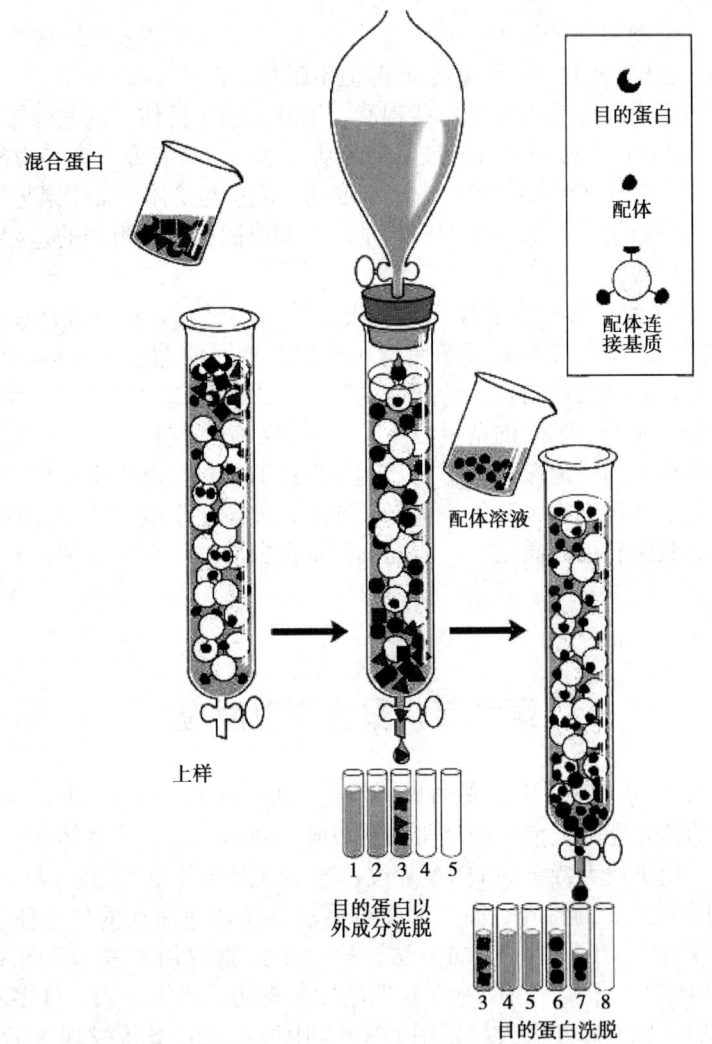

图1-28　亲和层析原理示意图

2. 载体的基本要求和选择　载体应具备以下条件：①惰性物质，非特异性吸附少；②不溶于水，但高度亲水；③通透性好，最好为多孔的网状结构，使大分子能自由通过；④具有相当量的化学基团可供活化；⑤机械性能好，具有一定的颗粒形式以保持一定的流速；⑥物理化学性质稳定；⑦能抵抗微生物和醇的作用。

常用的载体有琼脂糖凝胶、聚丙烯酰胺凝胶、葡聚糖凝胶等。

琼脂糖凝胶：常用含糖浓度（W/V）为2%、4%、6%。优点是亲水性强、理化性质稳定、不受细菌和酶的作用，具有疏松的网状结构；在缓冲液离子浓度大于0.05mol/L时，对蛋白质几乎没有非特异性吸附。琼脂糖凝胶极易被溴化氢活化，活化后性质稳定，能经受层析的各种条件，易于再生和反复使用。但只能以湿态保存，经不起有机溶剂处理。

聚丙烯酰胺凝胶：分型P-100至P-300，型号代表排阻限度，P后数字"×1000"相当于允许进入凝胶内部蛋白质的最大分子量。特点：干胶，理化性质稳定，抗微生物侵袭能力较强，适用于配基和亲和物之间亲和力比较弱的系统，不能在pH＝2～11以外的溶液中长期使用。

葡聚糖凝胶：分型G-100、G-150、G-200，G后数字"×10"代表每克干凝胶吸水量（ml）。特点：理化性质稳定，耐热、耐碱但不耐酸，网孔小。

3. 配基的基本要求　配基可以是一些辅酶、辅基、酶、抗体。这些分子对于欲纯化的生物物质应具有专一亲和性，必须具备能被修饰的功能基团。具有专一亲和力的生物分子对有：抗原与抗体，DNA与互补DNA或RNA，酶与底物，激素与受体，维生素与特异结合蛋白等。

将配基以共价键连接于不溶于水的固相基质上制成固相化吸附剂的过程称为配基的固相化，包括：活化、接臂。

4. 过程　①装柱和平衡。②上样、亲和吸附。③洗脱：非特异性洗脱——改变缓冲液的pH值、离子强度、介电常数或温度使物质构象改变，浓缩、洗脱后立即中和稀释或透析，使蛋白质迅速恢复到天然结构。特异性洗脱——再次利用生物学特异性只洗脱和配基专一作用的酶，不洗脱非专一吸附的杂蛋白质。④再生：亲和层析柱可在一次层析后用大量洗脱剂连续洗涤，然后再用平衡缓冲液平衡，经处理后的层析柱能再次使用。

亲和层析可用于纯化生物大分子、稀释液浓缩、分辨化学或遗传学上修饰的酶、纯化亲和标记的活性中心肽段和蛋白质结构、研究不稳定蛋白质的贮藏、分离核酸等。

（朴金花）

第七节　聚合酶链反应

Mullis等发明了具有划时代意义的聚合酶链反应（polymerase chain reaction，PCR），使人们梦寐以求的体外无限扩增核酸片段的愿望成为现实。它是一种体外快速扩增DNA的分子生物学技术，用于放大特定的DNA片段，数小时即可使目的基因片段扩增到数百万个拷贝。PCR的高敏感、高特异、高产率、可重复以及快速简便的优点使这一技术迅速成为分子生物学研究中应用最为广泛的方法。第一个细胞内用来复制DNA所需的聚合酶（polymerase，即PCR之P），早在1956年即已分离成功。几十年来，许多实验室在试管内复制DNA，但没有以PCR方法大量复制DNA。1970年Smith等发现了DNA限制性内切酶，使体外克隆基因成为可能。Khorana及其同事于1971年提出："经过DNA变性，与合适的引物杂交，再用DNA聚合酶催化延伸引物，并不断重复该过程就可以克隆出大量的特定基因"。但由于当时很难进行测序和合成寡核苷酸引物，所以，使Khorana等的早期设想被人们遗忘。直至1983年4月，美国PE-Cetus公司的Kary Mullis开车前去北加利福尼亚红树县（Redwood），在蜿蜒的乡间公路上开着车，月光笼罩着山路，他的脑海里冒出一段DNA反复复制的景象。1990年Mullis在《科学美国人》上的一篇文章及1998年的自传《心灵裸舞》（*Dancing Naked in the Mind Field*），都曾提到PCR这个构想的起源。他也因此获得了1993年的诺贝尔化学奖。1985年，美国PE-Cetus公司的人类遗传研究室公司派了三位技术员协助,共同研究 PCR,他们在 PCR 设想实施的过程中发挥了重要的作用。1984 年 11 月,他们首次取得了可信的结果,证明了 PCR 的可行性。1985 年初,日裔技术员才木(Randall Saiki)加入了此项工作,他用精湛的技术很快得出了令人满意的结果。1985 年 3 月,PE‑Cetus 公司申请了专利。在 1986 年 5 月举行的"人类分子生物学"专题研讨会上,公司推荐 Mullis 报告了 PCR 的原理及实际应用结果。

一、PCR 的基本原理

PCR 原理类似于 DNA 的体内复制,只是在试管中给 DNA 的体外合成提供一种合适条件。开始是使用大肠埃希菌 DNA 聚合酶 Klenow 片段来扩增人基因组中的特异片段。由于该酶不耐热,因此,每次加热变性 DNA 后都要重新补加 Klenow 酶。在操作多份标本时,这一过程耗时、费力,且易出错。耐热 DNA 聚合酶的应用使得 PCR 反应更易于自动化,继而 PE‑Cetus 公司推出了第一台 PCR 热循环仪。自此,PCR 及其强大的应用性就广为人知了,PCR 及其相关技术也以惊人的速度发展起来。

(一)基本原理

在体外实验室中,加入少量的模板 DNA、寡聚核苷酸引物、耐热的 DNA 聚合酶、合适的缓冲体系,通过仪器控制 DNA 变性、复性及延伸的温度与时间,这样每循环一次变性、退火和延伸的过程,DNA 聚合酶就会催化寡聚核苷酸引物(primer)利用反应体系中的四种 NTP 合成出新链,并成为下一次合成的模板(图 1‑29)。从理论上讲,经过 n 次循环后 DNA 链数量可达到 2^n。例如,若进行 30 次循环,扩增的 DNA 片段数量可达到 2^{30} 拷贝(约 10^9 拷贝数)。

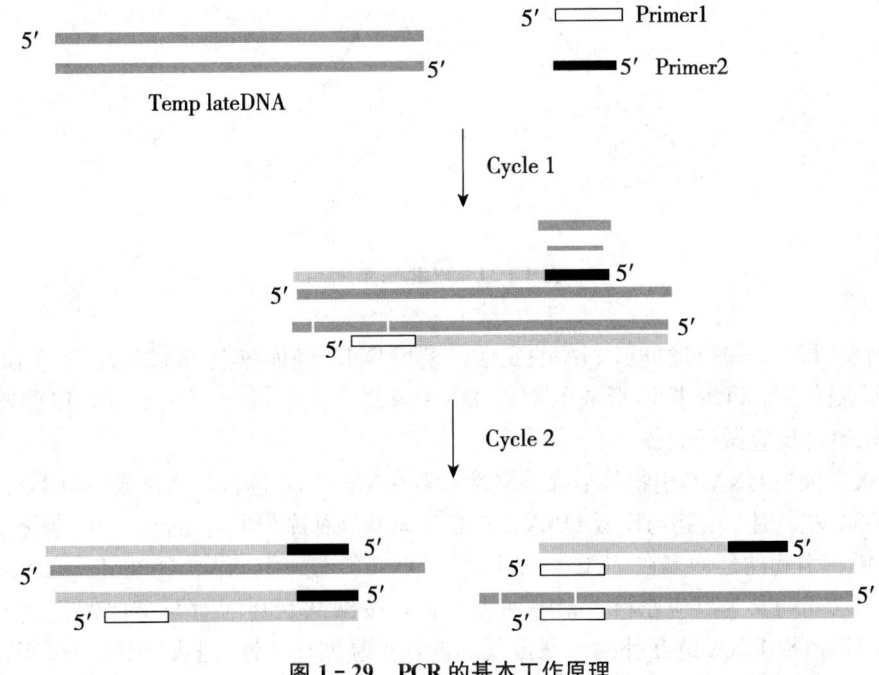

图 1‑29 PCR 的基本工作原理

PCR 反应的每一个温度循环周期都是由 DNA 变性、引物退火和反应延伸三个步骤完成的(图 1‑30)。图中设定的反应参数是 94℃变性 1min,60℃退火 1min,72℃延伸 1.5min。

如此周而复始,重复进行,直至扩增产物的数量满足实验需求为止。因此,PCR 的过程可描述为变性、复性、半保留复制的 PCR "三部曲"(图 1-31)。

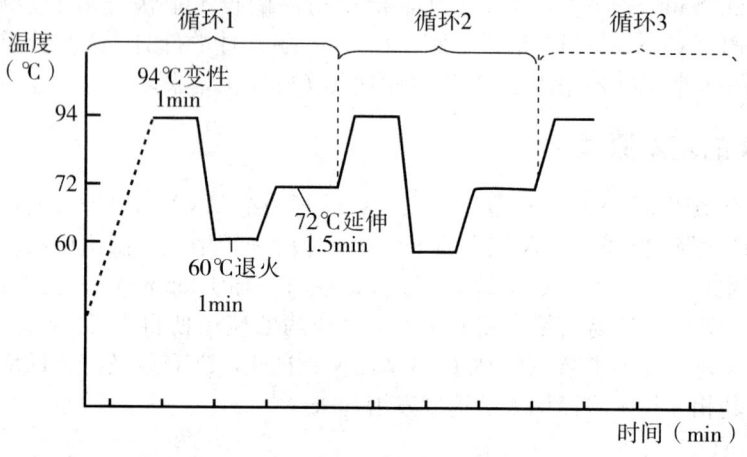

图 1-30　PCR 温度循环周期

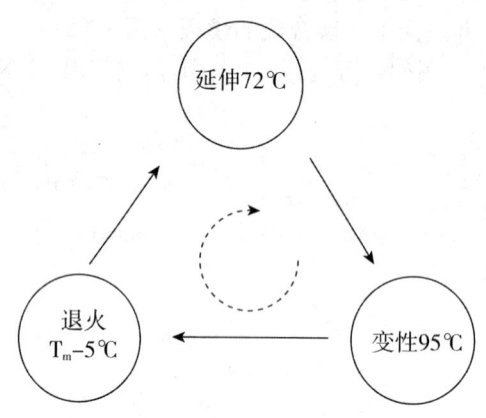

图 1-31　PCR 三部曲

1. **变性**　即 90~97℃模板 DNA 的变性,模板 DNA 经加热至 93℃左右一定时间后,使模板 DNA 双链或经 PCR 扩增形成的双链 DNA 解离,使之成为两条单链,以便与引物结合,为下轮聚合反应做好准备。

2. **退火**　模板 DNA 与引物的退火(复性)多在 45~55℃进行,变性成单链 DNA 后,当温度降至 55℃左右时,引物与模板 DNA 单链依靠碱基互补序列配对结合,形成杂化双链。

3. **延伸**　引物的延伸多在 72℃左右进行,DNA 模板-引物结合物在 Taq DNA 聚合酶的作用下,以 dNTP 为反应原料,靶序列为模板,按碱基互补配对与半保留复制原理,合成一条新的与模板 DNA 链互补的半保留复制链,重复循环变性-退火-延伸三过程就可获得更多的"半保留复制链"。

(二) PCR 的反应特点

1. **特异性强**

PCR 反应的特异性由以下因素决定:①引物与模板 DNA 特异正确的结合;②碱基配对

原则;③Taq DNA 聚合酶合成反应的忠实性;④靶基因的特异性与保守性。在这些因素中引物与模板的正确结合是关键因素。引物与模板的结合及引物链的延伸是遵循碱基配对原则的。聚合酶合成反应的忠实性及 Taq DNA 聚合酶耐高温性,使反应中模板与引物的结合(复性)可以在较高的温度下进行,结合的特异性大大增加,被扩增的靶基因片段也就能保持很高的正确度。再通过选择特异性和保守性高的靶基因区,其特异性程度就更高。在进行 PCR 时针对目的基因:①根据目的基因 DNA 序列的两条链,设计特异性引物;②引物延伸按照模板碱基序列扩增出特定的 DNA 产物,保证了目的基因的克隆。

针对目的基因设计特异性引物,扩增特定的 DNA 片段,获得特异的 DNA 产物。

(1) 目的基因 DNA 序列,如图 1-32 所示。

```
3' TGAACGTAGTAGCATAGCAATGTACATCATCAGATAGACGATTGACAGTGATCTCGACGATGCATCATGACATCGATTTGATCGATG 5'
5' ACTTGCATCATCGTATCGTTACATGTAGTAGTCTATCTGCTAACTGTCACTAGAGCTGCTACGTAGTACTGTAGCTAAACTAGCTAC 3'
```

图 1-32 目的基因的 DNA 序列

(2) 特异性引物,如图 1-33 所示。

```
3' TGAACGTAGTAGCATAGCAATGTACATCATCAGATAGACGATTGACAGTGATCTCGACGATGCATCATGACATTCGATTGATCGATG 5'
       3' CGTAGTAGCA 5'————primer————5' GCTGCTACGTAG 3'
5' ACTTGCATCATCG TATCGTTACATGTAGTAGTCTYATCTGCTAACTGTCACTAGAGCTGCTACGTAGTACTGTAGCTAAACTAGCTAC 3'
```

图 1-33 特异性引物

(3) 特异性扩增(延伸)得到两个拷贝的目的基因,如图 1-34 所示。

```
3'TGAAC GTAGTAGCATAGCAATGTACATCATCAGATAGACGATTGACAGTGATCTCGACGATGCATCA TGACATCGATTTGATCGATG 5'
      5' CATCATCGTATCGTTACATGTAGTAGTCTATCTGCTAACTGTCACTAGAGCTGCTACGTAG            3'
           3' CGTAGTAGCATATCGTTACATGTAGTAGTCTATCTGCTAACTGTCACTAGAGCGACGATGCATC 5'
5' ACTT GCATCATCGTATCGTTACATGTAGTAGTCTATCTGCTAACTGTCACTAGAGCTGCTACGTAGT ACTGTAGCTAAACTAGCTAC 3'
```

图 1-34 特异性扩增(延伸)得到两个拷贝的目的基因

2. 灵敏度高 PCR 产物的生成量以指数方式增加,能将皮克($1pg=10^{-12}g$)级的起始待测模板扩增到微克($1\mu g=10^{-6}g$)水平。可以从 100 万个细胞中检出一个靶细胞;PCR 的灵敏度在病毒的检测中可以达到 3 个空斑形成单位(RFU),在细菌学中最小检出率可以是 3 个细菌。

3. 简便、快速 PCR 反应一般在 2~4h 完成扩增反应,每完成一个循环需 2~4min,而合成的新链又可成为下次循环的模板。采用 PCR 扩增 DNA 在 2~3h 就能将待扩增的目的基因放大几百万倍。

4. 对标本的纯度要求低 DNA 粗制品可作为扩增模板。可直接用临床标本如血液、体液、毛发、细胞、活组织等通过扩增检测。

二、PCR 的反应条件

PCR 技术已在生物学、临床医学检验等领域中得到了广泛的应用,其技术本身也日臻完善。PCR 反应五要素即参加 PCR 反应引物(PCR 引物为 DNA 片段,细胞内 DNA 复制的引物为一段 RNA 链)、酶、dNTP、模板和缓冲液(其中需要 Mg^{2+})。此外,PCR 过程还受其他因素的影响，总结起来 PCR 反应必须具备下述基本条件：①DNA 或 RNA 模板；②人工合成的寡核苷酸引物；③适合的缓冲体系；④Mg^{2+}；⑤四种三磷酸脱氧核苷酸；⑥耐热的 DNA 聚合酶，或 RNA 反转录酶及 RNA 酶抑制剂（RNasin）；⑦温度循环参数：变性、复性和延伸的温度与时间及循环次数。

（一）PCR 的模板

PCR 反应中 DNA（单、双链 DNA）或 RNA 都可以作为模板进行核酸的体外扩增。若开始时材料是 RNA，必须先通过逆转录得到 cDNA 后才能进行正常的 PCR 扩增。核酸标本来源广泛，可以从纯培养的细胞或微生物中直接提取，也可以从临床标本（血、尿、便、痰、体腔积液、漱口水等）、犯罪现场标本（血斑、精斑、毛发等）、病理标本（新鲜或固定石蜡包埋标本）以及木乃伊标本中提取。无论标本来源如何，待扩增核酸都需部分纯化，以使核酸样品中不混有任何蛋白酶、核酸酶、Taq DNA 聚合酶抑制剂以及能结合 DNA 的蛋白质。虽然 PCR 可以仅用微量样品（甚至是来自单一细胞的 DNA），但为保证反应的特异性，一般还宜用纳克级（ng）的克隆 DNA、微克水平的染色体 DNA 或 $10^2 \sim 10^5$ 拷贝的待扩增 DNA 片段做起始材料。

（二）引物及引物设计

1. 引物　PCR 扩增产物的大小及扩增的靶序列在基因组中的位置是由引物限定的。细心地进行引物设计是 PCR 中最重要的一步。理想的引物只对能与目的基因两侧的单一序列而非其他序列退火，而设计比较差的引物可能会同时扩增其他的非目的基因序列。因此，引物的选择与合成对 PCR 具有决定性意义。对某一 DNA 片段来说，因存在同源顺序，随意设计的两条引物链，其 PCR 产物经电泳分析时可能会出现多条电泳带。所以，在引物设计时要考虑引物链的特异性，引物与非特异扩增序列的同源性不超过 70% 或有连续 8 个互补碱基同源，即它们只能与被检测的 DNA 片断互补。理想的引物常常具备下列条件：

（1）引物长度以 16~30 个碱基为宜，最佳 20~24 个核苷酸。引物需要足够长，以保证序列的特异性，引物的有效长度：$Ln=2(G+C)+(A+T)$，但较大的引物（约大于 24 个核苷酸）可能会与非靶基因序列杂交，降低 PCR 的特异性，当 $Ln>38$ 时，最适延伸温度会超过 Taq DNA 聚合酶的最适温度，不能保证产物的特异性，而且杂交的速度也较慢。

（2）(G+C)% 含量一般以 40%~60% 为宜，两个引物中 (G+C)% 含量应尽量相似。

（3）两个引物之间不应发生互补，特别是在引物 3' 端避免形成"引物二聚体"。如无法避免，其 3' 端互补碱基的数量也不应大于 2 个。应尽量避免数个嘌呤或嘧啶的连续排列，避免同源序列（尤其 6 个以上相同）。设计 5' 端和中间区为 G 或 C 的引物会增加引物的稳定性和引物同目的序列杂交的稳定性；3' 最好以 G 或 C 结尾，防止 AT 的松散结合引起错配，但也要避免 3' 末端富含 GC，设计引物时保证在最后 5 个核苷酸中含有 3 个 A 或 T。当在引物 5' 端添加酶切位点时目的序列内部不得含有相同的酶切位点，如果要在 PCR 之后直接酶切，需要在酶切位点的外侧再加上保护碱基，不同的酶对于保护碱基的要求是不同的。特别要注意的是不要在引物的 3' 端使用兼并碱基，因为 3' 端最后 3 个碱基的退火足以在错误位点起始 PCR。

（4）避免引物内部形成次级结构，尤其是发卡结构，必要时应通过计算机进行结构分析。

（5）适当的引物浓度，进行 PCR 时引物浓度不宜过高，过高的引物浓度一方面易于形成引物二聚体，另一方面是当扩增微量靶目标并且起始材料又不太纯时容易产生非特异性产物。一般来说，每条引物 0.1~1μmol 或 10~100pmol（以最低引物需要产生结果为好）。用低浓度引物不仅经济，反应特异性也较好。引物浓度高会导致出现错配、非特异性扩增、引物二聚体等。

(6) 两引物的 T_m（熔解温度）值相差不应大于 5℃，T_m 是引物的一个重要参数，是指当 50% 的引物和互补序列表现为双链 DNA 分子时的温度。计算 T_m 有几种公式：第一个公式（Wallace 规则）：$T_m = 4℃(G+C) + 2℃(A+T)$，这来源于高盐溶液中的杂交，适用于小于 15~20 个碱基的引物，也适用于手工设计时的简单计算；第二个公式（Baldino 算法）：$T_m = 81.5 + 16.6 \times \lg[K^+] + 0.41([G+C]\%) - (675/n)$，适用于计算 14~70 个核苷酸在 ≤0.4mol/L 的阳离子溶液中的 T_m，也可用于扩增产物的 T_m 计算。这两种计算方法都是基于碱基组成而不是碱基排列而计算的，事实上，相同碱基组成的引物 T_m 可能差异不小：GGGAA 和 GAGAG 的 T_m 是不一样的。所以确定引物 T_m 最可信的方法是近邻分析法。这种方法从序列一级结构和相邻碱基的特性预测引物的杂交稳定性。大部分计算机程序如 Primer Premier5.0 等均采用近邻分析法。

2. 引物设计的方法

(1) 在 NCBI 上搜索目的基因（RT-PCR 时找到该基因的 mRNA），在 CDS 选项中，找到编码区所在位置，在下面的 origin 中，Copy 该编码序列作为软件查询序列的候选对象。

(2) 打开 Primer Premier 5.0，点击 File-New-DNA sequence，出现输入序列窗口，Copy 目的序列在输入框内（选择 As），点击 Primer，进入引物窗口。

(3) 链接到"引物搜索""引物编辑"以及"搜索结果"选项，点击 Search 按钮，进入引物搜索框，选择"PCR primers"，"Pairs"，设定搜索区域、引物长度和产物长度（选择 300~500bp 电泳效果较好）。有特殊需要时在 Search Parameters 里面可设定相应参数，否则选择默认。

(4) 点击 OK，软件即开始自动搜索引物，搜索完成后结果默认按照评分（Rating）排序，点击其中任一个搜索结果，可以在"引物窗口"中，显示出该引物的综合情况，包括上游引物和下游引物的序列和位置，引物的各种信息等。

(5) "Oligo"进行分析评价。

(6) 在 Primer5 窗口中，若觉得某一对引物合适，在搜索结果窗口中点击该引物，然后在菜单栏，选择 File-Print-Current pair，使用 PDF 虚拟打印机，即可转换为 PDF 文档。

(三) 缓冲体系及 Mg^{2+} 浓度

PCR 反应的缓冲溶液是一个重要的影响因素，特别是 Mg^{2+} 浓度对 PCR 扩增反应的特异性和产量有着显著影响。因为在体外 DNA 复制中使用的 DNA 聚合酶是 Mg^{2+} 依赖性酶。常用的 PCR 体系 Mg^{2+} 浓度为 1.5mmol/L，但对不同的反应体系应对 Mg^{2+} 浓度进行优化，若浓度过高，会使反应的特异性降低；而浓度过低，则会使产物产量减少。一般在 PCR 反应中 Mg^{2+} 的加入量是要比 dNTP 浓度高 1.5~2.5mmol/L。另外，若引物和模板 DNA 原液中含有 EDTA 等螯合剂会影响游离 Mg^{2+} 的浓度。在 PCR 反应溶液中使用 10~15mmol/L Tris·HCl 调节 pH 值，使溶液的 pH 值有利于 Taq DNA 聚合酶的作用的发挥。

(四) 三磷酸脱氧核苷酸（dNTP）底物

dNTP 溶液具有较强的酸性，在使用时以 NaOH 调节 pH = 7.0~7.5，-20℃ 存放。PCR 反应中每种 dNTP 的终浓度为 50~200μmol/L，在此范围内，无论从 PCR 扩增的产物量，还是从产量、特异性与合成忠实性之间的平衡都是最佳的，过低的 dNTP 浓度影响扩增的产量，而过高则会导致碱基的错误掺入。dNTP 浓度不能低于 10~15μmol/L。由于

dNTP 的量还受其他因素的影响，所以不同反应体系中 dNTP 的最佳浓度不尽相同。

（五）Taq DNA 聚合酶

PCR 变成真正成熟技术的关键是耐高温 DNA 聚合酶的引进。DNA 聚合酶（DNA polymerase I）最早发现于 1955 年，而较具有实验价值及实用性的 Klenow fragment of E. Coli 则是由 Klenow 于 70 年代初发现的，但因其不耐高温，不符合高温变性的 PCR 要求。现今所使用的酶（简称 taq polymerase），是 1976 年台湾学者钱嘉韵（又名 A. Chien，俄亥俄州辛辛那提大学生物系）在其导师 J. Trela 指导下，对一种黄石公园的热泉里发现的嗜热菌（Thermus aquaticus）研究中成功地分离出来的。它的突出特性是耐高温，在 92.5℃、95℃、97.5℃生物半寿期分别为 130min、40min 和 5～6min。且在 95℃保存 2h 酶活性未见明显改变。这为 PCR 设想的实施奠定了基础，但它被广泛运用则于 80 年代之后。另一种耐热的 DNA 聚合酶是从海底火山口近 100℃高温下提取到的 Vent™- DNA 聚合酶，该酶在 100℃时半寿期是 95min，此外还具有 $3'→5'$ 外切酶活性。

Taq DNA 聚合酶基因全长 2 496nt，编码分子量是 94kD 的 832 个氨基酸的蛋白质，最适温度为 70～75℃，在 75～80℃时酶分子 Taq DNA 聚合酶每秒可延长 150 个核苷酸，在温度降低时延伸速度明显下降（55℃时 22 个核苷酸/s）。

在进行 PCR 试验中其他参数最佳时，每 100μl PCR 反应液中含 1～2.5U Taq DNA 酶。然而酶的需要量可以根据不同的模板分子或引物而变化，当优化一种 PCR 反应体系时，最好在每 100μl 体积中加入 0.5～5U 的酶。如酶浓度太高，会出现非特异性扩增，而过低时，则扩增产量太低。另外不同来源的 Taq DNA 酶、测定条件和单位的定义不同、品质的优劣等都是使用 Taq DNA 酶时需要考虑的因素。

（六）温度循环参数和循环次数

变性温度通常为 94℃左右，主要取决于扩增片段的长度和（G+C）的比例，达不到变性温度致使变性不完全，是导致 PCR 失败的常见原因。变性时间一般为 30～60s，时间太长不但没有必要反而会因降低酶的活性而影响产量和反应特异性。常用 PCR 一般为 20～40 个周期，随着周期次数增加 Taq DNA 聚合酶活性降低，聚合时间延长，引物或单核苷酸减少等原因，会造成反应后期容易发生错误碱基掺入。所以在满足产物得率的前提下，应尽量减少周期次数。

（七）石蜡油

加石蜡油的目的是防止反应液的蒸发，以免造成反应体积和成分的改变，特别是当反应体积小或反应条件严格时更应注意。反应中加入的石蜡油必须是高质量的、无菌的，不能含有抑制 PCR 反应中各种试剂活性的污染物，加入的体积要求不太严格，以盖住反应液液面为度。

三、常见的 PCR 种类

PCR 及其相关技术以惊人的速度发展，与 PCR 及其相关技术发展的同时，新的扩增技术也不断诞生。这些技术在生物学不同领域中的应用各有利弊，有的与其他技术结合应用，共同构成了核酸体外扩增技术的大家族。常用的 PCR 技术见表 1-8。

在此，仅介绍几种最常用的 PCR，包括通用引物 PCR、反转录 PCR、定量 PCR、巢式 PCR 和原位 PCR。

表1-8 PCR技术的种类

名称	主要用途
反转录 PCR	扩增已知序列两侧的未知序列，致产物突变
单一特异引物 PCR	扩增未知基因组 DNA
简并引物扩增法	扩增未知基因片段
膜结合 PCR	去除污染的杂质或 PCR 产物残留
固着 PCR	有利于产物的分离
单侧引物 PCR	通过已知序列扩增未知 cDNA
锚定 PCR	分析具备不同末端的序列
定量 PCR	定量 mRNA 或染色体基因
原位 PCR	研究表达基因的细胞比例等
表达盒 PCR	产生合成或突变蛋白质的 DNA 片段
连接介导 PCR	DNA 甲基化分析、突变和克隆等
RACE－PCR	扩增 cDNA 末端
臆断 PCR	鉴定细菌或遗传作用
通用引物 PCR	扩增相关基因或检测相关病原
信使扩增表型分型（mapping）	同时分析少量细胞的 mRNA
巢式 PCR	提高 PCR 敏感性、特异性，分析突变，同时检测多个突变或病原

（一）通用引物 PCR

通用引物：是指某基因外围保守序列。虽然这个基因可能是序列多变的（如同工酶），但两侧翼序列则是保守的。利用两侧翼保守序列设计出来的引物，称为通用引物。对于不同的等位基因来说，引物是通用的。通用引物只能与特异基因两翼相结合，而不可能在全基因组范围有结合点。

（二）反转录 PCR

反转录 PCR（reverse transcription PCR，RT－PCR）是以 RNA 做模板，在逆转录酶的作用下合成 cDNA，再以 cDNA 为模板通过 PCR 来扩增目的基因的一种技术，目前是从组织或细胞中获得的目的基因及对已知序列的 RNA 进行定性和半定量中采用的最有效的方法。

（三）定量 PCR

常规 PCR 反应中的产物是以指数级增加的，在比较不同来源样品的 cDNA 或 DNA 含量中产物的堆积将会影响对检测样品中原有模板含量差异的准确判断，所以只能采取半定量的手段。实时 PCR（real-time PCR）通过引入荧光标记分子，以荧光信号强度变化与 PCR 的关系动态检测反应过程的产物量。

1. 半定量 PCR（相对定量）　在有限的条件下，要测定某一基因的 mRNA 表达量，首先选择一个管家基因作为内参照基因，提取总 RNA 之后，使管家基因与目的基因的 mRNA 逆转录，然后 PCR，以管家基因作为参照比较目的基因的表达量，这种测定 mRNA 表达量的方法为半定量 PCR。

（1）设计内参照：无论是半定量还是定量 PCR 都要通过以参照物为标准对 PCR 终产物进行分析或对 PCR 过程进行监测，来评估样本中靶基因的拷贝数。因此，在进行 PCR 实验中，尤其是测定 RNA 表达时一定要设立内参照基因。内参照基因就是实验材料是固有的、在实验全程与目的基因相伴行，接受同样处理的基因。作为内参照基因必须具备如下特点：

①在材料受到不同处理过程中表达恒定；②在实验动物的各个组织当中表达都比较恒定；③除实验设计处理因素外，能同目的基因一起受同等程度的其他非设计性因素的影响。好的内参基因除满足上述特点外，最好还具备：①表达丰度与目的基因接近；②最好是管家基因；③在各物种中序列保守，突变机会少；④在多种检测中通用；⑤重复性好。常用的内参照基因有 β-actin（ACTB）、GAPDH、16Sr、CD71、B2M、TBP 和 18Sr 等。

（2）半定量 PCR 的分类：根据反应体系是否设有参照物以及是否与标本在同一管中进行扩增，定量 PCR 可分为四种方法，即①有限稀释法，即倍比稀释法；②使用外参照物的定量 PCR；③使用非竞争性内参照物的定量 PCR；④使用竞争性内参照物的定量 PCR。

根据 PCR 扩增过程中是否加入某种标记物、标记物的种类以及最后检测的信号的不同可分为四种类型：①直接定量检测法；②同位素标记定量检测法；③酶标记定量检测法；④荧光定量 PCR 技术。荧光定量 PCR 技术常用的如下几种方法。

第一种：RGreenI 检测模式温度循环为 94℃-55℃-72℃三步法，只有引物，无探针，荧光染料镶嵌在双股螺旋链中间。通过对特定方向的强荧光检测获得信号。易产生非特异信号，且本底光较大。

第二种：水解探针模式水解探针模式（Taq man）Hydrolysis Probe 温度循环为 94℃-60℃二步法，有引物。一个探针（引物对之间）增加了检测信号的特异性。

第三种：杂交探针模式 杂交探针模式（hybridization probes），温度循环为 94℃-55℃-72℃三步法，有引物，二个相邻的特异探针（引物对之间）。

2. 对 PCR 产物的直接定量法

（1）直接定量法：通过测定样本的产物量，推测样本中起始靶分子的相当数量。对已知量的靶 DNA 作系列稀释，摸索出不同循环数不同稀释度的 PCR 产物含量，建立外源性标准作对照。其优点是简单，可作粗糙的定量分析；缺点是不准确，影响因素多。

（2）极限稀释法：通过稀释阳性样品直至靶基因不能再扩增为止设置已知浓度的参照品。根据阳性结果的最大稀释度及内参标或外参标的极限检出底线，计算出待检标本中原始模板的分子数，利用最大稀释度来进行标本核酸的定量。在使用本法时需要注意的是：①PCR 产物的最低可检测极限须有重复性；②对每个稀释度必须作多次 PCR，一般先对模板 DNA 作 10 倍连续稀释后作 PCR，首先找到 PCR 结果呈阴性的接近稀释点，然后再对各稀释度作系列的 2 倍稀释，每个稀释点作 5 次 PCR；③必须严格控制污染。该法的优点是不需要特殊设备，缺点：扩增反应条件的标准化；严格注意污染，避免假阳性的产生。

（3）比较两序列扩增产量定量法：同样反应条件，同一试管内，用两对引物，同步扩增来自同一 DNA 的一段靶序列和另一段内标序列。基本步骤为：①设计并合成 PCR 扩增靶基因及无关基因的引物，优化引物配比的条件；②在指数增长期实现对靶基因及一系列已知含量无关基因的 PCR 扩增；③PCR 产物琼脂糖凝胶电泳，EB 染色；④电泳条带的紫外光下分析；⑤两荧光强度相等管的 DNA 含量亦相等。

（4）竞争性 PCR 法：靶序列和竞争性序列均用相同的引物以相同的效率扩增，两序列的初始化比值在整个反应过程中保持不变。在这种方法中是通过改变克隆的靶基因的序列来设计竞争性模板，使其插入新的限制性酶切位点或使原来的酶切位点缺失，通过基因重组技术插入一个与特异性蛋白质结合的 DNA 片段，或者使靶序列发生定点诱变，人工合成竞争性模板。

(5) 实时荧光定量 PCR 技术：Taq Man 探针法的出现是定量 PCR 技术的重要里程碑，之后在此基础上发展出了杂交探针法，以及荧光引物法，是对探针法的不断改进和简化。在 PCR 反应体系中加入荧光基团，利用荧光信号积累实时监测整个 PCR 进程，最后通过标准曲线对未知模板进行定量分析的方法。用 Ct 值（cycle threshold, Ct）代表每个反应管内的荧光信号到达设定的域值时所经历的循环数，其中 C 代表循环（cycle），T 代表荧光阈值（threshold）。荧光域值的设定：一般第 3~15 个循环的荧光信号作为荧光本底信号即基线（base line）。阈值一般是基线标准偏差的 10 倍，即 threshold=10′SD cycle 3~15。

每个模板的 Ct 值与该模板的起始拷贝数的对数存在线性关系，起始拷贝数越多，Ct 值越小。利用已知起始拷贝数的标准品可作出标准曲线，其中横坐标代表起始拷贝数的对数，纵坐标代表 Ct 值。在实时荧光定量 PCR 中常采用荧光探针和荧光染料。

1) Taq Man 荧光探针：两端分别标记一个报告荧光基团和一个淬灭荧光基团。探针完整时，报告基团发射的荧光信号被淬灭基团吸收；PCR 扩增时，Taq 酶的 $5'{\rightarrow}3'$ 外切酶活性将探针酶切降解，使报告荧光基团和淬灭荧光基团分离，从而荧光监测系统可接收到荧光信号，即每扩增一条 DNA 链，就有一个荧光分子形成，实现荧光信号的累积与 PCR 产物形成完全同步。该法的优点是：①灵敏、特异性高。具有模版序列特异的 Taq Man 探针在引物特异的基础上进一步提高的定量 PCR 的专一性；每扩增一个特异产物只释放一个荧光染料分子，仪器检测的是特异扩增的结果，非特异产物对检测信号不产生影响。②低成本、高效率和准确性。有多种不同波长的荧光基团可供选择，使得 Taq Man 探针法可以实现在同一管内检测多重 PCR，降低成本也提高效率和准确性。③避免了荧光染料对 PCR 反应的影响。但这种探针设计有一定难度，需要验证效果，探针的合成和双荧光标记的成本也较高。

2) SYBR 荧光染料：在 PCR 反应体系中，加入过量 SYBR 荧光染料，特异性地掺入 DNA 双链后，发射荧光信号，而不掺入链中的 SYBR 染料分子不会发射任何荧光信号，从而保证荧光信号的增加与 PCR 产物的增加完全同步。

（四）巢式 PCR

巢式 PCR 是由一对外引物和一对内引物组成的，用于提高 PCR 的灵敏度和特异性。第一次 PCR 以第一对引物（外引物）扩增，产生较大的扩增产物，这个产物包含目的基因扩增的模板，然后再由第二对引物（内引物）以第一次扩增产物为模板扩增此模板中的片断，第二次 PCR 产物比第一次 PCR 产物要小。

（五）原位 PCR

由于常规的 PCR 或 RT－PCR 技术不能对组织或细胞中的产物进行直接定位，不能反映其余特定组织细胞特征的联系。表达原位 PCR（in situ PCR）是在固定、石蜡包埋的组织切片或细胞涂片上的单个细胞中进行的 PCR 反应，在反应后用特异性探针进行原位杂交，检测待测 DNA 或 RNA 在组织或细胞中的定位。原位 PCR 过程如图 1－35 所示。

除上述提到的 PCR 外，其他技术发展与 PCR 技术的有机结合产生了许多新的扩增技术的衍生。如连接酶链反应（ligase chain reaction, LCR），Backman 1997 年设计的一种新的用于点突变的研究及靶基因的扩增的技术。LCR 的基本原理是利用 DNA 连接酶特异地将双链 DNA 片段连接，经变性-退火-连接三步反复循环，从而使靶基因序列大量扩增。其扩增效率与 PCR 相当，用耐热连接酶做 LCR 只用两个温度循环，94℃变性和 65℃复性并连接，循环 30 次左右。其产物的检测也较灵敏方便。目前主要用于点突变的研究与检测微生

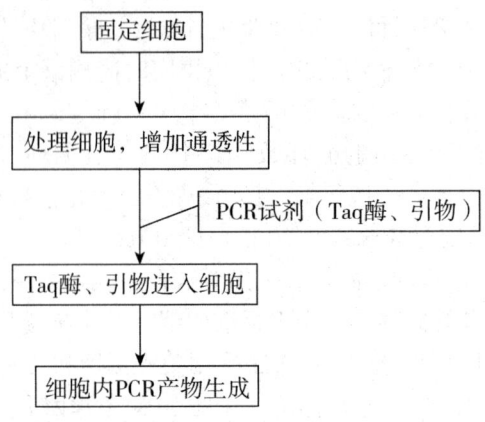

图 1-35 原位 PCR 的基本过程示意图

物病原体及定向诱变等，也可用于单碱基遗传病多态性及产物诊断，癌基因的点突变研究等。再如依赖核酸序列的扩增（nucleic acid sequence-based amplification，NASBA），又称自主序列复制系统（self-sustained sequence replication，3SR）或再生长序列复制技术。其基本方法是将引物、标本加入反应液，在 65℃ 1min 使 RNA 分子二级结构打开，再将温度降至 37℃，加入逆转录酶、T7RNA 聚合酶和 RNaseH，并在 37℃ 反应 1~1.5h，产物电泳后经溴乙锭染色紫外仪下观察条带。NASBA 主要用于 RNA 的扩增、检测及测序。该法操作简便，不需特殊仪器，不需温度循环。整个反应过程由三种酶控制、循环次数少、忠实性高，其扩增效率高于 PCR。

四、PCR 技术的应用及其注意事项

PCR 技术操作简便，特异性强，敏感度极高。正因为敏感度高，很容易受其他因素的影响，因此要得到准确可靠的反应结果，需根据不同的模板，摸索最适合的条件，配制出 PCR 反应试剂。在 PCR 实验中，需要注意的问题主要包括以下几种情况。

（一）假阳性结果

出现的 PCR 扩增条带与目的靶序列条带一致，有时其条带更整齐，亮度更高。引起假阳性结果的原因主要为：

1. 引物设计不合适　选择的扩增序列与非目的扩增序列有同源性，因而在进行 PCR 扩增时，扩增出的 PCR 产物为非目的性的序列。靶序列太短或引物太短，容易出现假阳性。需重新设计引物。

2. 靶序列或扩增产物的交叉污染　这种污染有两种原因：一是整个基因组或大片段的交叉污染，导致假阳性。这种假阳性可用以下方法解决：操作时应小心轻柔，防止将靶序列吸入加样枪内或溅出离心管外。除酶及不能耐高温的物质外，所有试剂或器材均应高压消毒。所用离心管及进样枪头等均应一次性使用。必要时，在加标本前，反应管和试剂用紫外线照射，以破坏存在的核酸。二是空气中的小片段核酸污染，这些小片段比靶序列短，但有一定的同源性。可互相拼接，与引物互补后，可扩增出 PCR 产物，而导致假阳性的产生，可用巢式 PCR 方法来减轻或消除。

(二) 出现非特异性扩增带

PCR 扩增后出现的条带与预计的大小不一致，或大或小，或者同时出现特异性扩增带与非特异性扩增带。非特异性条带的出现，其原因主要考虑：一是引物与靶序列不完全互补、或引物聚合形成二聚体；二是 Mg^{2+} 浓度过高、退火温度过低，及 PCR 循环次数过多有关；三是酶的质和量，往往一些来源的酶易出现非特异条带，而另一来源的酶则不出现，酶量过多有时也会出现非特异性扩增。其对策有：必要时重新设计引物。减低酶量或调换另一来源的酶。降低引物量，适当增加模板量，减少循环次数。适当提高退火温度或采用二温度点法（93℃变性，65℃左右退火与延伸）。

(三) 出现片状拖带或涂抹带

1. 产生的原因　PCR 扩增有时出现涂抹带、地毯样带或片状带往往由于以下原因导致：①酶量过多或酶的质量差；②dNTP 浓度过高；③Mg^{2+} 浓度过高；④退火温度过低；⑤循环次数过多引起。

2. 解决办法　针对这些原因可通过以下方法获得较理想的 PCR 结果：①减少酶量，或调换另一来源的酶；②减少 dNTP 的浓度；③适当降低 Mg^{2+} 浓度；④增加模板量；⑤减少循环次数。

(四) PCR 的平台效应

"平台效应"是指 PCR 后期循环产物累积趋于饱和，使原来以指数增长的速率变成平坦的曲线，同时出现非特异产物的大量增加的现象。下列因素可能与平台效应有关：

（1）dNTP 或引物的消耗量。

（2）反应物的稳定度（dNTP 或酶）。

（3）最终产物的阻化作用（焦磷酸盐、双链 DNA）。

（4）非特异产物或引物二聚体与反应物的竞争。

（5）产物在高浓度时变性不完全，影响引物的延伸。

（6）酶与 PCR 产物的结合，使酶分子减少。

设计合理的 PCR 循环参数，能最大限度地避免这些因素对产物扩增的影响。

(五) RT-PCR 避免 RNA 降解和污染

1. 常用 RNA 酶的抑制剂来保证操作过程中 RNA 的完整性，以获得理想的 cDNA 和 PCR 产物。在所有 RNA 实验中，最关键的因素是分离得到全长的 RNA。而实验失败的主要原因是核糖核酸酶（RNA 酶）的污染。RNA 酶可耐受多种处理而不被灭活，如煮沸、高压灭菌等。常用的 RNA 酶抑制剂包括：①焦磷酸二乙酯（DEPC）。是一种强烈但不彻底的 RNA 酶抑制剂。它通过和 RNA 酶的活性基团组氨酸的咪唑环结合使蛋白质变性，从而抑制酶的活性。②异硫氰酸胍。是目前最有效的 RNA 酶抑制剂，它在裂解组织的同时也使 RNA 酶失活。它既可破坏细胞结构使核酸从核蛋白中解离出来，又对 RNA 酶有强烈的变性作用。③氧钒核糖核苷复合物。由氧化钒离子和核苷形成的复合物，它和 RNA 酶结合形成过渡态类物质，几乎能完全抑制 RNA 酶的活性。④RNA 酶的蛋白抑制剂（RNasin）。从大鼠肝或人胎盘中提取得来的酸性糖蛋白。RNasin 是 RNA 酶的一种非竞争性抑制剂，可以和多种 RNA 酶结合，使其失活。⑤其他抑制剂。如 SDS、硅藻土、尿素等也对 RNA 酶有一定的抑制作用。因为 DEPC 不加选择的修饰蛋白质和 RNA，因此在分离和纯化 RNA 过程中不能使用，而且它与一些缓冲液（例如 Tris）不能相容。但 DEPC 能与胺和硫基反应，因此含 Tris 和 DTT 的试剂不能用 DEPC 处理。

2. 操作污染是操作人员造成的污染，RNA 酶最主要的潜在污染源是研究人员的手。因此，在进行 RNA 实验时应勤换手套。

（欧　芹）

第八节　印迹技术

印迹技术（blotting）是指将样品转移到固相载体上，然后利用相应的探测反应来检测样品的一种方法，这是 20 世纪 70 年代开发的一项技术，包含类似于吸墨迹的操作，但常和电泳、转移、固定、杂交及检测等技术联合进行，广泛应用于 DNA、RNA 和蛋白质（包括抗原）等生物大分子的研究，成为分子生物学中一项十分重要的实用技术。

印迹技术最初用于核酸的分子检测，是核酸分子杂交技术的重要部分。印迹杂交是分子生物学领域中最常用的基本技术之一，是指通过凝胶电泳分离的核酸片段转移到特定的固相支持物上，在转移过程中核酸片段保持其原来的相对位置不变，然后采用标记的核酸探针与结合于固相支持物上的核酸片段进行杂交的技术。其基本原理是具有一定同源性的两条单链核酸分子在一定的条件下（适宜的温度、离子强度等）按碱基互补原则退火形成双链。可应用于基因克隆的筛选和酶切图谱制作、基因组中特定基因序列的定量和定性检测、基因突变分析及疾病的诊断等方面。杂交的双方是待测核酸序列和探针。待测核酸序列可以是克隆的基因片段，也可以是未克隆化的基因组 DNA 和细胞总 RNA。可分为 Southern 杂交和 Northern 杂交两种，前者检测样品为 DNA，后者为 RNA。后来人们还发现，蛋白质在电泳分离之后也可以转移并固定于膜上，相对应于 DNA 的 Southern blotting 和 RNA 的 Northern blotting，蛋白质印迹被称为 Western blotting。由于蛋白质常用抗体来检测，因此也被称为免疫印迹技术（immunoblotting）。

DNA 印迹技术、RNA 印迹技术和蛋白质印迹技术的基本流程如图 1-36 所示。

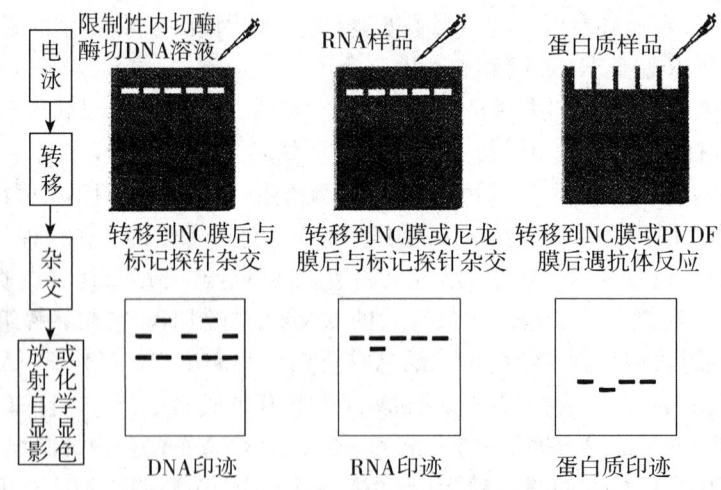

图 1-36　DNA 印迹、RNA 印迹和蛋白质印迹技术示意图

一、DNA 印迹

1975 年，Southern 首次应用该法将 DNA 转移到硝酸纤维素（nitrocellulose，NC）膜上，并利用 DNA-RNA 杂交检测特定的 DNA 片段，因而以其姓氏命名为 Southern blot。DNA 样品经限制性内切酶消化后进行琼脂糖凝胶电泳，将含有 DNA 区带的凝胶在变性溶液中处理后，使胶中的 DNA 分子转移到 NC 膜上。转移完成后，在 80℃真空条件下加热或在紫外交联仪内处理使 DNA 固定于 NC 膜上，便可用于杂交反应。DNA 印迹技术主要用于基因组 DNA 的定性和定量分析，如对基因组中特异基因的定位及检测等，也可用于分析重组质粒和噬菌体。

二、RNA 印迹

利用与 DNA 印迹相类似的技术来分析 RNA 就称为 RNA blot，相对于 Southern blot，有人将 RNA 印迹称为 Northern blot。其技术原理与 Southern blot 相同。RNA 分子较小，在转移前无需进行限制性内切酶切割，而且变性 RNA 的转移效率也比较高。目前，RNA 印迹技术主要用于检测某一组织或细胞中已知的特异 mRNA 的表达水平，也可以比较不同组织和细胞中的同一基因的表达情况。尽管用 RNA 印迹技术检测 mRNA 表达水平的敏感性较 PCR 法低，但仍然被认为是最可靠的 mRNA 水平分析方法之一。

三、蛋白质的印迹分析

蛋白质印迹需首先将混合蛋白质用聚丙烯酰胺凝胶电泳按分子的大小分开，再将蛋白质转移到 NC 膜或其他膜上。蛋白质的转移只有靠电转移方可实现。通常有两种方法：毛细管印迹法和电泳印迹法。毛细管印迹法是将凝胶放在缓冲液浸湿的滤纸上，在凝胶上放一片 NC 膜，再在上面放一层滤纸等吸水物质并用重物压好，缓冲液就会通过毛细作用流过凝胶。缓冲液通过凝胶时会将蛋白质带到 NC 膜上，NC 膜可以与蛋白质通过相互的疏水作用产生不可逆的结合。这个过程持续过夜，就可以将凝胶中的蛋白质转移到 NC 膜上。但是，这种方法转移的效率较低，通常只能转移凝胶中一小部分蛋白质（10%~20%）。电泳印迹则可更快速、更有效地进行转移。这种方法是用有孔的塑料和有机玻璃板将凝胶和 NC 膜夹成"三明治"形状，而后浸入两个平行电极中间的缓冲液中进行电泳，选择适当的电泳方向就可以使蛋白质离开凝胶结合在 NC 膜上。转移后的 NC 膜就称为一个印迹（blot），用于对蛋白质的进一步检测。

蛋白质的分析主要靠抗体来进行。印迹首先用蛋白质溶液（如 10%的 BSA）处理以封闭 NC 膜上剩余的疏水结合位点，然后用所要研究的蛋白质的抗血清（第一抗体，简称一抗）处理，印迹中只有待研究的蛋白质与一抗结合，而其他蛋白质不与一抗结合，这样清洗去除未结合的一抗后，印迹中只有待研究的蛋白质的位置上结合着一抗。再用碱性磷酸酶、辣根过氧化物酶或放射性核素标记的第二抗体（简称二抗）与一抗和蛋白质复合物结合。碱性磷酸酶可以将无色的底物 5-溴-4-氯吲哚磷酸盐（BCIP）转化为蓝色的产物；而辣根过氧化物酶可以以 H_2O_2 为底物，将 3-氨基-9-乙基咔唑氧化成褐色产物或将 4-氯萘酚氧化成蓝色产物。另一种检测辣根过氧化物酶的方法是用增强化学发光法，辣根过氧化物酶在 H_2O_2 存在下，氧化化学发光物质鲁米诺（luminol，氨基苯二酰一肼）并发光，在化学增强剂存在下光强度可以增大 1 000 倍，通过将印迹放在照相底片上感光就可以检测辣根过氧化物酶的存在，从而检测样品中特异性蛋白质的存在、细胞中特异蛋白质的半定量分析以及蛋白质分子的相互作用研究等。除了酶联二抗作为指示剂，也可以使用其他指示剂，如 I^{125} 标记的二抗、荧光素异硫氰酸盐标记的二抗等采用放射自显影或底物显色来测定蛋白质含量。对单向电泳后的蛋白质分子的印迹分析称为 Western 印迹法，对双向电泳后蛋白质分子的印迹分析称为 Eastern 印迹法。

  凝集素是从植物中提取的一类糖蛋白，它们能识别并选择性的结合特殊的糖，不同的凝集素可以结合不同的糖。将凝胶印迹用凝集素处理，再用连接辣根过氧化物酶的抗凝集素抗体处理，然后再加入过氧化物酶的底物，通过生成有颜色的产物就可以检测到凝集素结合情况。这样凝胶印迹用不同的凝集素检测不仅可以确定糖蛋白，而且可以得到糖蛋白中糖基的信息。

  除上述三种印迹技术外，还有一些其他方法可用于核酸和蛋白质的分析。例如，可以不用电泳分离而直接将样品点在 NC 膜上用于杂交分析，这种方式被称为斑点印迹（dot blot）；组织切片或细胞涂片可以直接用于杂交分析，称为原位杂交（in situ hybridization）；可以将多种已知序列的 DNA 排列在一定大小的尼龙膜或其他支持物上用于检测细胞或组织样品中的核酸种类，称为 DNA 芯片技术。

（宋高臣）

第二章 基本实验操作

第一节 洗涤和干燥

一、玻璃仪器的洗涤清洁

实验中所使用的玻璃仪器清洁与否，直接影响实验结果，往往由于仪器的不清洁或被污染而造成较大的实验误差，甚至会出现相反的实验结果。因此，玻璃仪器的洗涤清洁工作是非常重要的。

（一）初用玻璃仪器的清洗

新购买的玻璃仪器表面常附着有游离的碱性物质，可先用肥皂水（或去污粉）洗刷再用自来水洗净，然后浸泡在1‰～2‰盐酸溶液中过夜（不少于4h），再用自来水冲洗，最后用蒸馏水冲洗2～3次，在100～130℃烘箱内烤干或自然晾干备用。

（二）使用过的玻璃仪器的清洗

1. 一般玻璃仪器 如试管、烧杯、锥形瓶等（包括量筒），先用自来水洗刷至无污物，再选用大小合适的毛刷蘸取去污粉（掺入肥皂粉）或浸入肥皂水内，将器皿内外（特别是内壁）细心刷洗，用自来水冲洗干净后，蒸馏水冲洗2～3次，烤干或倒置在清洁处，干后备用。凡洗净的玻璃器皿，不应在器壁上带有水珠，否则表示尚未洗干净，应再按上述方法重新洗涤。若发现内壁有难以去掉的污迹，应分别试用下述各种洗涤剂予以清除，再重新冲洗。

2. 量器 如吸量管、滴定管、量瓶等，使用后应立即浸泡于凉水中，勿使物质干涸。工作完毕后用流水冲洗，以除去附着的试剂、蛋白质等物质，晾干后浸泡在铬酸洗液中4～6h（或过夜），再用自来水充分冲洗，最后用蒸馏水冲洗2～4次，风干备用。

3. 比色杯 用毕立即用自来水反复冲洗干净，如不干净时可用HCl或适当溶剂冲洗（避免用较强的碱液或强氧化剂清洗），再用自来水冲洗干净。切忌用试管刷或粗糙的布或纸擦洗，以保护比色杯透光性，冲洗后倒置晾干备用。

4. 其他 具有传染性样品的容器，如病毒、传染病患者的血清等沾污过的容器，应先进行高压（或其他方法）消毒后再进行清洗。盛过各种毒品，特别是剧毒药品和放射性同位素物质的容器，必须经过专门处理（略），确知没有残余毒物存在方可进行清洗。

（三）洗涤液的种类和配制方法

1. 铬酸洗液（重铬酸钾-硫酸洗液，或简称为洗液）广泛用于玻璃仪器的洗涤。常用的配制方法有下述四种：

（1）取100ml工业浓硫酸置于烧杯内，小心加热，然后小心慢慢加入5g重铬酸钾粉末，边加边搅拌。待全部溶解后冷却，贮于具玻璃塞的细口瓶内。

（2）称取重铬酸钾粉末5g置于250ml烧杯中，加蒸馏水5ml，尽量使其溶解。慢慢加入浓硫酸100ml，随加随搅拌。冷却后贮存备用。

(3) 称取重铬酸钾80g，溶于1 000ml蒸馏水中，慢慢加入工业硫酸100ml（边加边用玻璃棒搅动）。

(4) 称取重铬酸钾200g、溶于500ml蒸馏水中，慢慢加入工业硫酸500ml（边加边搅拌）。

2. 浓盐酸（工业用）可洗去水垢或某些无机盐沉淀。

3. 5%草酸溶液 用数滴硫酸酸化，可洗去高锰酸钾的痕迹。

4. 5%～10%磷酸三钠（$Na_3PO_4 \cdot 12H_2O$）溶液 可洗涤油污物。

5. 30%硝酸溶液 洗涤CO_2测定仪器及微量滴管。

6. 5%～10%乙二胺四乙酸二钠（EDTA-2Na）溶液 加热煮沸可洗脱玻璃仪器内壁的白色沉淀物。

7. 尿素洗涤液 为蛋白质的良好溶剂，适用于洗涤盛蛋白质制剂及血样的容器。

8. 乙醇与浓硝酸混合液 最适合于洗净滴定管，在滴定管中加入3ml乙醇，然后沿管壁慢慢加入4ml浓硝酸（比重1.4），盖住滴定管管口，利用所产生的氧化氮洗净滴定管。

9. 有机溶剂 如丙酮、乙醇、乙醚等可用于洗脱油脂、脂溶性染料等污痕。二甲苯可洗脱油漆的污垢。

10. 氢氧化钾的乙醇溶液和含有高锰酸钾的氢氧化钠溶液 是两种强碱性的洗涤液，对玻璃仪器的侵蚀性很强，清除容器内壁污垢，洗涤时间不宜过长。使用时应小心慎重。

上述洗涤液可多次使用，但是使用前必须将待洗涤之玻璃仪器先用水冲洗多次，除去肥皂、去污粉或各种废液。若仪器上有凡士林或羊毛脂时，应先用软纸擦去，然后用乙醇或乙醚擦净后才能使用洗液，否则会使洗涤液迅速失效。例如：肥皂水、有机溶剂（乙醇、甲醛等）及少量油污皆会使重铬酸钾-硫酸洗液变绿，减低洗涤能力。

二、玻璃仪器的干燥

实验经常用到的仪器应在每次实验完毕之后洗净干燥备用。用于不同实验的仪器对干燥有不同的要求，一般定量分析中的烧杯、锥形瓶等仪器洗净即可使用，而用于有机化学实验或有机分析的仪器很多是要求干燥的，有的要求无水迹，有的要求无水。应根据不同要求来干燥仪器。

（一）晾干（控干）

不急于使用的玻璃仪器，要求一般干燥，可在纯水涮洗后，在无尘处倒置控去水分，然后自然干燥。可用安有斜木钉的架子和带有透气孔的玻璃柜放置仪器。

（二）烘干

洗净的仪器控去水分，放在电烘箱中烘干，烘箱温度为105～120℃，烘1h左右。也可放在红外灯干燥箱中烘干。此法适用于一般仪器。称量用的称量瓶等烘干后要放在干燥器中冷却保存。带实心玻璃塞及厚壁的器材烘干时要注意慢慢升温，并且温度不可过高，以免烘裂，量器不可放于烘箱中烘烤。

硬质试管可用酒精灯烘干，要从底部烘起，把试管口向下，以免水珠倒流把试管炸裂，烘到无水珠时，把试管口向上赶净水汽。

（三）热（冷）风吹干

对于急于干燥的器皿或不适合放入烘箱的较大的器材可用吹干的办法，通常用少量乙醇、丙酮（或最后再用乙醚）倒入已控去水分的容器中摇洗控净溶剂（溶剂要回收），然后用电吹风吹，开始用冷风吹1～2min，当大部分溶剂挥发后吹入热风至完全干燥，再用冷风吹残余的蒸汽，使其不再冷凝在容器内。此法要求通风好，防止中毒，不可接触明火，以防有机溶剂爆炸。玻璃仪器烘干器具有快速、节能、无水渍、使用方便、维修简单等优点，因此是最好的选择。

（四）用有机溶剂干燥

一些带有刻度的计量仪器不能用加热方法干燥，否则会影响仪器的精密度。可用一些易挥发的有机溶剂（如乙醇或乙醇与丙酮的混合液）加到洗净的仪器中（量要少），把仪器倾斜，转动仪器，使器壁上的水与有机溶剂混合，然后倾出，少量残留在仪器内的混合液，很快挥发使仪器干燥。

三、沉淀的过滤和洗涤

（一）过滤沉淀

一般使用滤纸。应根据沉淀的性质选择不同的滤纸。胶状沉淀，应使用质松、孔大的滤纸。一般大小颗粒的结晶形沉淀，应使用致密、孔较小的滤纸。而极细的沉淀，则应使用致密、孔最小的滤纸。滤纸越致密，过滤就越慢。

滤纸的大小要由沉淀量来决定，并不是由溶液的体积来决定。沉淀量应到滤纸高度的 1/3 左右。最多不应超过 1/2，通常使用直径为 7~9cm 的圆形滤纸。折叠滤纸应先整齐地对折，错开一点再对折，打开后形成一边一层、一边三层的圆锥体。折叠尖端时不可过于用力，否则容易出洞。放入漏斗中时，滤纸边缘应完全吻合。撕去三层一边的外面两层部分的尖端，使滤纸上缘能更好地贴在漏斗的壁上，不留缝隙。而下面部分则有空隙以利于提高过滤速度。

滤纸上缘一般应低于漏斗口上周 0.5~1cm。润湿滤纸时，应用指尖轻压滤纸，赶净滤纸和漏斗间的气泡，使滤纸紧贴漏斗壁。同时漏斗颈内必须充满液体，这样才可借液柱的重量而对于待滤液体产生吸滤作用。

过滤时，为了防止沉淀堵塞滤纸的孔洞，通常采用倾泻法，即先小心地把溶液倾入漏斗而不使沉淀流入，只在过滤的最后一步才把沉淀转移到漏斗上。

过滤时，将玻璃棒直立在三层滤纸的中间部分，其下端接近但不能触及滤纸，并使盛器紧贴玻棒，使液体顺玻棒缓缓流入漏斗。液体最多加到距滤纸上缘 3~4mm 处，过多则沉淀会因滤纸的毛细管作用而爬到漏斗壁上去。

（二）在容器中洗涤沉淀一般采用倾注法

洗涤时，采取少量多次的方法最为有效。通常，容易洗涤的粗粒晶形沉淀洗 2~3 次，难洗涤的黏稠无定形沉淀则需洗 5~6 次。注意，每次都应尽量倾干以增加洗涤效率，并防止沉淀流失。

转移沉淀时，先向沉淀中加入滤纸一次所能容纳量的洗涤液，搅拌成为混悬液，不要等待沉淀下沉，立即按倾注滤液的同样方式倾入漏斗。容器内剩余的沉淀可以用少量洗涤液按上述方法重复数次，直到全部转移到漏斗内。

（三）洗涤

在漏斗内洗涤沉淀时，先将沉淀轻轻摊开在漏斗下部，再用滴管（或洗瓶）将洗涤液加入到漏斗上缘稍下的地方，同时转动漏斗，并使洗涤液沿着漏斗不断向下移动，直到洗涤液充满滤纸一半时立即停止。待漏斗中洗涤液完全漏出后，再进行第二次洗涤。通常，完全洗去沉淀所吸附的不挥发物质，需 8~10 次。确知沉淀已经洗净，需要进行必要的检验。必须注意，沉淀的过滤和洗涤工作一定要一次完成，不可间断。

第二节 常用的实验操作技术

一、吸量管的种类和使用

吸量管是生化实验最常用的仪器之一,测定的准确度与吸量管的正确选择和使用有密切关系。

（一）吸量管的分类

常用的吸量管可以分为三类,如图 1-37 所示。

1. 刻度吸量管 如图 1-37A、B 所示,供量取 10ml 以下任意体积的溶液。一般刻度包括尖端部分。将所量液体全部放出后,还需要吹出残留于管尖的溶液。此类吸量管为"吹出式",吸量管上端标有"吹"字。未标"吹"字的吸量管,则不必吹出管尖的残留液体。

2. 奥氏吸量管 供准确量取 0.5ml、1.0ml、2.0ml 液体所用。此种吸量管只有一个刻度（图 1-37C）,当放出所量取的液体时,管尖余留的液体必须吹入容器内。

3. 移液管 如图 1-37D 所示,常用来量取 50ml、25ml、10ml、5ml、2ml 和 1ml 的液体,这种吸量管只有一个刻度,放液时,量取的液体自然流出后,管尖需在盛器内壁停留 15s,注意管尖残留液体不要吹出。

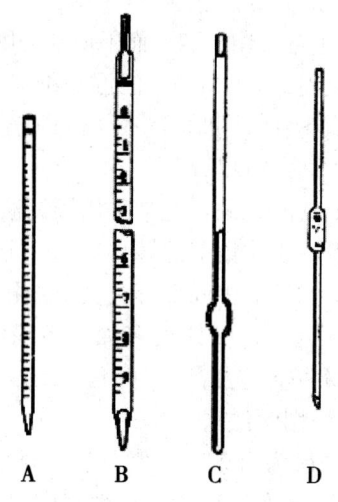

图 1-37 吸量管的种类
A、B 刻度吸量管　C 奥氏吸量管　D 移液管

（二）吸量管的使用

1. 选用原则 准确量取整数量液体,应选用奥氏吸量管。量取大体积时要用移液管。量取任意体积的液体时,应选用取液量最接近的吸量管。如欲取 0.15ml 液体,应选用 0.2ml 的刻度吸量管。同一定量试验中,如欲加同种试剂于不同管中,并且取量不同时,应选择一支与最大取液量接近的刻度吸量管。如各试管应加的试剂量为 0.30ml、0.50ml、0.70ml、0.90ml 时,应选用一支 1.0ml 刻度吸量管。

2. 吸量管的使用 使用吸量管时,用拇指和中指夹紧顶端部分,将管的下端插入液体,用吸耳球吸入液体到需要刻度标线上 1~2cm 处（插入液面下的部分不可太深,也不可太浅,防止空气突然进入管内,将溶液吸入吸耳球内）,用示指封闭上口将已充满液体的吸量管提出液面，把吸量管提到与眼睛同一水平线上，然后小心松开上口，调节液面至需要的刻度处。将吸量管移到另一容器（图1-38），松开上口，使液体自由流出。最后再根据规定吹出或不吹出尖端的液体。

3. 可调式移液器的使用

（1）可调式移液器的结构，见图1-39A。

（2）可调式移液器的操作：①将调节轮调至所需体积值；②套上吸头，旋紧；③垂直持握可调式移液器，用拇指按至第一挡，见图1-39b；④将吸头插入溶液，徐徐松开拇指，使其复原；⑤将可调式移液器移出液面，必要时可用纱布或滤纸拭去附于吸头表面的液体（注意：不要接触吸头孔口）；⑥排放时，重新将拇指按下，至第一挡后，继续按至第二挡以排空液体。

注意：移取另一样品时，按卸吸头按钮弃掉吸头并更换新吸头；推动按钮内部的活塞分2段行程，第一挡为吸液，第二挡为放液，手感十分清楚。

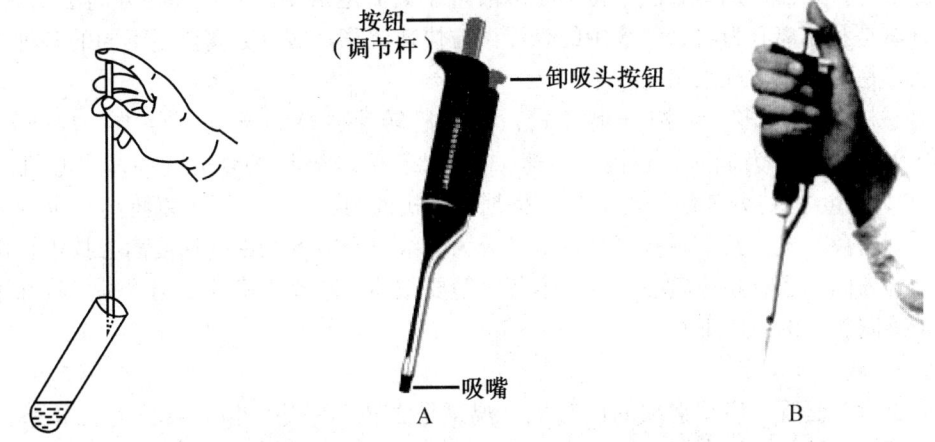

图1-38 放液体时的正确姿势

图1-39 可调式移液器的使用
A. 可调式移液器的结构　B. 持移器的姿势

二、混匀

样品和试剂的混匀是保证化学反应充分进行的一种有效措施。为使反应体系内各物质迅速地接触，必须借助于外力的机械作用。常用的混匀方法有以下几种：

（一）旋转法

手持容器，使溶液作离心旋转。适用于未盛满液体的试管或小口器皿如锥形瓶。

（二）指弹法

一手执试管上端，另一只手轻弹试管下部，使管内溶液作旋涡运动。

（三）搅动法

使用玻璃棒搅匀，多用于溶解烧杯中的固体。

（四）电磁搅拌混匀

（五）混匀器法

将容器置于混匀器的振动盘上，逐渐用力下压，使内容物旋转。

注意：混匀时谨防容器内液体溅出或被污染；严禁用手堵塞管口或瓶口振摇。

三、保温

将容器放入恒温水浴箱，调节温度设定钮至所需温度。水浴箱中水分要充足，实验过程中要随时监测温度，并及时调节。

四、过滤

用于收集滤液，收集沉淀或洗涤沉淀。在生化实验中如用于收集滤液应选用干滤纸，不应将滤纸先弄湿，湿滤纸将影响滤液的稀释比例。滤纸过滤一般采用平析法（即对折后，再对折），并且使滤纸上缘与漏斗壁完全吻合，不留缝隙。向漏斗内加液时，要用玻棒引导而且不应倒入过快，勿使液面超过滤纸上缘。较粗的过滤可用脱脂棉或纱布代替滤纸。有时以离心沉淀法代替过滤法可达到省时、快捷的目的。

五、离心沉淀法

欲使沉淀与母液分开，过滤和离心都可以达到目的，但是当沉淀黏稠，或颗粒小得可以通过滤纸时，则需选用离心法。特别是溶液量小又需定量测定时，离心分离法更具优越性。离心分离是利用离心力将悬浮液中的悬浮微粒快速沉降，借以分离比重不同的各种物质成分的方法，是实验室常规采用的技术。

离心机种类很多，可按分离方式、离心机转速、离心温度等分类。常把转速低于8 000r/min 的划分为低速离心机，转速8 000～25 000r/min 的划分为高速离心机。转速超过30 000r/min 的划分为超速离心机。根据离心机的用途不同，还可以将离心机分为分析离心机和制备离心机。其中制备离心技术又分为分级离心技术和密度梯度离心技术。用于生物大分子分离的，还有超速离心技术。本节将简要叙述一般离心机的使用方法（特殊用途的离心机请参阅相关的说明书）。

（一）离心前检查

取出所有套管，启动空载的离心机，观察是否转动平稳；检查套管有无软垫，是否完好，内部有无异物；离心管与套管是否匹配。

（二）离心原则

1. 平衡　将一对离心管放入一对套管中，置于天平两侧，用滴管向较轻一侧的离心管与套管之间滴水至两侧平衡。

2. 对称　将已平衡好的一对套管置于离心机中的对称位置。

（三）离心操作

1. 对称放置配平的一对套管后，盖严离心机盖，开启电源。

2. 调节转速调节钮，逐渐增加转速至所需值，当离心机转速达到要求时，开始计时。

3. 达到离心时间后，缓慢将转速调回零。断开电源，当离心机自然停止后，取出离心管和离心套管。

4. 倒去离心套管内的平衡用水，倒置于干燥处晾干。

（四）注意事项

1. 离心机的启动、停止都要慢，否则离心管易破碎或液体从离心管中溅出。

2. 离心过程中，若听到特殊响声，应立即停止离心，检查离心管。若离心管已碎，应清除并更换新管；若离心管未碎，应重新平衡。

六、实验样品的制备

（一）血液样品

1. 全血　取清洁干燥的试管或其他容器，收集人或动物的新鲜血液，立即与适量的抗凝剂充分混合，所得到的抗凝血为全血。每毫升血液中加入抗凝剂的种类可以根据实验的需要进行选择，但是用量不宜过大，否则将影响实验的结果。常用剂量如下：草酸钾或草酸钠 1～2mg，枸橼酸钠 5mg，氟化钠 5～10mg，肝素 0.1～0.2mg。

抗凝剂宜先配成水溶液，按取血量的需要加于试管或适当容器内，横放，再蒸干水分（肝素不宜超过 30℃），使抗凝剂在容器内形成薄层，利于血液与抗凝剂的均匀接触。取得的全血如不立即使用，应储于 4℃ 冰箱之中。

2. 血浆　抗凝之全血在离心机中离心，使血细胞下降，如此得到的上清液即为血浆。质量上乘的血浆应为淡黄色。为避免产生溶血，必须采用干燥清洁的采血器具和容器，并尽可能地少振摇。

3. 血清　收集不加抗凝剂的血液，室温下自然凝固，所析出的草黄色液体为血清。制备血清时血凝块收缩析出血清，大约需要 3h。为促使血清尽快析出，必要时可以采用离心的方法缩短分离时间，并且可得到较多的血清。

制备血清同样要防止溶血，所以，应用的器具应当干燥清洁。而且，血清析出后宜用干净的玻璃棒轻轻分离血凝块与容器壁的粘连，及时吸出析出的血清。

（二）组织样品

在生化实验中，经常利用离体组织研究各种物质代谢途径和酶系的作用。或者从组织中分离、纯化核酸、酶以及某些有意义的代谢物质进行研究。但是，在生物组织中，因含有大量的催化活性物质，离体组织的采集必须在冰冷条件下进行，并且尽快完成测定。否则其所含物质的量和生物活性物质的活性都将发生变化。

一般采用断头法处死动物，放出血液，立即取出所需脏器或组织，除去脂肪和结缔组织之后，用冰冷生理盐水洗去血液，再用滤纸吸干，称重后，按试验要求制成匀浆或者组织糜。

1. 组织糜　迅速将组织剪碎，用捣碎机绞成糜状，或者加入少量黄砂于乳钵中，研磨至糊状。

2. 组织匀浆　取一定量新鲜组织剪碎，加入适量匀浆制备液，用高速电动匀浆器或者玻璃匀浆器磨碎组织。由于匀浆器的杵头在高速运转中会产生热量，因此在制备匀浆时，需将匀浆器置于冰水中。

常用的匀浆制备液有生理盐水、缓冲液和 0.25mol/L 的蔗糖液等，可根据实验的要求，加以选择。

3. 组织浸出液　上述组织匀浆液再经过离心分离出的上清液就是组织浸出液。

（张　悦）

第三章 常用仪器

第一节 分光光度计

一、仪器组成

分光光度计主要包括 5 个基本部件：光源、单色器、吸收池、检测器和测量仪表。以 722 型光栅分光光度计为例，介绍分光光度计的结构。722 型分光光度计由光源室、单色器、试样室、光电管暗盒、电子系统及数字显示器等部件组成（图 1-40）。光源为钨卤素灯，波长范围为 330~800nm。单色器中的色散元件为光栅，可获得波长范围狭窄的接近于一定波长的单色光。722 型分光光度计能在可见光谱区域内对样品物质作定性和定量分析，其灵敏度、准确性和选择性都较高，因而在教学、科研和生产上得到广泛使用。

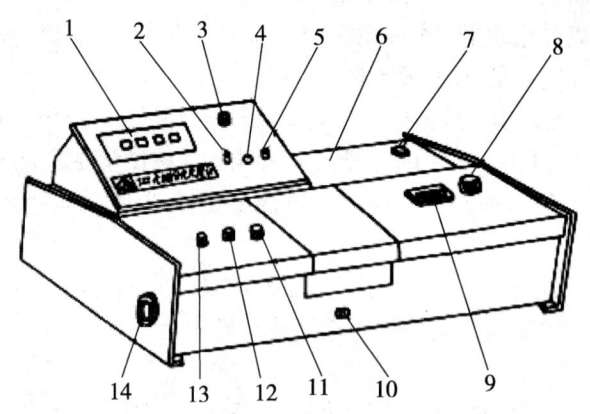

图 1-40 722 型分光光度计结构设计意图

1. 数字显示器　2. 光密度调零旋钮　3. 选择开关　4. 光密度调斜率电位器　5. 浓度旋钮
6. 光源室　7. 电源开关　8. 波长手轮　9. 波长刻度窗　10. 试样架拉手
11. 100%T 旋钮　12. 0%T 旋钮　13. 灵敏度调节旋钮　14. 干燥器

1. **光源**　钨灯能发射 350~2 500nm 波长的连续光谱，最适宜工作范围为 360~1 000nm，是可见分光光度计的光源；氢灯或氘灯能发射 150~400nm 波长的连续光谱，是紫外分光光度计的光源。红外线光源则由纳恩斯特（Nernst）棒产生，汞灯发射的不是连续光谱，能量绝大部分集中在 253.6nm 波长外，一般作波长校正用。理想光源的条件是：①能提供连续的辐射；②光强度足够大；③在整个光谱区内光谱强度不随波长有明显变化；④光谱范围宽；⑤使用寿命长，价格低。

2. **单色器**　从波长范围宽广的光线中，分出波段较窄的单色光的装置，称为单色器。单色器是仪器的心脏部分，在光源与试样室之间，单色器部板内装有狭缝部件，反光镜组件、准直镜部件，光栅部件波长线性传动机构等。转动棱镜或光栅可使所需要的单色光从出光狭缝分出。狭缝是由一对隔板在光起路上形成的缝隙，通过调节缝隙的大小来调节入射单色光的强度使入射光形成平行光线，以适应检测器的需要。仪器入射、出射狭缝均采用宽度为 0.9mm 的等宽度双刀片狭缝。安装狭缝时注意狭缝双刀片斜面必须向着光线传播方向，否则会增加仪器的杂散光。反光镜组件安装在入射狭缝部件架上，反光镜采用一块方形小反光镜，通过组件架上的调节螺钉可改变入射光的反射角度，使光斑打在准直镜上。单色器的作用在于根据需要选择一定波长的单色光。

3. 样品室　包括池架、吸收池（即比色杯）以及各种可更换的附件。吸收池有光学玻璃杯和石英玻璃杯两种。光学玻璃杯因为普通光学玻璃吸收紫外光，因此只能用于可见光，适用波长范围是 400~2 000nm。石英玻璃杯可透过紫外光、可见光和红外光，是最常使用的吸收池，使用波长范围是 180~3 000nm。吸收池是盛样品或标准液的容器，两透光面互相平行并有精确的光程，吸收池的厚度彼此应一致，否则将影响测定的准确度。指纹、油腻及壁上的气泡或沉积物，都会影响其透光性能。光程可由 0.1~10cm，最常用的是 1cm 池（容积 3ml），光程要求极精确，透光的玻璃面要严格垂直于光路，有的石英杯上方刻有箭头"→"，标明杯子使用时的透光方向，反方向使用会有偏差。石英杯通常还配有玻璃或塑料盖，用以防止样品挥发和氧化，以及杯内样品的快速混合。

4. 检测器　即检测放大系统，是一种光电转换设备，即以电讯号把光强度显示出来，由光电池、光电管、光电倍增管组成。紫外可见分光光度计常用光电管或光电倍增管作检测器，将透射光转变成电信号并经放大后输给指示仪表或记录仪。

5. 测量仪表及显示装置　仪表上刻有百分透光度（$T\%$）和光密度（A）两种刻度。百分透光度是等分的，而光密度的刻度间隔是不均匀的，它们之间是负对数的关系，现在不少分光光度计已有对数和浓度直读装置，读数比较方便。现代高性能分光光度计均可以连接微机，而且有的主机还使用带液晶或 CRT 荧屏显示的微处理机和打印绘图机，有的还带有标准软驱，存取数据更加方便（如 SPECORD 200）。

二、使用和维护

（一）722s 分光光度计使用方法

这是一种数码显示的可见分光光度计，采用衍射光栅作为单色器，卤素灯作为光源，使用波长范围为 340~1 000nm。

1. 开机预热 15min 以上。
2. 转动波长选择钮，选用所需的波长。
3. 将装有空白、标准、样品的比色杯放入比色杯架，使空白管对准光路。
4. 打开样品室暗箱（开关自动关闭），按 0%ADJ 键，即能自动进行空白零点的调整，数码显示为 0.000。
5. 盖好比色杯暗箱盖（光门自动开启），按 100%ADJ 键，即能自动进行机械零点的调整，数码显示为 100.0（一次如有误差可再按一次）。
6. 按 MODE 键选择光密度测定模式（ABS 灯亮），数码显示自动转换为光密度 0.000。
7. 拉动比色杯架的拉杆，使测定杯进入光路，从数码显示上即可读出样品的光密度。
8. 比色完毕后，关上电源开关，取出比色杯，将比色杯暗箱盖好，清洗比色杯并晾干。

（二）722 型分光光度计的使用方法

1. 预热仪器　将选择开关置于"T"，打开电源开关，使仪器预热 20min。为了防止光电管疲劳，不要连续光照，预热仪器时和不测定时应将试样室盖打开，使光路切断。

2. 选定波长　根据实验要求，转动波长手轮，调至所需要的单色波长。

3. 固定灵敏度挡　在能使空白溶液很好地调到"100％"的情况下，尽可能采用灵敏度较低的挡，使用时，首先调到"1"挡，灵敏度不够时再逐渐升高。但换挡改变灵敏度后，须重新校正"0％"和"100％"。选好的灵敏度，实验过程中不要再变动。

4. 调节 T=0％　轻轻旋动"0％"旋钮，使数字显示为"00.0"（此时试样室是打开的）。

5. 调节 T=100％　将盛蒸馏水（或空白溶液，或纯溶剂）的比色皿放入比色皿座架中的第一格内，并对准光路，把试样室盖子轻轻盖上，调节透过率"100％"旋钮，使数字显示正好为"100.0"。

6. 光密度的测定　将选择开关置于"A"，盖上试样室盖子，将空白液置于光路中，调节光密度调节旋钮，使数字显示为".000"。将盛有待测溶液的比色皿放入比色皿座架中的其他格内，盖上试样室盖，轻轻拉动试样架拉手，使待测溶液进入光路，此时数字显示值即为该待测溶液的光密度值。读数后，打开试样室盖，切断光路。重复上述测定操作1～2次，读取相应的光密度值，取平均值。

7. 浓度的测定　选择开关由"A"旋至"C"，将已标定浓度的样品放入光路，调节浓度旋钮，使得数字显示为标定值，将被测样品放入光路，此时数字显示值即为该待测溶液的浓度值。

8. 关机　实验完毕，切断电源，将比色皿取出洗净，并将比色皿座架用软纸擦净。

三、注意事项

1. 操作应轻缓。
2. 不要将样品溶液洒到仪器上。
3. 不要用手拿比色皿的透光面，且透光面的清洁不可用滤纸、纱布或者毛刷擦拭，只能用镜头纸轻轻擦拭。
4. 盛待测液时，必须达到比色皿的2/3左右，不宜过多，若不慎使溶液溢出，必须先用滤纸吸干，再用镜头纸擦净。
5. 比色皿用毕应及时清洗干净。
6. 分光光度计应放置在平稳仪器台上，不能随意搬动，严防震动、潮湿、光照。

（宋高臣）

第二节　离心机

一、仪器组成

离心机的基本构造大致分为离心室、驱动系统、真空系统、制冷系统、光学系统、控制系统等6大系统。此外还有润滑系统和防护系统等。基本结构如图1-41所示。

二、种类

离心机有多种多样。按用途有分析用、制备用及分析-制备两用之分；按结构特点则有管式、吊篮式、转鼓式和碟式等多种；按离心机转速的不同，可分为常速（低速）、高速和

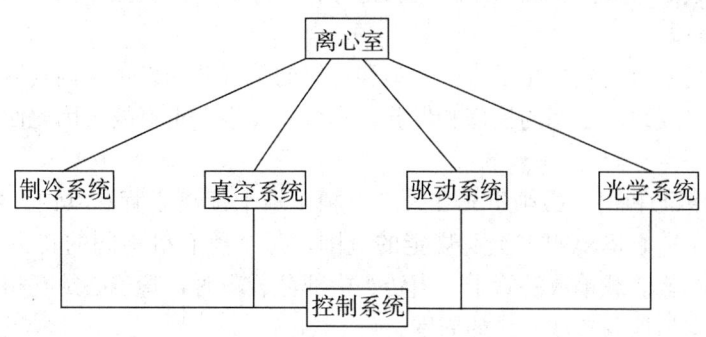

图 1-41 离心机结构示意图

超速三种。

1. 常速离心机 又称为低速离心机。相对离心力（RCF）在 $1\times10^4 g$ 以下，主要用于分离细胞、细胞碎片以及培养基残渣等固形物和粗结晶等较大颗粒。常速离心机的分离形式、操作方式和结构特点多种多样，可根据需要选择使用。

2. 高速离心机 相对离心力达 $1\times10^4 \sim 1\times10^5 g$，主要用于分离各种沉淀物、细胞碎片和较大的细胞器等。为了防止高速离心过程中温度升高而使酶等生物分子变性失活，有些高速离心机装设了冷冻装置，称高速冷冻离心机。

3. 超速离心机 相对离心力达 $5\times10^5 g$ 甚至更高。超速离心机的精密度相当高：为了防止样品液溅出，一般附有离心管帽；为防止温度升高，均有冷冻装置和温度控制系统；为了减少空气阻力和摩擦，设置有真空系统。此外还有一系列安全保护系统、制动系统及各种指示仪表等。

三、使用和维护

（一）普通离心机的使用

1. 使用前检查离心机各旋钮是否在规定的位置上，即电源在关的位置上，速度按钮在零位。

2. 离心前先将待离心的物质转移到大小合适的离心管内，盛量不宜过多，以免溢出。将此离心管放入外套管，再在离心管与外套管间加缓冲用水。

3. 将上述盛有液体的离心管，连同套管旋在天平上平衡，如不平衡可调整离心管内液体以及缓冲水的量使之达到平衡。

4. 将平衡好的离心管对称地放入离心机中，盖严离心机机盖。

5. 开动离心机时，先打开电源开关，然后慢慢拨动速度旋钮，使速度逐渐增加。直到增加到所需转速时，同时调节定时旋钮，设定离心时间。

6. 当达到离心时间时，关闭启动开关，再调节速度旋钮，进行减挡降速，最后将旋钮拨到"0"，待离心机自动停止后，打开离心机盖，取出样品。

7. 使用完毕，将套管中的橡皮垫洗净并冲洗外套管和离心管，倒立放置使其干燥。

（二）高速离心机的使用

与上述普通离心机的使用方法相似，不同的是由于其转速高，使用的转头为角转头，所以离心管单独在外平衡后，直接两两对称的插入转头中并扭紧转头盖再开始离心。另外，如果转头为可拆卸式的,每次要确认转头是否扭好,再开始下面的操作。

(三)注意事项

高速与超速离心机是生物化学实验教学和科研的重要精密设备,因其转速高,产生的离心力大,使用不当或缺乏定期的检修和保养,都可能发生严重事故,因此使用离心机时必须遵守操作规程。

1. 使用各种离心机时,必须事先在天平上精密地平衡离心管和其内容物,平衡时质量之差不得超过各个离心机说明书上所规定的范围,每个离心机不同的转头有各自的允许差值。转头中绝对不能装载单数的管子,当转头中部分装载时,管子必须互相对称地放在转头中,以便使负载均匀地分布在转头的周围。

2. 装载溶液时,要根据各种离心机的具体操作说明进行,根据待离心液体的性质及体积选用适合的离心管,有的离心管无盖,液体不得装得过多,以防离心甩出,造成转头不平衡、生锈或腐蚀,而制备型超速离心机的离心管,则常常要求必须将液体装满,以免离心时塑料离心管的上部凹陷变形。每次使用后,必须仔细检查转头,及时清洗、擦干,转头是离心机中需重点保护的部件,搬动时要小心,不能碰撞,避免造成伤痕,转头长时间不用时,要涂上一层上光蜡保护,严禁使用显著变形、损伤或老化的离心管。

3. 若要在低于室温的温度下离心时,转头在使用前应放置在冰箱或置于离心机的转头室内预冷。

4. 离心过程中操作人员不能随意离开,应随时观察离心机上的仪表是否正常工作,如有异常的声音应立即停机检查,及时排除故障。

5. 每个转头各有其最高允许转速和使用累积限时,使用转头时要查阅说明书,不得过速使用。

6. 安全措施。由于离心机的高速旋转及由此产生极大的力,如使用不当可造成极其危险的隐患。为了安全起见,不要使用没有安全锁的老式离心机或锁装置已损坏的离心机。尤其注意确保头发及衣服远离旋转部件。

(宋高臣)

第三节 电泳仪

电泳技术是分子生物学不可缺少的重要分析手段。它在基础理论农业、工业、医药卫生、法医学、商检、教育以及国防科研等实践中有着广泛的用途。可以用电泳方法进行定量分析,或者将一定的混合物分离成各种组分以及作少量制备。

一、使用方法

1. 首先确定仪器电源开关是在关位。
2. 连接电源线,确定电源插座是否接地保护。
3. 将黑红两种颜色的电极线对应插入仪器输出插口,并与电泳槽相同颜色插口连接好。
4. 确定电泳槽中已放置好试剂。
5. 电压和电流调整

(1) 恒压调整:先将电压调好,再将电流调至约 150mA 处,然后打开电源开关,输出电压将与所选电压相符,恒压指示灯亮。

(2)恒流调整:先将电流调好,再将电压调至约300V处,然后打开电源开关,输出电流将与所选电流相符,恒流指示灯亮。

6.电泳仪可在工作时随时调整输出电压和电流。如果是恒流输出,则将电流调节为0,将电压调节为最大,然后开机,此时缓缓调节电流钮,直到所需值。如果是恒压输出,则将电压调节为0,将电流调节为最大,然后开机,缓缓调节电压旋钮至所需值。

二、注意事项

1. 请勿让电解质溶液进入仪器内部。
2. 电极线按要求连接。
3. 使用中发现异常应立即关机。
4. 电泳槽在通电中,不要用手接触槽内的任何位置,以防触电。

(宋高臣)

第四节 PCR 仪

PCR 仪适用于分子生物学、医学、食品工业、司法科学、生物技术、环境科学、微生物学、临床诊断、流行病学、遗传学、基因芯片、基因检测、基因克隆、基因表达等领域以聚合酶链反应为特征的、以检测 DNA/RNA 为目的的各种病原体检测及基因分析。

一、使用方法

1. 打开开关,视窗上显示"SELF TEST",显示 10s 后,显示 RUN‐ENTER 菜单:

RUN	ENTER
PROGRAM	PROGRAM

准备执行程序。

2. 放入样本管,关紧盖子。

3. 如果要运行已经编好的程序,则直接按"Proceed"键,用箭头键选择已储存的程序,按"Proceed"键,则屏幕显示:

ENABLE	DISABLE
heated lid	

按"Proceed"键选择 ENABLE,则开始执行程序。

4. 如果要输入新的程序,则在"RUN‐ENTER"菜单上用箭头键选择"ENTER PROGRAM",按"Proceed"键,则屏幕显示"NEW LIST EDIT DELET",按"Proceed"键,选择"NEW",命名新的程序,最多8个字母,输入后按"Proceed"键确认。

5. 输入完成的程序后,到"RUN‐ENTER"菜单,选择新程序,开始运行。

6. 用"pause"键可以暂停一个运行的程序,再按一次继续程序。用"stop"键或"Cancel"键可停止运行的程序。

二、注意事项

1. 电源电压不能波动太大,以免损坏机内器件,否则应考虑加装稳压电源。

2. 在运行程序过程中，禁止用切断电源的方式结束实验，原因有两个：其一，对执行程序不利；其二，电源切断后，风机停转，元件散热不畅，易积热损坏。

3. 样品温度探头在使用的过程中，应加有少许矿物油等，不易挥发液体。加油要适量，浸没电极头即可，禁止加水及其他易挥发液体；禁止不加油使用，以免电极头受热不均，积热损坏。平时应注意探头有无破裂，及探头内油是否外漏。

4. 应避免使用紫外线消毒，以防止破坏 LCD 液晶显示屏，使用过程中，应避免硬性物体磕碰、划伤、以免损坏。

5. 清洗基座时，应避免液体进入机器内部，在做实验过程中，也许加有放射性物质，在清洗时应格外小心。不宜在潮湿、暴晒的环境中使用。

（宋高臣）

第五节　真空冷冻干燥机

真空冷冻干燥机是将含水物品预先冻结，然后使之在真空状态下升华而获得干燥品的一种方法。经冷冻干燥的物品原有的化学、生物特性基本不变，易于长期保存，加水后能恢复到冻干前的形态，并且能保持其原有的生化特性。因此，真空冷冻干燥机在化学工业、食品工业、生物制品等领域得到广泛应用。

一、使用方法

冷冻干燥前，将欲干燥的物品置于低温冰箱或喷液氮中，使物品完全冰冻结实，方可冷冻干燥。

（一）开机操作

1. 打开总开关，同时打开制冷开关和真空计开关；调满度旋钮至 100，使真空表指针位于满刻度 10^5 处（此旋钮在冷冻干燥过程中不能再动）。

2. 为使结冰器具有充分吸附水分的能力，预冷时间不少于 30min。

3. 预冷结束后，将已准备好的待干燥物品置于干燥盘中，复将有机玻璃筒罩上，要严密，不漏气。

4. 将放气阀关紧，打开真空泵开关，冷冻干燥过程开始进行。在真空泵整个运转过程中，应少量旋开泵上的气镇阀，其作用是可净化进入泵内的少量水分或其他挥发性物质，以延长泵油寿命。

（二）关机操作

1. 首先停真空泵，打开放气阀，使空气缓慢进入冷阱。

2. 将物品取出、保存。

3. 关真空计、制冷机开关，冷冻干燥过程结束。

4. 清理冷阱内的水分和杂质，妥善保养设备，真空泵不用时应该关上出气嘴，以防脏物进入。

二、注意事项

1. 环境温度不宜太高，以不超过 30℃为好。

2. 主机与真空泵连接时可在接头上涂抹适量真空脂,再用喉箍卡紧,即可保证密封。

3. 橡胶密封圈使用前可用乙醇擦净,再薄薄地涂上一层真空脂或凡士林,有利于密封。

4. 每次真空泵干燥后,冷阱管上的冰或水要清除干净。

5. 真空泵是整个设备的重要组成部分,一定要注意保养和维护,特别是泵油要定期更换。

6. 操作过程中切勿频繁开关,如因操作失误造成压缩机停止,不能立即启动,至少要等3min后方可再次启动,以免压缩机损坏。

(宋高臣)

第六节　高压蒸气灭菌锅

高压蒸气灭菌锅,可分为手提式灭菌锅和立式高压灭菌锅。利用电热丝加热水产生蒸气,并能维持一定压力的装置。主要由一个可以密封的桶体、压力表、排气阀、安全阀、电热丝等组成。适用于医疗卫生事业,科研,农业等单位,对医疗器械,敷料,玻璃器皿、溶液培养基等进行消毒灭菌,是理想的设备。

一、使用方法

1. 在外层锅内加适量的水,将需要灭菌的物品放入内层锅,盖好锅盖并对称地扭紧螺旋。

2. 加热使锅内产生蒸气。当压力表指针达到33.78kPa时,打开排气阀,将冷空气排出,此时压力表指针下降,当指针下降至零时,即将排气阀关好。

3. 继续加热,锅内蒸气增加,压力表指针又上升,当锅内压力增加到所需压力时,将火力减小,按所灭菌物品的特点,使蒸气压力维持所需压力一定时间,然后将灭菌器断电或断火,让其自然冷却后再慢慢打开排气阀以排除余气,然后才能开盖取物。

二、注意事项

1. 待灭菌的物品放置不宜过紧。

2. 必须将冷空气充分排除,否则锅内温度达不到规定温度,影响灭菌效果。

3. 灭菌完毕后,不可放气减压,否则瓶内液体会剧烈沸腾,冲掉瓶塞而外溢甚至导致容器爆裂。须待灭菌器内压力降至与大气压相等后才可开盖。

4. 现在已有微电脑自动控制的高压蒸气灭菌锅,只需放去冷气后,仪器即可自动恒压定时,时间一到则自动切断电源并鸣笛,使用起来很方便。

(宋高臣)

第七节　恒温培养箱

主要用于医疗卫生、医药工业、生物化学、工业生产及农业科学等科研部门作微生物培养、育种、发酵及其他恒温实验。

一、使用方法

1. 开启箱门放好试样，关好箱门。

2. 通电，打开电源开关，红色指示灯亮，开始加热。按下"设定选择"开关，调节"设定调节"旋钮，待数值显示所需工作温度值，复置"设定选择"开关。

3. 升温时，绿灯亮；恒温时，红灯亮。当温度升到所需温度时，红绿灯交替跳跃，进入恒温状态，此时箱温度应以箱顶温度计指示为准。

二、注意事项

1. 试验物放置不宜过挤，使空气畅通，平均受热。
2. 用毕，将电源全部切断。
3. 保持箱内清洁，使用时不得擅自离开，以防意外。
4. 切勿将易燃易爆物品及挥发性物品放入箱内加热。箱体附近不可放置易燃物品。
5. 仪器必须有良好的接地线。

（宋高臣）

第八节　生物安全柜

生物安全柜是一种为了操作人员及其周围环境的安全，把在处理病原体时发生的污染气溶胶隔离在操作区域内的防御装置。它能将操作区域内已被污染的空气通过专门的过滤通道人为的控制排放，是一种安全的微生物实验和生产的专用设备。广泛应用于生物实验室、医疗卫生、生物制药等相关行业，对改善工艺条件，保护操作者的身体健康和环境均有良好效果。

一、使用方法

（一）开机步骤

1. 连接设备电源。
2. 打开荧光灯。
3. 检查进出风口的格栅，确保它们没有被堵塞。
4. 将风扇开关（blower switch）放在"ON"位置，打开风扇。
5. 将滑动玻璃拉高约10in（英寸：in，1in＝2.54cm）。
6. 将实验需要的物品放入工作室。
7. 进行工作。

（二）关机步骤

1. 将使用物品摆放整齐，取出废弃物。
2. 关闭工作室内的各种阀门。
3. 拉下滑动玻璃。
4. 将风扇开关（blower switch）放在"OFF"位置，关闭风扇。
5. 关闭荧光灯。
6. 断开设备电源。

二、注意事项

1. 初次安装后，设备必须被彻底测试和认证。
2. 安全柜内的任何操作均需得到生物安全人员或其他专业人员的认可。
3. 易燃易爆的物质不能在安全柜内使用。
4. 当操作人员使用安全柜时，不能打开紫外灯。当必须在紫外灯照射下操作时，操作人员必须穿戴上恰当的安全用品或衣服。向生物安全人员或专业人员咨询正确的程序。
5. 如果生物安全柜被用于生物学或毒物学的研究，那么生物安全人员或专业人员必须对安全柜进行监控。
6. 如果安全柜需要维修，必须对此安全柜进行消毒，以保护维修人员的人身安全。设备维修后，需被有资质的认证公司重新认证。
7. 工作区域内任何一个气孔都不能被覆盖或堵塞，因为这将会导致气流被破坏，样品被污染。

（宋高臣）

第四章 实验室规则及安全防护

一、实验室规则

1. 每位同学都应该自觉遵守实验室纪律，维护课堂秩序，不迟到，不早退，不大声喧哗与随意走动。

2. 实验前必须认真预习，明确实验目的，掌握实验原理，熟悉实验操作、注意事项，了解所用仪器的使用方法，否则不能开始实验。

3. 实验过程中要听从教师的指导，严肃认真地按操作规程进行实验，并把在实验过程中出现的现象、实验结果和数据及时、如实记录，按要求书写实验报告。实验报告要真实，若实验失败，要分析原因。

4. 实验台面应保持整洁，仪器、药品摆放整齐。公用试剂用完后，应立即盖严放回原处。勿使试剂、药品洒在实验台面和地上。实验完毕，须将药品试剂排列整齐，仪器洗净放好，将实验台面抹拭干净。

5. 使用药品、试剂和各物品必须注意节约，按实验实际需求使用。重要和昂贵的试剂用后要按教师要求进行回收，不得丢弃。

6. 要精心使用和爱护仪器。洗涤和使用仪器时，应小心仔细，防止损坏仪器。使用不当时所造成的损坏须酌情赔偿。仪器损坏时，应如实向教师报告，并填写仪器损坏登记表，然后补领。使用贵重精密仪器时，应严格遵守操作规程，发现故障须立即报告教师，不得擅自动手检修。

7. 注意安全。实验室内严禁吸烟！乙醇、丙酮、乙醚等易燃易爆品不能直接加热，并要远离火源操作和放置。剧毒物品要严格管理，小心使用，切勿触及伤口或误入口内。实验完毕，应立即关闭仪器开关，关好水龙头，拉下电闸。离开实验室以前应认真、负责地检查水、电、门、窗等，严防发生安全事故。

8. 一般性废液可倒入水槽内，同时放水冲走。强酸、强碱及有毒害液体不能倒入水槽，应倒入废品缸内统一处理。

9. 实验室内一切物品，未经本室负责教师批准，严禁带出室外，借物必须办理登记手续。

10. 每次实验课由班长或课代表负责安排同学轮流值日。值日生的职责是负责当天实验室的卫生、安全和一切服务性的工作。

二、实验室的安全与防护

（一）实验室安全知识

实验室中实验操作经常与毒性很强、有腐蚀性、易燃烧和具有爆炸性的化学药品直接接触，经常使用易碎的玻璃和瓷质的器皿，以及在煤气、水、电等高温电热设备的环境下进行紧张而细致的工作。因此，要求每位实验室工作人员都必须有充分的安全意识，采取严格的防范措施。

1. 进入实验室开始工作前，应了解煤气总阀门、水阀门及电闸所在处。离开实验室时，一定要将室内检查一遍，应将水、电、煤气的开关关好，门窗锁好。

2. 使用高压锅消毒时，人不得离开。消毒液体时，容器不得密闭；易燃、易爆、腐蚀、有毒等试剂，不能放入高压锅内消毒，以防爆炸；不耐高温的容器，不得置于高压锅内消毒。

3. 使用电器设备（如烘箱、恒温水浴、离心机、电炉子等）时，严防触电，绝不可用湿手开关电闸和电器开关。检查电器设备是否漏电应用试电笔，凡是漏电的仪器，一律不允许使用。

4. 使用可燃物，特别是易燃（丙酮、乙醚、乙醇、苯、金属钠等）时，应特别小心。不要大量放在桌上，更不应放在靠近火焰处。只有远离火源时，或将火焰熄灭后，才可大量倾倒这类液体。如果不慎泄漏出相当量的可燃液体，则应按如下方法处理：①立即关闭室内所有的火源和电加热器；②关门，开启小窗及窗户；③用毛巾或抹布擦拭洒出的液体，并将液体拧到大的容器中，然后再倒入带塞的玻璃瓶中。

5. 使用腐蚀性试剂如浓酸、强碱等时，必须极为小心地操作，防止溅失。若不慎溅在实验台或地面，必须及时用湿抹布擦洗干净。如果触及皮肤，应立即治疗。

6. 实验废液，特别是强酸和强碱不能直接倒在水槽中，应先稀释，然后倒入指定回收罐内。易燃和易爆炸物质的残渣（如金属钠、白磷、火柴头）不得倒入污桶或水槽中，应收集在指定的容器内。

7. 毒物应按实验室的规定办理审批手续后领取，使用时严格操作，用后妥善处理。

（二）实验室防护知识

实验中着火、爆炸、中毒、触电和割伤的危险均时刻存在，一旦发生类似情况，切不可惊慌失措，应保持镇静，然后根据具体情况积极正确处置，以防事故进一步扩大。

1. 着火　实验室经常使用大量的有机溶剂，如甲醇、乙醇、丙酮、氯仿等，而实验室也经常使用电炉、酒精灯等火源，因此极易发生着火事故。常用的灭火方法有：

（1）在可燃液体燃着时，应立刻拿开着火区域内的一切可燃物质，关闭通风器，防止扩大燃烧。若着火面积较小，可用石棉布、湿布、铁片或沙土覆盖，隔绝空气使之熄灭。但覆盖时要轻，避免碰坏或打翻盛有易燃溶剂的玻璃器皿，导致更多的溶剂流出而再着火。

（2）乙醇及其他可溶于水的液体着火时，可用水灭火。

（3）汽油、乙醚、甲苯等有机溶剂着火时，应用石棉布或土扑灭。绝对不能用水，否则反而会扩大燃烧面积。

（4）金属钠着火时，可把砂子倒在它的上面。

（5）导线、电器和仪器着火时不能用水及二氧化碳灭火器，应切断电源或用四氯化碳灭火器。

（6）衣服被烧着时切不要奔走，应迅速脱衣，用水龙头浇水灭火，火势过大时就地卧倒打滚压灭火焰。

（7）发生火灾时注意保护现场。较大的着火事故应立即报警。

2. 爆炸　实验室防止爆炸事故是极为重要的，因为一旦爆炸其毁坏力极大，后果将十分严重。加热时会发生爆炸的混合物有：有机化合物-氧化铜、浓硫酸-高锰酸钾、三氯甲烷-丙酮等。

常见的引起爆炸事故的原因有：①随意混合化学药品，并使其受热、摩擦和撞击；②易燃易爆气体大量逸入室内；③在加压或减压实验中使用了不耐压的玻璃仪器，或反应过于激烈而失去控制；④高压气瓶的减压阀摔坏或失灵；⑤在密闭的体系中进行蒸馏、回流等加热操作。

3. 中毒　实验室常见的化学致癌物有：石棉、砷化物、铬酸盐、溴乙锭等。剧毒物有：氰化物、砷化物、乙腈、甲醇、氯化氢、汞及其化合物等。中毒的原因主要是由于不慎吸入、误食或由皮肤吸收。

中毒的预防：①有毒物质应妥善保管和储藏，实验后的有毒残液要妥善处理。②凡易燃、有毒氧化剂、腐蚀剂等危险性药品要设专柜单独存放。③化学危险品在领入后要验收登记，并要经常检查，严格做好使用记录。做到"五双"管理，即双人管理、双人收发、双人领料、双人记账、双人把锁。④实验中严格遵守操作规程，制作有毒气体要在通风橱内进行，学生实验室装有排风扇，保持实验室内通风良好。⑤实验室要有三废（废气、废液、废渣）处理措施。不得随意排放超剂量废气、废液、废物。⑥实验室应备有储存废液的容器，防止污染环境。

中毒急救的方法主要有：①吸入了毒气，立即转移到室外，解开衣领，休克者应施以人工呼吸，但不要用口对口法；②误食了酸和碱，不要催吐，可先立即大量饮水，误食碱者再喝些牛奶，误食酸者，饮水后再服氢氧化镁乳剂，最后饮些牛奶；③砷和汞中毒者应立即送往医院急救。

4. 外伤　在实验过程中不慎发生受伤事故，应立即采取适当的急救措施。

（1）受玻璃割伤及其他机械损伤：首先必须检查伤口内有无玻璃或金属碎片等物，然后用硼酸水洗净，再涂擦碘酊或聚维酮碘，必要时用纱布包扎。若伤口较大或过深而大量出血，应迅速在伤口上部和下部扎紧血管止血，立即到医院诊治。

（2）烫伤：一般用浓的（90%～95%乙醇）消毒后，涂上苦味酸软膏。如果伤处红痛或红肿（一级灼伤），可擦医用橄榄油或用棉花蘸乙醇敷盖伤处；若皮肤起疱（二级灼伤），不要弄破水疱，防止感染；若伤处皮肤呈棕色或黑色（三级灼伤），应用干燥而无菌的消毒纱布轻轻包扎好，急送医院治疗。

（3）灼伤：强碱（如氢氧化钠，氢氧化钾）、钠、钾等触及皮肤而引起灼伤时，要先用大量自来水冲洗，再用5%硼酸溶液或2%乙酸溶液涂洗；强酸、溴等触及皮肤而致灼伤时，应立即用大量自来水冲洗，再以5%碳酸氢钠溶液或5%氢氧化钴溶液洗涤；如酚触及皮肤引起灼伤，可用乙醇洗涤。

5. 触电　实验室要使用大量的仪器设备，因此一定要安全用电，避免一切用电事故。

（1）要牢固树立安全用电意识，加强对工作人员和学生进行用电安全方面的教育。

（2）实验室内不准私拉乱接电线，实验室供电线路安装布局要合理、科学、方便，大楼有电源总闸，分层设分闸，备有触电保护器。

（3）总闸由每天的值日人员控制，分闸由各室的管理人员控制，每天上班下班检查启闭情况。

（4）实验室电路及用电设备要定期检修，保证安全，决不"带病"工作。如有电器失火，应立即切断电源，用沙子或灭火器扑灭。在未切断电源前，切忌用水或泡沫灭火器灭火。

（5）如发生人身触电事故，应立即切断电源，及时进行人工呼吸，急送医院救治。

（宋高臣）

第五章 实验报告的撰写

实验报告是实验的总结和汇报,通过实验报告的书写可以分析总结实验过程中的经验和问题,学会处理各种实验数据的方法,加深对有关生物化学与分子生物学原理和实验技术的理解和掌握,同时实验报告的撰写也是论文写作的基础,是一项重要的基本技能训练。一份完整的满意的实验报告应具备准确、客观、详细、简洁等特点。写好实验报告除了正确的操作外,还要依赖于仔细的观察和客观的记录,依赖于运用所掌握的理论知识对实验现象和结果进行综合分析的能力。通过实验报告的优劣也能判断实验者科研能力的高低。

一、实验报告书写的具体要求

1. 书写实验报告应简要通顺、字体清楚、无错别字,要正确使用标点符号。
2. 对实验过程中一切现象的记录要详细,原始数据和运算过程均应写在报告上,不得用草稿纸打稿然后重新填写。
3. 对原始数据不准修改,若需修改必须请示任课老师同意后方可进行,并写明原因。
4. 定量实验要求准确记录有效数字。

二、书写实验报告的基本内容

按照实验内容分为定性实验和定量实验两大类,规范的实验报告的内容应包括:①实验名称;②实验目的;③实验原理;④主要仪器和试剂;⑤实验方法(操作步骤);⑥实验结果与讨论。

定性实验报告中的实验名称和目的要求必须高度概括,针对该次实验课的全部内容和必须达到的目的要求。在完成实验报告时,可以按照实验内容分别写原理、操作方法、结果与讨论等。原理部分应简述基本原理。操作方法(或实验步骤)可用流程简图的方式或自行设计的表格来表示。结果与讨论包括实验结果及对观察现象的小结、对实验课遇到的问题和思考题进行探讨以及对实验的改进意见等。

定量实验报告中,目的和要求、原理以及操作步骤部分应简单扼要地叙述,但是对于实验条件和操作的关键环节必须写清楚。对于实验结果部分,应根据实验课的要求将一定实验条件下获得的实验结果和数据进行翔实记录,并尽量总结成各种图表,如原始数据及其处理的表格、标准曲线图以及比较实验组与对照组实验结果的图表等。另外,还应针对实验结果进行必要的说明和分析。实验结果的讨论必须要充分,尽可能地多查阅一些有关的文献和教科书,充分运用已学过的知识和理论,对得出的结论进行深入的探讨,勇于提出自己独到的分析和见解。讨论部分可以包括:关于实验方法或操作技术和有关实验的一些问题,如对实验的正常结果和异常现象以及思考题进行探讨,对于实验设计的认识、体会和建议,对实验课的改进意见等。

每个实验报告都要按照上述要求来写,必须独立完成,严禁抄袭。书写实验报告要用实验报告专用纸,以便教师批阅,不要用练习本或其他纸填写。

(宋高臣)

第二篇　经典生物化学实验

第六章　蛋白质定量分析实验

实验一　双缩脲法测定血清蛋白质含量

双缩脲法是最常用的血清蛋白质测定方法，此法基于蛋白质分子中含有的肽键，凡具有2个以上肽键的物质均有此反应。双缩脲反应因操作简单、重复性好、反应单一、试剂稳定，而被广泛应用。用于血清蛋白质测定时，与各种血清蛋白质的多肽主链部分反应产生的颜色基本一致，所以测定总蛋白质的量准确度高。本法反应迅速，受蛋白质特异性影响较小，但其灵敏度较差，其测定蛋白质范围是 1~10mg/ml。因而在测定蛋白质含量低的样品（如尿蛋白）时产生了一定的困难，故常被用于需要快速，但并不需十分精确的蛋白质测定。

【实验目的】
1. 掌握双缩脲法测定蛋白质含量的原理和操作方法；
2. 加强对蛋白质的有关性质的认识；
3. 学习分光光度计的使用。

【实验原理】
双缩脲（$NH_2CONHCONH_2$）是在碱性溶液中，由两分子尿素（NH_2CONH_2）在180℃左右加热，放出1个分子氨后生成的，它能与铜离子（Cu^{2+}）作用形成紫红色络合物（图2-1），这个反应叫双缩脲反应。凡具有两个酰胺基或两个直接连接的肽键，或通过一个中间碳原子相连的肽键的化合物，都能发生此反应。

$$2NH_2CONH_2 \xrightarrow{\text{加热}180℃} NH_2CONHCONH_2 + NH_3 \uparrow$$

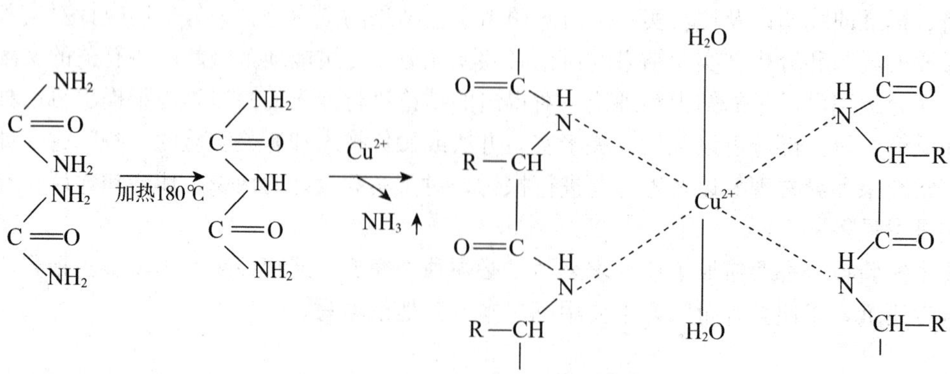

图 2-1　紫红色络合物的生成

蛋白质分子中含有很多与双缩脲结构相似的肽键，因而所有的蛋白质都可与双缩脲试剂（含铜离子）发生颜色反应。在一定的浓度范围内，产生的紫红色络合物颜色深浅与蛋白质含量成正比，与蛋白质的分子量及所含氨基酸成分无关，因此被广泛地作为蛋白质定量的方法。

在一定的实验条件下，未知样品的溶液与标准蛋白质溶液同时反应，并于540～560nm下比色，就可以通过计算或查标准曲线求出未知样品的蛋白质浓度。

【实验对象】

人或动物血清。

【仪器和试剂】

1. 仪器

(1) 可见光分光光度计。

(2) 漩涡混合器。

(3) 天平。

2. 试剂

(1) 双缩脲试剂：硫酸铜（$CuSO_4 \cdot 5H_2O$）1.50g 和酒石酸钾钠（$NaKC_4H_4O_6 \cdot 4H_2O$）6.0g 溶解于500ml蒸馏水中，在搅拌下加入10%NaOH溶液300ml，用水稀释到1L，贮存在内壁涂以石蜡的瓶中。此试剂可长期保存，以备使用。若贮存瓶中有黑色沉淀出现，则需要重新配制。

(2) 标准蛋白质溶液：用标准的结晶牛血清白蛋白（BSA）或标准酪蛋白，配制成10mg/ml的标准蛋白质溶液，可用BSA质量浓度为1mg/ml、A_{280}为0.66的标准来校正其纯度。如有需要，标准蛋白质还可预先用微量凯氏定氮法测定蛋白氮含量，计算出其纯度，再根据其纯度，称量配制成标准蛋白质溶液。牛血清白蛋白用蒸馏水或0.9%NaCl溶液配制，酪蛋白用0.05mol/L NaOH溶液配制。

(3) 待测液：即血清稀释液，人血清原液用蒸馏水稀释10倍，冰箱保存待用。测试其他蛋白质样品应稀释适当倍数，使其浓度在标准曲线测试范围内。

【实验操作】

1. 标准曲线法

(1) 标准曲线的制备：取6支干净的试管，按0～5编号，然后按表2-1依次加入试剂，充分混匀，在室温下放置30min，以0管为空白调零，在540nm波长处测定光密度值（A值），以各管蛋白质质量浓度（g/L）C值为横坐标，A值为纵坐标，绘制出标准曲线。

表 2-1 标准曲线制备操作步骤

试剂	试管号					
	0	1	2	3	4	5
标准蛋白质溶液（ml）	0	0.1	0.3	0.5	0.7	0.9
蒸馏水（ml）	1.0	0.9	0.7	0.5	0.3	0.1
双缩脲试剂（ml）	4.0	4.0	4.0	4.0	4.0	4.0
蛋白质浓度（g/L）	0	1	3	5	7	9

(2) 样品测定：

取2支试管，按表2-2操作：

表 2-2 测定样品蛋白质

试剂	试管	
	空白管	测定管
血清稀释液（ml）	0	0.1
蒸馏水（ml）	1.0	0.9
双缩脲试剂（ml）	4.0	4.0

充分混匀后，室温下（20~25℃）放置 30min，以空白管调零，在 540nm 波长处测定光密度值（A 值），根据光密度查标准曲线，即可求出血清稀释液的蛋白质浓度。

2. 标准管法

(1) 取 3 支试管按表 2-3 操作

表 2-3 标准管法检测蛋白质的反应体系

试剂	试管		
	空白管	标准管	测定管
血清稀释液（ml）	0	0	1.0
标准蛋白质溶液（ml）	0	1.0	0
蒸馏水（ml）	1.0	0	0
双缩脲试剂（ml）	4.0	4.0	4.0

(2) 摇匀，室温放置 30min 后用分光光度计于 540nm 波长处比色，以空白管调零点，测得各管光密度。

(3) 计算。根据公式 $A_{标}/A_{测}=C_{标}/C_{测}$，求得 $C_{测}=?$

$$血清蛋白质质量浓度（g/L）=C_{测}(g/L)×稀释倍数$$

【实验观察】

1. 观察标准曲线法中，制备标准曲线的各管中液体颜色有何关系。
2. 观察标准管法中，空白管、标准管、样品管的颜色各有何差别，解释之。

【注意事项】

1. 所需用的试剂标签要看清。
2. 加样要精确，加蛋白质标准液时应加到试管底部。
3. 加入双缩脲试剂后应充分混匀。
4. 双缩脲试剂要封闭贮藏，防止碱性环境中的 $CuSO_4$ 被氧化成 $Cu(OH)_2$ 沉淀。
5. 用本方法测定血清蛋白质含量时，黄疸及严重溶血的样品会产生明显干扰，含脂类极多的血清，加入双缩脲试剂后会出现混浊，因此高脂，黄疸及溶血标本应作血清空白对照来校正误差。对含脂类多的标本可用乙醚 3ml 抽提后再进行比色。
6. 计算血清蛋白质浓度时，不要忘记最终结果要乘以稀释倍数。
7. 由于各种血清蛋白质的分子量不同，故表示血清蛋白质含量时不宜用浓度（mol/L），应用质量浓度（g/L）。
8. 双缩脲试剂中酒石酸钾钠的作用是络合 Cu^{2+}，以维持 Cu^{2+} 在碱性溶液中的溶解性；碘化钾能防止 Cu^{2+} 被还原。

【临床意义】

正常血清蛋白质的质量浓度在 60~80g/L（6~8g/dl），在某些生理或病理情况下会发生含量的变化。

1. 血清总蛋白质含量关系到血液与组织间水分的分布情况，在机体脱水的情况下，血清总蛋白质含量可升高，而在机体发生水肿时，血清总蛋白质含量下降。

2. 血清总蛋白质生理性波动：长久卧床者比直立活动者低 3～5g/L；新生儿比成人低 5～8g/L；60 岁以上的老人比青壮年低约 2g/L。

3. 血清总蛋白增高见于以下情况：

（1）血液浓缩：腹泻、呕吐等脱水患者。

（2）合成增加：如多发性骨髓瘤，结核病，寄生虫感染及自身免疫性疾病等，可通过球蛋白合成的增多，使血清球蛋白浓度增加，引起总蛋白质的增加。

4. 血清总蛋白降低见于以下情况：

（1）血液稀释：过多注射低渗溶液或其他原因引起的水钠潴留。

（2）摄入量不足和消耗增加：营养不良、慢性肠胃炎、严重结核病等。

（3）合成障碍：血清蛋白质含量降低临床上最常见于肝病，血清蛋白质合成多数是在肝进行的，当肝功能障碍时，蛋白质的合成能力下降，引起蛋白质含量的降低。

（4）蛋白质丢失：严重烧伤时大量血浆渗出，肾综合征有大量尿蛋白等，导致蛋白质丢失增加，是血清蛋白质降低的常见原因之一。

【思考题】

1. 双缩脲法测定血清蛋白质的原理是什么？
2. 如何选择未知样品的用量？
3. 对于作为标准的蛋白质应有何要求？
4. 哪些因素会干扰双缩脲法测定血清蛋白质的呈色反应？

【参考文献】

[1] 韦平和. 生物化学实验与指导. 北京：中国医药科技出版社，2003.

[2] 余冰宾. 生物化学实验指导. 北京：清华大学出版社，2004.

（崔荣军）

实验二　Folin-酚试剂法测定蛋白质含量

Folin-酚试剂法，蛋白质含量测定的基本步骤最早由 Lowry 所确定，故又称为劳里法（Lowry）。该法是一种标准、可靠的蛋白质检测方法，应用广泛，其检测结果在不同蛋白质之间的差别很小。本法的优点是灵敏度高，较双缩脲法灵敏 100 倍；可检测的最低蛋白质含量达 5mg/L。通常测定范围是 20～250mg/L。缺点是费时长，还要精确控制操作时间，标准曲线也不是严格的直线形式，且专一性较差，干扰物质较多，反应速度慢，有些试剂不稳定，并可使蛋白质发生不可逆变性。

【实验目的】

1. 进一步掌握比色法或分光光度法，准确测定未知样品浓度；
2. 学习 Folin-酚法测定蛋白质含量的原理和方法；
3. 掌握蛋白质的生理意义和临床意义。

【实验原理】

Folin-酚试剂法是蛋白质含量测定中最灵敏的方法之一。曾经是应用最广泛的一种方法，由于其试剂2的配制较为困难（现在已可以订购），近年来逐渐被考马斯亮兰结合法所取代。此法的显色原理与双缩脲方法是相同的，只是加入了第二种试剂，即Folin-酚试剂，以增加显色量，从而提高了检测蛋白质的灵敏度。该法反应的第一步涉及在碱性溶液中蛋白质中的肽键与铜结合生成的铜-蛋白质复合物，第二步是由这个复合物中蛋白质部分含有的酪氨酸和苯丙氨酸残基还原磷钼酸-磷钨酸试剂（Folin试剂），使溶液呈深蓝色（钼蓝和钨蓝混合物）。在一定的条件下，蓝色深浅度与蛋白质的量成正比，应用分光光度法中的标准管法或者标准曲线法即可测出未知蛋白质的浓度。

【实验对象】

血清（使用前用生理盐水或蒸馏水稀释100倍）。

【仪器和试剂】

1. 仪器

（1）可见光分光光度计。

（2）恒温水浴箱。

（3）漩涡混合器。

（4）天平。

2. 试剂

（1）标准蛋白质溶液：称取酪蛋白粉末125mg，用0.1mol/L氢氧化钠溶液溶解，加蒸馏水到250ml，则配成500μg/ml的标准蛋白质溶液。

（2）Folin-酚试剂1，由下述四种溶液配制而成：①4％碳酸钠溶液；②0.2mol/L氢氧化钠溶液；③1％硫酸铜（$CuSO_4 \cdot 5H_2O$）溶液；④2％酒石酸钾钠溶液。

在使用前，将①和②等体积混合成碳酸钠-氢氧化钠溶液。将③与④等体积混合配成硫酸铜-酒石酸钾钠溶液。然后将这两种溶液按50：1的比例混合，即为Folin-酚试剂1。该试剂只能用一天，过期失效。

（3）Folin-酚试剂2

1）Folin-酚试剂2贮存液　在2L的磨口回流装置内加入钨酸钠（$Na_2WO_4 \cdot 2H_2O$）100g，钼酸钠（$Na_2MoO_4 \cdot 2H_2O$）25g，蒸馏水700ml，85％磷酸50ml和浓HCl 100ml，充分混匀后置于1 500ml圆底烧瓶中，沸腾后以小火回流10h，冷却后取下，再加入硫酸锂（Li_2SO_4）150g，蒸馏水50ml及数滴液体溴。然后开口继续沸腾15min（应在通风橱内进行），以驱除过量的溴。冷却后定容至1 000ml，过滤，溶液呈黄色或金黄色，变绿为不可用。以酚酞为指示剂，用Folin-酚试剂2滴定1mol/L NaOH，以标定Folin-酚试剂2的浓度。在滴定中，当溶液的颜色由红色变为紫红色、紫灰，再突然转变为墨绿时，即为终点。该试剂酸度一般为2mol/L左右，此为贮存液。也可以用氢氧化钠去滴定Folin-酚试剂2，但终点较不易掌握，此时溶液颜色由浅黄变为浅绿，再变为灰紫为终点。求出Folin-酚试剂2的当量浓度（N酚），置于棕色试剂瓶中，贮于冰箱中可长期保存。

2）Folin-酚试剂2应用液　使用前根据N值用蒸馏水将贮存液稀释至1mol/L，装于棕色瓶内使用。

【实验操作】

1. 标准曲线法

(1) 标准曲线的制备

取6支试管，按0~5编号，然后按表2-4操作。

表2-4 标准蛋白质曲线制备的反应体系

试剂	试管号					
	0	1	2	3	4	5
标准蛋白质溶液 (500μg/ml)（ml）	0	0.2	0.4	0.6	0.8	1.0
蒸馏水（ml）	1.0	0.8	0.6	0.4	0.2	0
Folin-酚试剂1（ml）	3.0	3.0	3.0	3.0	3.0	3.0
	混匀，室温放置20min					
Folin-酚试剂2（ml）	0.3	0.3	0.3	0.3	0.3	0.3
	立即摇匀，37℃保温30min					

取出，以0号管调零，于650nm处比色。以光密度值（A）为纵坐标，以标准蛋白溶液浓度为横坐标，绘制蛋白质的标准曲线。

(2) 血清样品的测定

取2支试管，按表2-5操作：

表2-5 样品蛋白质测定的反应体系

试剂	试管	
	空白管	测定管
血清稀释液（1：500）（ml）	0	0.4
蒸馏水（ml）	1.0	0.6
Folin-酚试剂1（ml）	3.0	3.0
	混匀，室温放置20min	
Folin-酚试剂2（ml）	0.3	0.3
	立即摇匀，37℃保温30min	

取出后，以空白管调零，于650nm处比色，测定光密度值（A），根据光密度查标准曲线，即可求出血清蛋白质的浓度。

2. 标准管法

(1) 取3支试管，标号，按表2-6操作。

表2-6 标准管法检测蛋白质含量的反应体系

试剂	试管		
	空白管	标准管	测定管
血清（ml）	0	0	1.0
标准蛋白质溶液（ml）	0	1.0	0
蒸馏水（ml）	2.0	1.0	1.0
Folin-酚试剂1（ml）	3.0	3.0	3.0
	混匀，室温放置20min		
Folin-酚试剂2（ml）	0.3	0.3	0.3
	立即摇匀，37℃保温30min		

取出，用分光光度计于650nm波长处比色，以空白管调零点，测得各管光密度。

(2) 计算：①根据公式 $A_{标}/A_{测}=C_{标}/C_{测}$，求得 $C_{测}=?$。
②血清蛋白质浓度 (g/L) = $C_{测}$ 稀释倍数×10^{-3}

【实验观察】

1. 标准曲线法中各管的颜色变化，并解释之。
2. 标准管法中，三个管的颜色有何变化？原因是什么？

【注意事项】

1. Folin-酚法所用的试剂是由两部分组成，试剂①相当于双缩脲试剂，可与蛋白质中的肽键起显色反应，试剂2（磷钼酸和磷钨酸混合液）在碱性条件下极不稳定，易被铜-蛋白质复合物还原成钼蓝和钨蓝。因此，在进行测定时加 Folin-酚试剂要特别小心，因为 Folin-酚试剂2仅在酸性条件下稳定，但还原反应只是在 pH=10 的条件下发生，故当 Folin-酚试剂2加到碱性的铜-蛋白质溶液中时，必须立即混匀。以便在磷钼酸-磷钨酸试剂被破坏之前（还原反应即能发生）能有效地被铜-蛋白质复合物所还原。

2. 此法也适用于酪氨酸和色氨酸的定量测定。

3. 对双缩脲反应发生干扰的离子，同样容易干扰 Lowry 反应。而且对后者的影响还要大得多。酚类、枸橼酸、硫酸铵、Tris 缓冲液、甘氨酸、糖类、甘油等均有干扰作用。浓度较低的尿素（0.5%），硫酸钠（1%），硝酸钠（1%），三氯乙酸（0.5%），乙醇（5%），乙醚（5%），丙酮（0.5%）等溶液对显色无影响，但这些物质浓度高时，必须作校正曲线。含硫酸铵的溶液，只需加浓碳酸钠-氢氧化钠溶液，即可显色测定。若样品酸度较高，显色后会色浅，则必须提高碳酸钠-氢氧化钠溶液的浓度1~2倍。

4. 由于各种蛋白质含有不同量的酪氨酸和苯丙氨酸，显色的深浅往往随不同的蛋白质而变化。因而本测定法通常只适用于测定蛋白质的相对浓度（相对于标准蛋白质）。

【临床意义】

例：Folin-酚法测定脑蛋白质水解物溶液中的多肽含量

脑蛋白质水解物是一种不含蛋白质的脑组织水解物的水溶液，能通过血-脑屏障，补给大脑营养，促进脑神经的新陈代谢，增强脑功能。脑蛋白质水解物内主要含多种人体必需的游离氨基酸及多肽，在国家质量标准中规定采用凯氏定氮法测定样品中总氮的含量，从而间接地控制多肽。由于凯氏定氮法操作繁琐，检测费用也高，国内有人用 Folin-酚法测多肽与凯氏定氮法进行比较，结果 Folin-酚法测得的多肽值与总氮结果一致，且方法更稳定。研究者在实验中发现：①从样品的结果看，多肽含量跟总氮的检测值能一一对应，说明用 Folin-酚法直接检测多肽是可行的。②用凯氏定氮法检测总氮时，检测结果受很多因素影响，人为误差大，而 Folin-酚法用仪器进行检测，方法稳定，误差较小。③凯氏定氮法测总氮时，硫酸用量多，且消化时放出含硫气体，易对环境造成污染，而 Folin-酚法所用试剂中不含有毒有害物质，不会造成污染。④用 Folin-酚法测定脑蛋白质水解物溶液中多肽含量时，由于不同的测定条件会影响样品的吸收值，因此如其他生化类产品一样，测多肽时每次需用牛血清白蛋白对照品作为对照，从直线方程中计算样品的含量。

【思考题】

1. Folin-酚试剂测定蛋白质的原理是什么？
2. 干扰 Folin-酚试剂测定蛋白质含量的因素有哪些？

【参考文献】

[1] 汪炳华. 医学生物化学实验技术. 武汉：武汉大学出版社，2002.
[2] 厉朝龙. 生物化学与分子生物学实验技术. 杭州：浙江大学出版社，2004.
[3] 高英，俞玉忠. 福林酚法测定脑蛋白质水解物溶液中的多肽含量 [J]. 海峡药学，2004，16 (6)：57-58.

（崔荣军）

实验三　紫外分光光度法测定蛋白质含量

紫外分光光度法测定蛋白质含量是将蛋白质溶液直接在紫外分光光度计中测定的方法，不需要任何试剂，操作简便迅速，且不消耗样品（可以回收），低浓度的盐和大多数缓冲液不干扰测定，多用于纯化蛋白质的微量测定。主要缺点是当待测的蛋白质与标准蛋白质中的酪氨酸和色氨酸含量差异较大时，则产生一定误差；混有核酸时，必须分别测定 280nm 和 260nm 两处的 OD 值，再按公式推算蛋白质含量。本法适用于 20～100μg/ml 蛋白质溶液的检测，超出此范围则不服从 Beer 定律。

【实验目的】

1. 掌握紫外分光光度法测定蛋白质含量的原理；
2. 熟悉紫外分光光度计的使用。

【实验原理】

蛋白质分子中含有共轭双键的酪氨酸、色氨酸等芳香族氨基酸具有吸收紫外光的性质，其吸收高峰在 280nm 处，且在此波长内吸收峰的光密度值与其浓度成正比，故可作为蛋白质定量测定的依据，但由于各种蛋白质的酪氨酸和色氨酸的含量不同，故要准确定量，必须要有待测蛋白质的纯品作为标准来比较，或已知其消光系数。另外，不少杂质在 280nm 也有一定吸收能力，可干扰测定。其中尤以核酸（嘌呤和嘧啶碱）的影响最为严重，然而核酸的最大吸收峰是在 260nm。因此溶液中蛋白质和核酸同时存在时，必须同时测定 A_{260nm} 与 A_{280nm}，然后根据两种波长的吸收度校正，以消除核酸的影响。从而推算出蛋白质的真实含量。

此外，蛋白质溶液在 238nm 的光吸收值与肽键含量成正比。利用一定波长下，蛋白质溶液的光吸收值与蛋白质浓度的正比关系，可以进行蛋白质含量的测定。对于稀的蛋白质溶液还可采用 215nm 和 225nm 的吸收差进行测定。故利用以上原理可衍生出几种紫外分光光度法测定蛋白质含量的方法。

【实验对象】

血清（使用前用生理盐水或蒸馏水稀释 500 倍）。

【仪器和试剂】

1. 仪器　紫外分光光度计。
2. 试剂　1mg/ml 蛋白质标准溶液：称取牛血清白蛋白 100mg，用 0.9％NaCl 溶解后，定容至 100ml。

【实验操作】

1. 280nm 的光吸收法　测定时，将待测蛋白质溶液倒入石英比色皿中，用配制蛋白质溶液的溶剂（水或缓冲液）做空白对照，在紫外分光光度计上直接读取 280nm 的光密度值

A_{280nm}。蛋白质浓度可以控制在 0.1~1.0mg/ml。通常用 1cm 光径的标准石英比色皿，盛有浓度为 1mg/ml 的蛋白质溶液时，A_{280nm} 约为 1.0。由此可立即计算出蛋白质的大致浓度。

2. 280nm 和 260nm 的吸收差法　含有核酸的蛋白质溶液，可分别测定其 A_{280nm} 和 A_{260nm}，用下面的经验公式，即可算出蛋白质的浓度。

蛋白质的浓度（mg/ml）= $1.45 \times A_{280nm} - 0.74 \times A_{260nm}$

此经验公式是通过一系列已知不同浓度比例的蛋白质（酵母烯醇化酶）和核酸（酵母核酸）的混合液所测定的数据来建立的。

3. 215nm 与 225nm 的吸收差法　蛋白质的稀溶液由于含量低而不能使用 280nm 的光吸收测定时，可采用此法。

用已知浓度的标准蛋白质，配制成 20~100μg/ml 的系列 5.0ml 的蛋白质溶液，分别测定 215nm 与 225nm 的光密度值，并计算出光密度差。

光密度差（Δ）= $A_{215nm} - A_{225nm}$

以光密度差（Δ）为纵坐标，蛋白质浓度为横坐标，绘出标准曲线。再测出未知样品的光密度差，即可由标准曲线上查出未知样品的蛋白质浓度。

4. 肽键测定法　用标准蛋白质溶液配制一系列 50~500μg/ml 已知浓度的 5.0ml 蛋白质溶液，测定 238nm 的光密度值 A_{238nm}，以 A_{238nm} 为纵坐标，蛋白质含量为横坐标，绘制出标准曲线，未知样品的浓度即可由标准曲线求得。

【实验观察】

1. 不同方法测定的同一蛋白质浓度是否相同？
2. 各种方法的影响因素都有哪些？

【注意事项】

1. 吸收光谱的影响　蛋白质中酪氨酸和色氨酸残基的苯环含有共轭双键，所以蛋白质溶液在 275~280nm 处有一个紫外吸收高峰。在一定浓度范围内，蛋白质溶液在最大吸收波长处的光密度与其浓度成正比，符合 Beer 定律，因此可做定量分析。由于不同蛋白质中酪氨酸和色氨酸的含量不同，所处的微环境也不同，所以不同蛋白质溶液在 280nm 的光密度值不同。据初步统计，浓度为 1.0mg/ml 的 1 800 种蛋白质及蛋白质亚基在 280nm 的光密度为 0.3~3.0，平均值为 1.25±0.51。

2. 含有核酸类物质对结果的影响　当样品中含有嘌呤、嘧啶等核酸类吸收紫外光的物质，在 280nm 处测量蛋白质含量时，会有较大的干扰。核酸在 260nm 处的光密度比 280nm 更强，但蛋白质却恰恰相反，因此可利用 280nm 及 260nm 的光密度差来计算蛋白质的含量。

3. pH 值对结果的影响　在进行测定时，由于蛋白质吸收高峰常因 pH 值的改变而有变化，因此要注意溶液的 pH 值，测定样品时的 pH 值要与测定标准曲线的 pH 值相一致。

4. 方法的适用范围　在用标准曲线法测定蛋白质含量时，对那些与标准蛋白质中酪氨酸和色氨酸含量差异大的蛋白质有一定的误差。故该法适用于测定与标准蛋白质氨基酸组成相似的蛋白质。若样品中含有嘌呤、嘧啶及核酸等吸收紫外光的物质，会出现较大的干扰，需通过校正再进行计算。

【临床意义】

例：紫外分光光度法快速测定液体奶、奶粉中蛋白质含量乳与乳制品是一类营养丰富而全面的理想食品，是人体所需蛋白质的重要来源。蛋白质是含氮的有机化合物，其含量是乳与乳制品质量的一项重要指标。乳与乳制品中蛋白质的测定方法有常量法、半微量法、可见分光光度法、吸收滴定法、直接滴定法等，基于凯氏定氮法的基本原理测定蛋白质的方法，测得的结果不完全是蛋白质，还包括一些非蛋白质类的含氮物质；直接滴定法仅适用于蛋白质含量高的样品。国内田志梅等基于蛋白质的分子结构，用紫外分光光度法快速测定液体奶、奶粉中蛋白质含量，并探讨了方法原理、标样的制备、样品的预处理、共存物质的影响。其实验结果表明，液体奶、奶粉中蛋白质掺伪检验阴性的样品，紫外分光光度法测定结果与国标方法（第一法）符合性良好；蛋白质掺伪检验甘氨酸定性阳性的样品，紫外分光光度法测定结果显著低于国标方法。得出结论，紫外分光光度法适用于液体奶、奶粉中蛋白质的快速检验和掺伪检验，紫外分光光度法适用于测定 0.1~1.0mg/ml 含量的蛋白质溶液，非蛋白质类的含氮物质如甘氨酸、尿素氮、游离氨氮、无机氨盐、水解蛋白等对结果无影响。

【思考题】
1. 蛋白质紫外吸收的物质基础是什么？
2. 紫外测定为什么要使用石英比色杯？

【参考文献】
[1] 田志梅，张永顺. 紫外分光光度法快速测定液体奶、奶粉中蛋白质含量[J]. 中国卫生检验杂志，2008，18（2）：263-264.
[2] 曹红翠. 紫外分光光度法测定蛋白质的含量[J]. 广东化工，2007，34（8）：93-94，84.
[3] 余冰宾. 生物化学实验指导. 北京：清华大学出版社，2004.

（崔荣军）

实验四　考马斯亮蓝结合法测定蛋白质含量

考马斯亮蓝结合法是比色法与色素法相结合的复合方法，有超过其他几种方法的突出优点，因而正在得到广泛的应用。考马斯亮蓝 G-250 与蛋白质结合反应十分迅速而稳定，2min 左右即达到平衡，其结合物室温下 1h 内保持稳定，且在 5~20min 之间颜色的稳定性最好。该法简便，易操作，所用试剂较少，显色剂易于配制。干扰物质少，如糖、缓冲液、还原剂和络合剂等均不影响显色。此法的缺点如第一章中所述。故该方法适用于要求灵敏度高、快速定量测定微量蛋白质，是目前灵敏度最高的蛋白质测定法。

【实验目的】
1. 通过本实验学习考马斯亮蓝结合法测定蛋白质含量的原理；
2. 了解分光光度计的结构、原理和在比色法中的应用。

【实验原理】
考马斯亮蓝 G-250 是一种染料，在游离状态下呈红色，当它与蛋白质结合后变为青色。蛋白质含量在 0~1 000μg 范围内，蛋白质-色素结合物在 595nm 下的光密度与蛋白质含量成正比，故可用比色法测定。

【实验对象】
绿豆芽或血清。

【仪器和药品】
1. 仪器
(1) 可见光分光光度计。
(2) 漩涡混合器。

2. 试剂
(1) 标准蛋白质溶液（0.1mg/ml）：称取牛血清白蛋白10mg，溶于蒸馏水并定容至100ml，制成100μg/ml的标准蛋白质溶液。
(2) 考马斯亮蓝G-250蛋白质试剂：称取考马斯亮蓝G-250 100mg，溶于90%乙醇50ml中，加入85%（m/V）磷酸100ml，最后用蒸馏水定容至1 000ml。此溶液在常温下可放置一个月。
(3) 待测蛋白质溶液：血清用0.9%的NaCl稀释1 000倍。

【实验操作】
1. 标准曲线的制作　取6支试管编号后，按表2-7加入试剂：

表2-7　标准蛋白质曲线制备反应体系

试剂	试管号					
	1	2	3	4	5	6
标准蛋白质溶液 (0.1mg/ml)（ml）	0	0.2	0.4	0.6	0.8	1.0
蒸馏水（ml）	1.0	0.8	0.6	0.4	0.2	0
G-250试剂（ml）	3.0	3.0	3.0	3.0	3.0	3.0
蛋白质含量（μg/ml）	0	20	40	60	80	100

摇匀，放置2min后在595nm波长下比色测定（比色应在1h内完成）。以牛血清白蛋白含量（μg）为横坐标，以光密度为纵坐标，绘出标准曲线。

2. 样品中蛋白质含量的测定
(1) 绿豆芽样品
1) 准确称取绿豆芽下胚轴200mg，放入研钵中，加入蒸馏水5ml在冰浴中研成匀浆，4 000r/min离心10min，将上清液倒入10ml容量瓶，再向残渣中加入蒸馏水2ml，悬浮后再4 000r/min离心10min，合并上清液，定容至10ml，为样品提取液。
2) 另取1支试管，准确加入0.1ml样品提取液，再加入蒸馏水0.9ml，考马斯亮蓝G-250试剂3ml，充分混匀，放置2min后，以标准曲线1号试管调零，在595nm波长下比色，记录光密度。

(2) 血清样品
取一只洁净试管加入待测血清蛋白质稀释液1ml，再加入考马斯亮蓝G-250试剂3ml，充分混合，放置2min后，以标准曲线1号管调零，在595nm波长下比色，记录光密度。
根据所测样品提取液的光密度，在标准曲线上查得相应的蛋白质含量（μg），按下式计算：
①绿豆芽样品蛋白质含量（μg/g鲜重）=［查得的蛋白质含量（μg）×提取液总体积

(ml)]/[样品鲜重（g）×测定时取用提取液的体积（ml）]

②血清蛋白质含量测定（g/dl）＝查得的蛋白质含量×稀释倍数×100÷10^6

【实验观察】

1. 观察制备标准曲线的各管的颜色变化。
2. 样品管的颜色大致位于什么范围？大致相当于制备标准曲线各管颜色的哪个范围内？并用数值验证之。

【注意事项】

1. 比色应在出现蓝色 2min～lh 内完成。
2. 不可使用石英比色皿，因不易洗去染色。可选用塑料或玻璃比色皿，使用后立即用少量 95％的乙醇振荡清洗，以洗去染色，塑料比色皿决不可用乙醇或丙酮长时间浸泡。

【临床意义】

例：盐酸吡格列酮的考马斯亮蓝 G-250 光度测定法

盐酸吡格列酮（pioglitazone hydrochloride）是一种新型的胰岛素增敏剂，于 1999 年 7 月获美国 FDA 批准用于治疗Ⅱ型糖尿病，盐酸吡格列酮为噻唑烷二酮类胰岛素增敏剂，通过增强外周组织和肝对胰岛素的敏感性，改善胰岛素对葡萄糖和脂肪代谢的控制，减少肝糖的产生和输出，从而具有降低血糖和血脂的作用，有明确的改善胰岛素抵抗，降低空腹血糖和糖化血红蛋白的效果，同时还可调节脂质代谢，降低致动脉粥样硬化的危险因素，并减轻胰岛 B 细胞负担，对胰岛 B 细胞有良好的保护作用，是一种新型口服抗Ⅱ型糖尿病药。盐酸吡格列酮的测定方法主要有紫外光谱法、高效液相色谱法、液相-质谱联用法、气相色谱法和放射性核素标记等方法。分光光度法因操作简便、快速、仪器价廉而在药物分析中被广泛采用。国内谭蓉等研究发现，在 pH＝6.85 的 $NaH_2PO_4 \cdot Na_2HPO_4$ 缓冲介质中，盐酸吡格列酮与考马斯亮蓝 G-250 通过静电作用和疏水作用，形成离子缔合物，最大褪色波长为 570nm，且线性关系良好，灵敏度较高，从而建立测定盐酸吡格列酮光度法。研究者还对该体系的吸收光谱特征、适宜的反应条件、缔合比及干扰物的影响进行了研究，同时进行回收率试验，回收率满意。与文献方法比较，考马斯亮蓝结合法线性范围宽、检测限较低、灵敏度较高、重现性好、操作简单快速、仪器成本价廉、所用溶剂（水）对人体无害，进一步拓宽了盐酸吡格列酮含量的测定方法，适于基层药品的质量控制。血清蛋白质含量的临床意义同前文所述。

【思考题】

1. 考马斯亮蓝结合法测定蛋白质含量的原理是什么？还有哪些蛋白质定量法？
2. 如何正确使用分光光度计？

【参考文献】

[1] 谭蓉，秦宗会，刘於生，等. 盐酸吡格列酮的考马斯亮蓝 G250 光度测定法 [J]. 化学试剂，2009，31（9）：705－708.

[2] 余冰宾. 生物化学实验指导. 北京：清华大学出版社，2004.

（崔荣军）

第七章 层析实验

实验五 纸层析法观察转氨基作用

【实验目的】
1. 了解分配层析法基本原理,掌握纸层析的原理和操作技术;
2. 掌握氨基转移作用。

【实验原理】
转氨基作用是氨基酸代谢中的一个重要反应(图2-2)。在氨基转移酶的催化作用下,将氨基酸的氨基转移到α-酮酸上而生成相应的α-酮酸和氨基酸。每种转氨基反应均由专一的氨基转移酶催化,氨基转移酶广泛分布于机体各器官、组织中,其中最重要的两种氨基转移酶是谷丙转氨酶(ALT)和谷草转氨酶(AST)。

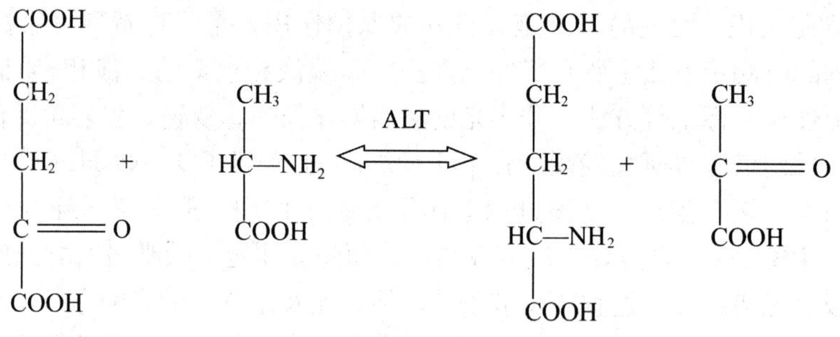

α-酮戊二酸   丙氨酸   谷氨酸   丙酮酸

图2-2 转氨基作用

本实验用纸层析法来观察α-酮戊二酸与丙氨酸在肝谷丙转氨酶(ALT)催化下的转氨基作用。

纸层析是以滤纸作为支持物的分配层析法,是利用物质在两种或两种以上不同的混合溶剂中的分配系数不同而达到分离的一种实验方法。水和滤纸纤维素有较强的亲和力,因而其扩散作用降低形成固定相,有机溶剂和滤纸亲和力弱,所以在滤纸毛细管中自由流动,形成流动相,由于混合液中各种氨基酸的分配系数值不同,其在两相中的分配数量及移动速率(即迁移率 R_f 值)就不同,从而达到分离的目的。

迁移率:在一定条件下,在相同的时间内某一组分在固定相移动的距离与流动相本身移动的距离之比值,常用 R_f 来表示。R_f 值决定于被分离物质在两相间的分配系数以及两相间的体积比。由于在同一实验条件下,两相体积比是一常数,所以 R_f 值主要决定于分配系数。物质在一定溶剂中的分配系数是一定的,R_f 值也是恒定的,不同物质分配系数不同,R_f 也就不同。因此可以根据 R_f 值来鉴定被分离的物质。R_f 值的计算公式为:

$$R_{\text{f}} = \frac{\text{斑点中心到原点的距离}}{\text{溶剂前缘到原点的距离}}$$

影响 R_{f} 值的主要因素：

1. 物质的结构和分子极性　不同的物质结构、极性不同，在两相中的溶解度也就不同，物质的极性决定了物质在水和有机溶剂之间的分配情况，极性大的，R_{f} 值小；相反，极性小的易溶于有机溶剂（流动相）中，R_{f} 值大。

2. 层析溶剂　首先溶剂的纯度要高；溶剂系统应选择被分离的物质在溶剂系统中的 R_{f} 值在 0.05～0.85，样品被分离物质的组分的 R_{f} 值之差最好大于 0.05；有些溶剂系统必须新鲜配制，如正丁醇-甲酸-水系统久放易引起酯化；溶质和溶剂之间若能形成氢键会影响分配系数。

3. pH 值　溶剂、滤纸和样品的 pH 值都会影响物质的解离，从而影响物质的极性和溶解度，溶剂的 pH 值还可以影响流动相的含水量，若溶剂的酸碱度大，吸水量多，则使极性物质的 R_{f} 值增加。

4. 实验室的温度和时间　温度通过影响物质在两相中的溶解度而影响分配系数；也影响滤纸纤维的水合作用，从而影响固定相的体积；此外温度能显著地影响溶剂系统的含水量，即影响流动相的组分比例，因此层析必须在恒温条件下进行。

5. 其他　滤纸要清洁、质地均一、厚薄一致；滤纸纤维松紧度适中，具有一定的机械强度；样品溶液中杂质的存在会影响氨基酸的 R_{f} 值。

【仪器和试剂】

1. 仪器

（1）毛细管。

（2）电热吹风机或恒温干燥箱。

（3）层析缸。

（4）层析滤纸。

（5）小型玻璃喷雾器。

（6）铅笔、直尺等。

（7）恒温水浴箱。

2. 试剂

（1）0.01mol/L pH＝7.4 磷酸缓冲液：0.2mol/L 的 Na_2HPO_4 溶液 81ml 与 0.2mol/L NaH_2PO_4 溶液 19ml 混匀，以蒸馏水稀释 20 倍。

0.2mol/L Na_2HPO_4：取 $Na_2HPO_4 \cdot 12H_2O$ 7.16g 加水至 100ml。

0.2mol/L Na_2HPO_4：取 $NaH_2PO_4 \cdot 2H_2O$ 3.12g 加水至 100ml。

（2）0.1mol/L 丙氨酸溶液：称取丙氨酸 0.891g 先溶于少量 0.01mol/L pH＝7.4 磷酸缓冲液中，以 1mol/L NaOH 仔细调节到 pH＝7.4 后，用磷酸缓冲液加至 100ml。

（3）0.1mol/L α-酮戊二酸溶液：称取 α-酮戊二酸 1.46g 先溶于少量 0.01mol/L pH＝7.4 磷酸缓冲液，以 1mol/L NaOH 仔细调节至 7.4 后，用磷酸缓冲液加至 100ml。

（4）0.1mol/L 谷氨酸溶液：称取谷氨酸 0.735g 先溶于少量 0.01mol/L 磷酸缓冲液（pH＝7.4）中，以 1mol/L NaOH 仔细调节到 pH＝7.4 后，用磷酸缓冲液加至 50ml。

（5）0.5％茚三酮溶液：称取茚三酮 0.5g 溶于 100ml 丙酮中。

（6）层析溶剂（80％苯酚）：称取 80g 苯酚加 20ml 蒸馏水即可。注意加蒸馏水过多会出现混浊。

【实验操作】

1. 肝匀浆制备　取新鲜的动物肝 1g 在研钵中用剪刀剪碎，加入冰冷的 0.01mol/L pH=7.4 磷酸缓冲液 9ml，迅速研成匀浆。

2. 保温　取离心管 2 支，标明测定管与对照管，各加入肝匀浆 0.5ml，测定管放入 37℃ 水浴保温 10min，对照管放入沸水浴中煮 10min，冷却后，于两管中各加 0.1mol/L 丙氨酸 0.5ml，0.1mol/L 的 α-酮戊二酸 0.5ml，0.01mol/L pH=7.4 磷酸缓冲液 1.5ml，摇匀，放进 37℃ 水浴保温 1h，保温完毕后立即将两只离心管放入沸水浴中 10min，以终止反应，取出冷却后，将两管离心，上清液备用。

3. 层析　取直径 10cm 的圆形滤纸一张，用圆规作半径 1cm 的同心圆，通过圆心作两条相互垂直的线（图 2-3A）。在 1、3 点两处分别点测定管和对照管上清液各 1 滴。在 2,4 点两处分别点 0.1mol/L 丙氨酸和 0.1mol/L 谷氨酸各 1 滴。方法是用毛细管在滤纸上点样，注意斑点不可太大（一般为直径 0.5cm），用吹风机吹干后在滤纸圆心处打一小孔（如铅笔芯大小）另取同类滤纸直径约 1.5cm，下一半剪成须状，卷成圆筒如灯芯，插入小孔（勿使突出滤纸面，如图 2-3B 所示）。将层析溶剂放入扩散皿的内室，将滤纸平放在扩散皿上，灯芯浸入溶剂中，将另一同样大小扩散皿反盖上。可见溶剂沿灯芯上升到滤纸，再向四周扩散，当溶剂前缘距滤纸边缘约 1cm 时，即可取出，用吹风机吹干或在 60℃ 烘箱中烤干。

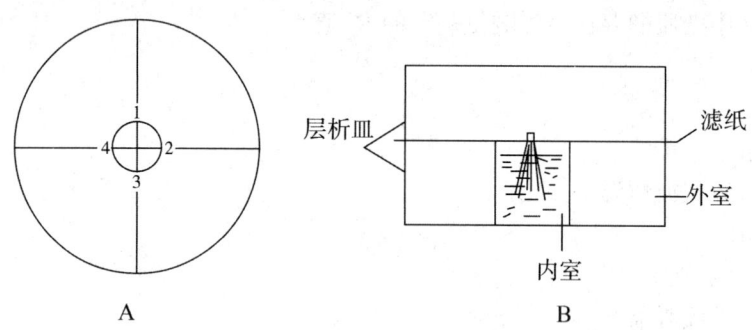

图 2-3　水平纸层析示意图

A 层析滤纸示意图　　　　B 层析装置示意图

4. 显色　将上述滤纸放平，用喷雾器喷上 0.5% 茚三酮溶液，再吹干或烤干。此时，可见紫色的同心弧色斑的位置及色泽深浅，计算弧色斑各自的 R_f 值。

【结果与计算】

1. 用铅笔将层析色谱轮廓和中心点描出来。
2. 测量原点至色斑斑点中心和至溶剂前缘的距离，计算各色斑的 R_f 值并讨论。

【注意事项】

层析溶剂 80% 苯酚有腐蚀性，操作时注意不要洒到手上和溅到脸上，以免引起灼伤。如不小心洒到手上要马上用大量的流水冲洗，必要时及时就医。

【思考题】

1. 氨基酸的脱氨基作用有几种方式？哪种最重要？
2. 体内重要的转氨酶主要有两种 ALT 和 AST，请问测定它们的临床意义分别是什么？

（朴金花）

实验六　葡聚糖凝胶柱层析分离血红蛋白与鱼精蛋白

【实验目的】
1. 了解凝胶层析的原理；
2. 初步掌握凝胶层析技术及其应用。

【实验原理】
血红蛋白（Hb，红色）分子量为 64 500；二硝苯-鱼精蛋白（黄色）分子量为 2 000～12 000。根据两者分子量不同，可以通过凝胶层析将二者从混合液中分离。本实验以交联葡聚糖凝胶 G-50（Sephadex G-50）为固定相，蒸馏水作为流动相洗脱分离，可以直接观察到红色的血红蛋白洗脱较快，而黄色的鱼精蛋白洗脱较慢。

Sephadex-G 是具有三维空间网状结构的高分子化合物。其最基本骨架是葡聚糖，是以右旋葡萄糖为残基的多糖，分子间连接主要是 α-1,6-糖苷键（约占 95%），分支间为 1,3-糖苷键（约占 5%），1-氯-2,3-环氧丙烷为交联剂将链状结构连接（图 2-4）。

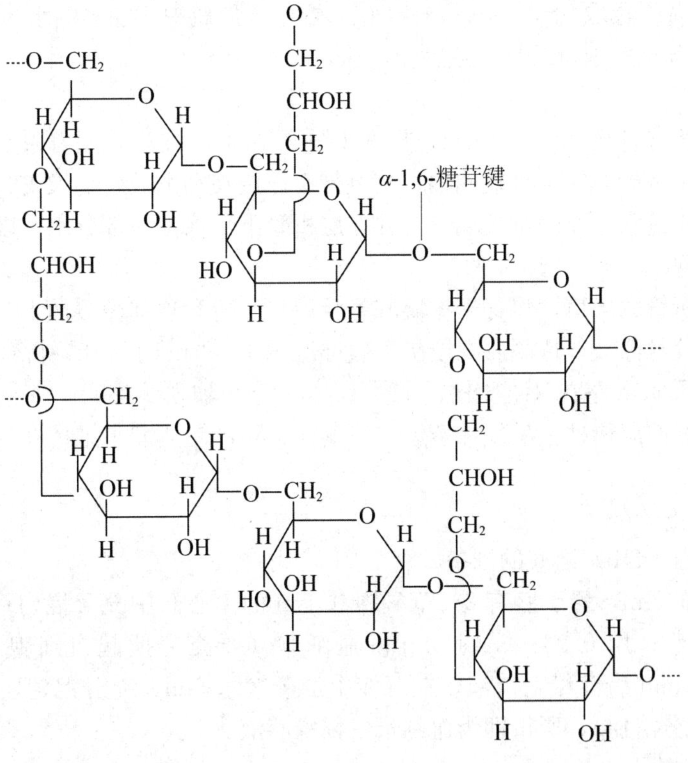

图 2-4　Sephadex G-50 结构示意图

【仪器和药品】
1. 仪器
(1) 离心机。
(2) 沸水浴。
(3) 722s 型分光光度计，或 722 型分光光度计，或 723 型分光光度计。
(4) 玻璃层析柱，直径 0.8～1.5cm，长度 17～20cm。

(5) 100ml 试剂瓶。

(6) 1 000ml 量筒。

(7) 100ml 锥形瓶。

(8) 50ml、100ml 烧杯。

(9) 10ml 刻度试管。

2. 试剂

(1) Sephadex G-50。

(2) 2% 草酸钾：取草酸钾 2g，加蒸馏水少许使溶解，再加蒸馏水至 100ml。

(3) 0.9% NaCl：取 NaCl 0.9g，加蒸馏水少许使溶解，再加蒸馏水至 100ml。

(4) 鱼精蛋白。

(5) 10% $NaHCO_3$：取 $NaHCO_3$ 10g，加蒸馏水少许使溶解，再加蒸馏水至 100ml。

(6) 二硝基氟苯。

(7) 95% 乙醇。

【实验操作】

1. 凝胶的制备　称取 Sephadex G-50 1g，置于锥形瓶中，加蒸馏水 30ml，在沸水浴中煮沸 1h，取出冷却至室温待装柱（或室温溶胀：浸泡 3h）。

2. 装柱

(1) 取层析管（直径 0.8~1.5cm，长度 17~20cm）一支，先用自来水洗净，再用蒸馏水冲洗；在底部填装砂芯或少许玻璃棉，装上带有螺旋夹和细玻管的橡皮管，垂直置于铁架上；柱中先加入少量水，充满细玻璃管，并在层析管下部保留一部分水，以排除层析柱底部及细玻管内的气泡。

(2) 关闭层析管的出口，将葡聚糖凝胶悬浮液自层析管顶部缓缓加入，边加入边不断轻轻搅拌葡聚糖凝胶悬浮液；待凝胶在层析管底部沉积 1~2cm 时打开层析管出口，继续加凝胶至距层析管管顶 3cm 左右（凝胶柱长 10~15cm）停止加入凝胶。

(3) 在沉淀好的层析柱上反复加蒸馏水平衡 10min，使蒸馏水维持在层析柱平面上 3~4cm 高度。

3. 样品的制备

(1) 血红蛋白（Hb）溶液的制备

采集新鲜兔血 2ml，置于盛有 2% 草酸钾 0.1ml 的离心管中充分混匀；2500r/min 离心 5min，弃上层血浆；用 0.9% NaCl 5ml 洗血细胞（要充分搅起血细胞），重复洗三次，3500r/min 离心 5min 后弃尽上清液，在沉淀中加蒸馏水 5ml，充分混匀，放置冰箱中过夜（沉淀的血细胞充分溶血），所得即为血红蛋白稀释溶液。

(2) DNP-鱼精蛋白的制备

1) 称取鱼精蛋白 0.15g，加入 10% $NaHCO_3$ 溶液 1.5ml 充分溶解（pH=8.5~9.0）。

2) 另取二硝基氟苯 0.15g，加入微热的 95% 乙醇 3ml，充分溶解后立即倒入上述鱼精蛋白溶液中；将混合液置于沸水浴中煮沸 5min，冷却后加 2 倍体积的 95% 乙醇，可见黄色的 DNP-鱼精蛋白沉淀；离心 5min，弃去上清液；沉淀物用 95% 乙醇洗 2 次，所得沉淀用蒸馏水 1ml 溶解即为 DNP-鱼精蛋白溶液，备用。

(3) 样品溶液

取血红蛋白稀释液 0.5ml，加 DNP-鱼精蛋白溶液 1ml，充分混匀即得到样品溶液。

4. 加样　打开层析管出口，待层析床表面蒸馏水下降至层析柱床面正好露出时（但不要干胶）；迅速用滴管将样品溶液4滴（约0.3ml）沿层析管内壁缓缓地加于层析床表面，操作过程中注意尽量不使床面搅动；打开层析管出口，使样品进入床内，待层析柱床面重新露出时重复上法加入1~2倍于样品体积的蒸馏水，使样品完全进入层析柱床内。当蒸馏水将近流干时，加入蒸馏水使其充满层析柱上面空间，开始洗脱。

5. 洗脱与收集　调节层析管出口处螺旋夹，控制洗脱速度在0.5~1.0ml/min（10~15滴/分），反复加入蒸馏水洗脱，同时可以观察到黄、红两条区带逐渐分开；当红色的血红蛋白区带到达玻管下端时，用带刻度的离心管收集流出液，直至红色液全部流出为止，待测。用另一离心管收集黄色的DNP-鱼精蛋白洗脱液，直至黄色液全部洗出为止。

【结果与计算】

取一干净试管吸取前述制备的血红蛋白液0.1ml，加蒸馏水至5ml作为标准管（上柱前液）；另取一支试管吸取层析洗脱收集的血红蛋白液0.1ml加蒸馏水至5ml为测定管；以蒸馏水为对照，540nm波长测标准管及层析洗脱收集管液体光密度值，按下列公式计算血红蛋白的回收率：

$$血红蛋白回收率（\%）=\frac{洗脱收集液光密度值}{上柱前液光密度值}\times 100\%$$

【注意事项】

1. 制备层析柱加入凝胶时速度应均匀，并使凝胶均匀下沉，避免层析床分层，防止柱内有气泡。如果凝胶表面不平整，可以用细玻棒在凝胶表面轻轻搅动，再让凝胶自然沉淀，使层析床表面达到平整。

2. 实验完毕后，将凝胶全部回收处理，以备下次实验使用，严禁将凝胶丢弃或倒入水池中。

【思考题】

分子筛层析的基本原理是什么？

（朴金花）

实验七　离子交换层析分离混合氨基酸

【实验目的】

1. 了解离子交换层析的原理；

2. 掌握离子交换柱层析的方法分离混合氨基酸。

【实验原理】

本实验用磺酸型阳离子交换树脂（Dowex 50）分离酸性氨基酸（天冬氨酸）、中性氨基酸（丙氨酸）和碱性氨基酸（赖氨酸）的混合液。氨基酸为两性解离电解质，不同的氨基酸的等电点不同，在特定的pH条件下，它们的解离程度不同，所以与离子交换树脂的亲和力也不同，因此通过改变洗脱液的pH值或离子强度可分别洗脱而分离混合氨基酸。

【仪器和试剂】

1. 仪器

（1）沸水浴。

（2）橡皮管。

(3) 50ml 量筒。

(4) 层析柱，直径 0.8～1.2cm，长度为 10～12cm。

(5) 分液漏斗。

(6) 分光光度计。

2. 试剂

(1) 磺酸型阳离子交换树脂（Dowex 50）。

(2) 2mol/L HCl。

(3) 2mol/L NaOH。

(4) 0.1mol/L pH＝4.2 枸橼缓冲液（0.1mol/L 枸橼酸 54ml 与 0.1mol/L 枸橼酸钠 46ml 混合）。

(5) 0.1mol/L HCl。

(6) 0.1mol/L NaOH。

(7) pH＝5，0.2mol/L 乙酸缓冲液（0.2mol/L NaAc 70ml 加 0.2mol/L HAc 30ml 混匀）。

(8) 0.2％酸性茚三酮溶液（0.2g 茚三酮溶于 90ml 丙酮中，再加冰乙酸 5ml 和蒸馏水 5ml）。

(9) 0.2％茚三酮溶液（0.2g 茚三酮溶于 100ml 丙酮中）。

(10) 氨基酸混合液：丙氨酸、天冬氨酸、赖氨酸各 10mg 溶于 0.1mol/L HCl 1ml 中。

【实验操作】

1. 树脂的处理　100ml 烧杯中置树脂约 10g，加 2mol/L HCl 25ml 搅拌 2h，倾去酸液，用蒸馏水充分洗涤树脂至中性。加 2mol/L NaOH 25ml 至上述树脂中搅拌 2h，倾去碱液，用蒸馏水洗涤至中性。将树脂悬浮于 pH＝4.2 枸橼酸缓冲液 50ml 中备用。

2. 装柱　取直径 0.8～1.2cm，长度为 10～12cm 层析柱，底部垫玻璃棉或海绵圆垫，自顶部注入经处理的上述树脂悬浮液，关闭层析柱出口，待树脂沉降后，放出过量的溶液，再加入一些树脂，至树脂沉积至 8～10cm 高度。在柱子顶部继续加入 pH＝4.2 枸橼酸缓冲液洗涤，使流出液 pH 值达 4.2 为止。关闭柱子出口保持液面在树脂表面上 1cm 左右。

3. 加样、洗脱及洗脱液收集

(1) 打开出口使缓冲液流出，待液面几乎平齐树脂表面，关闭出口（不可使空气进入树脂表面）用长滴管将 15 滴氨基酸混合液加到树脂顶部，打开出口使其缓慢流入柱内，当液面刚平树脂表面时，加入 0.1mol/L HCl 3ml，以 10～12 滴/分的流速洗脱。开始收集洗脱液，每管 10 滴，逐管收存。当 HCl 液面刚平树脂表面时，用 pH＝4.2 枸橼酸缓冲液 1ml 冲洗柱壁一次，接着用 pH＝4.2 枸橼酸缓冲液 2ml 再冲洗柱壁一次，随后继续用 pH＝4.2 柠檬酸缓冲液洗脱，保持流速 10～12 滴/分，并注意勿使树脂表面干燥。

在收集洗脱过程中，逐管用茚三酮检验氨基酸的洗脱情况：于 10 滴洗脱液中加 10 滴乙酸缓冲液（pH＝5）及 10 滴 0.2％茚三酮溶液，沸水浴中煮 10min，如果溶液显示紫蓝色表明已有氨基酸洗脱下来。显色的深度可代表溶液的浓度，可比色测定。

(2) 再用 pH＝4.2 枸橼酸缓冲液把第二个氨基酸洗脱出来之后，再收集第二管茚三酮反应阴性部分，关闭层析柱出口，将树脂顶部的剩余 pH＝4.2 枸橼酸缓冲液移去。

(3) 于树脂顶部加入 0.1mol/L NaOH 2ml，打开出口使其缓慢流入柱内，按上面操作继续用 0.1mol/L NaOH 洗脱并逐管收集（持流速 10～12 滴/分），每管 10 滴。用酸性茚三酮溶液检测洗脱液中氨基酸是否存在。当第三个氨基酸用 0.1mol/L NaOH 洗脱下来以后，再继续收集第三管茚三酮反应阴性部分。

在收集洗脱液的过程中，逐管用茚三酮检验氨基酸的洗脱情况，方法：于10滴洗脱液中加10滴乙酸缓冲液（pH=5）及10滴0.2%茚三酮溶液，沸水浴中煮10min，如溶液显紫蓝色表示已有氨基酸洗脱下来。显色的深度可代表洗脱的氨基酸浓度，可比色测定。

【结果与计算】

以洗脱液各管光密度（以蒸馏水做空白，在570nm波长，读取光密度）为纵坐标，洗脱液管号为横坐标作图，即可画出一条洗脱曲线。

【注意事项】

在装柱时必须防止气泡、分层现象发生，如果出现分层需要重新装柱。

【思考题】

什么是两性解离？为什么不同的氨基酸在同一pH值条件下所带的电荷、电量不同？

（朴金花）

第八章 电泳实验

实验八 醋酸纤维素薄膜电泳

【实验目的】

1. 掌握醋酸纤维素薄膜电泳操作技术。
2. 测定血清中各种蛋白质的相对含量。

【实验原理】

醋酸纤维素薄膜电泳是以醋酸纤维素薄膜作为支持介质的一种电泳方法。本实验将其用于分离血浆蛋白质或血浆脂蛋白。将少量新鲜样品点在缓冲液中浸过的醋酸纤维素薄膜上，薄膜两端经过滤纸与电泳槽中缓冲液相连，所用缓冲液 pH 值为 8.6，血清蛋白和血浆脂蛋白在此缓冲液中均带有负电荷，在电场中移向正极，由于带有电荷数量及分子量不同而泳动速度不同，电泳一定时间后，将薄膜取出立即染色，在薄膜上显示出不同的蛋白质区带。该方法按照从阳极至阴极方向：可将血清蛋白质分为清蛋白、$α_1$ 球蛋白、$α_2$ 球蛋白、β 球蛋白和 γ 球蛋白；可将血浆脂蛋白分为乳糜微粒、β 脂蛋白、前 β 脂蛋白和 α 脂蛋白。若进行定量测定，采用分别洗脱比色法和扫描法，计算出各种蛋白质的相对百分含量。

【实验对象】

血清、血浆或质控血清（新鲜无溶血现象）。

【仪器和药品】

（一）仪器

（1）电泳仪。

（2）分光光度计。

（3）醋酸纤维素薄膜（2cm×8cm）、点样器、滤纸、剪刀、铅笔、镊子、圆规、直尺。

（二）试剂

1. 血清蛋白质醋酸纤维素薄膜电泳

（1）巴比妥-巴比妥钠缓冲液：pH=8.6，0.07mol/L，离子强度 0.06；称取 1.66g 巴比妥（A.R）和 12.76g 巴比妥钠（A.R），置于盛有 200ml 蒸馏水的三角烧瓶中，稍加热使之溶解，冷却后移至 1 000ml 容量瓶中，用蒸馏水定容至 1 000ml，置 4℃保存备用。

（2）染色液（选择一种）：

1）氨基黑染色液：称取 0.5g 氨基黑 10B，加蒸馏水 40ml，甲醇 50ml，冰乙酸 10ml，混匀溶解后置具塞试剂瓶内贮存；

2）丽春红染色液：称取丽春红 0.9g，三氯醋酸 13.4g，磺柳酸 13.4g，用蒸馏水加至 1 000ml 溶解，备用。

（3）漂洗液（选择一种）：

1）氨基黑漂洗液：取甲醇或乙醇 50ml，冰乙酸 5ml，蒸馏水 50ml，混匀即可；

2）丽春红漂洗液：7% 冰乙酸。

(4) 透明液：取冰醋酸（A.R）25ml，无水乙醇（A.R）75ml，混匀置试剂瓶内，塞紧瓶塞，备用。

(5) 浸出液：0.4mol/L NaOH 溶液；

2. 血浆脂蛋白电泳

(1) 巴比妥-巴比妥钠缓冲液：pH＝8.6，离子强度 0.075；称取巴比妥（A.R）2.768g 和巴比妥钠（A.R）15.458g，置于盛有 300ml 蒸馏水的三角烧瓶中溶解，冷却后移至 1 000ml 容量瓶中，用蒸馏水定容至 1 000ml，置4℃保存备用。

(2) 染色液：

1) 1％苏丹黑染色液：称取苏丹黑 B1g，溶于石油醚-无水乙醇（1∶4）溶液 100ml。

2) 亚硫酸品红染色液：取碱性品红 0.5g 溶于 100ml 沸水中，冷却至约 60℃加 1mol/LHCl 20ml，待冷却至室温，加偏重亚硫酸钠（或偏重亚硫酸钾）2g，混合，置 4℃冰箱过夜，次日加活性炭 1g，混合后过滤，滤液应为无色，塞紧瓶口，4℃保存。

(3) 漂洗液：

1) 氨基黑漂洗液：取 95％乙醇（A.R）45ml，冰乙酸（A.R）5ml，蒸馏水 50ml，混匀置具塞试剂瓶贮存；

2) 亚硫酸品红浸出液：二甲基亚砜 9 份加甲酸 1 份为 1 号浸出液；0.4mol/L NaOH 为 2 号浸出液。

(4) 透明液：取冰醋酸 5ml，无水乙醇 20ml，蒸馏水 115ml，双丙酮醇 60ml 混匀即成。

【实验操作】

1. 醋酸纤维素薄膜的润湿和选择　将醋酸纤维素薄膜切成 2cm×8cm 大小，在无光泽面的一端约 1.5cm 处，用铅笔轻划一直线，作为点样位置。然后将无光泽面向下，置于盛有巴比妥缓冲液的培养皿中浸泡，待充分浸透（约 20min）即无白色斑点后取出，用洁净滤纸轻轻吸去表面多余缓冲液。

2. 电泳槽的准备　在两个电极槽中，各倒入等体积的电极缓冲液，在电泳槽的两个膜支架上，各放两层滤纸条，使滤纸一端的长边与支架前沿对齐，另一端浸入电极缓冲液内。当滤纸条全部湿润后，用玻璃棒轻轻挤压在膜支架上的滤纸以驱赶气泡，使滤纸的一端能紧贴在膜支架上，滤纸条是两个电极槽联系醋酸纤维薄膜的桥梁，因而称为滤纸桥（图 2-5）。

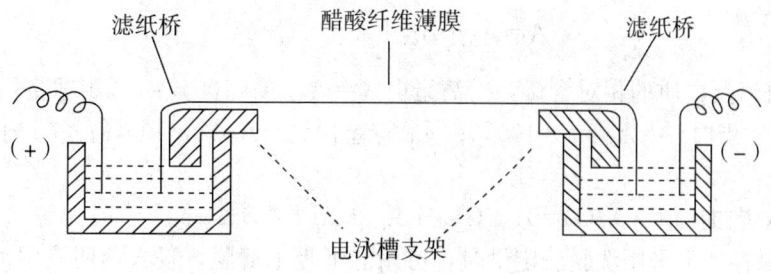

图 2-5　电泳槽的准备示意图

3. 点样与电泳　取出浸透的薄膜，平放在滤纸上（无光泽面向上），轻轻吸去多余的缓冲液。用点样器蘸取血清或血浆，"印"在薄膜的点样区（图 2-6），点样区要呈粗细均匀一直线，并避免弄破薄膜。将点好样的薄膜两端紧贴在电泳槽支架的滤纸桥上，点样端置负极，平衡 10min，接通电源，调节电流为 0.4～0.6mA/cm 宽，电压为 10～12V/cm 长，电泳 45~60min。

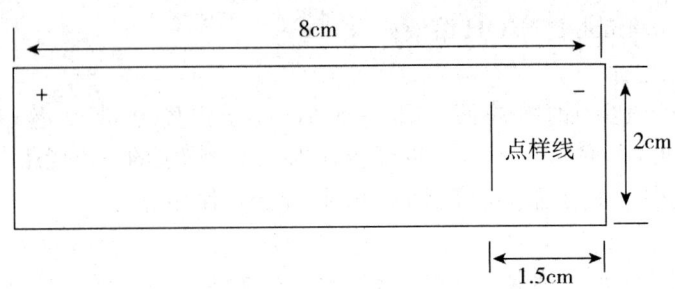

图 2-6 点样示意图

4. 染色与漂洗 电泳完毕后,切断电源,将薄膜直接浸于染色液中。

(1) 血清蛋白质电泳时,将薄膜置于氨基黑或丽春红染色液中,5~10min 后取出。然后用漂洗液浸洗 3 遍,每次约 10min,直至背景无色为止,用滤纸吸干表面水分。

(2) 血浆脂蛋白电泳时,将薄膜直接浸于苏丹黑 B 或亚硫酸品红染色液中,15min 后取出。然后用漂洗液浸洗 3 遍,每次约 10min,直至背景无色为止。

5. 结果判断 一般经漂洗后,薄膜上可呈现清晰的分离区带。

(1) 由正极端起,分离血清蛋白质依次为清蛋白、α_1-球蛋白、α_2-球蛋白、β-球蛋白和 γ-球蛋白。

(2) 由正极端起,分离血浆脂蛋白依次为乳糜微粒(空腹时观察不到)、α-脂蛋白、前 β-脂蛋白和 β-脂蛋白。

6. 定量测定 将未经透明处理的电泳区带依次剪下,另取一段与各区带近似宽度的无蛋白质附着的空白薄膜,分别浸于 0.4mol/L NaOH 溶液 4.0ml 中,色泽浸出后以空白膜条洗出液为空白调零,测定各管的吸光度。使用丽春红染色液,在 520nm 处比色;采用氨基黑染色液时,在 590nm 处比色。

血清蛋白质电泳的计算

(1) 光密度总和

$$A = A_A + A_{\alpha 1} + A_{\alpha 2} + A_\beta + A_\gamma$$

(2) 各血清蛋白质的相对含量:①清蛋白%=$A_A/A\times 100\%$;②$\alpha 1$ 球蛋白%=$A_{\alpha 1}/A\times 100\%$;③$\alpha 2$ 球蛋白%=$A_{\alpha 2}/A\times 100\%$;④$\beta$ 球蛋白%=$A_\beta/A\times 100\%$;⑤γ 球蛋白%=$A_\gamma/A\times 100\%$

(3) 白球蛋白比值 (A/G)=$A_A/(A_{\alpha 1}+A_{\alpha 2}+A_\beta+A_\gamma)$

7. 透明保存 不采用洗脱法定量时,可用滤纸吸干薄膜,浸入透明液甲液中,2min 立即取出,并浸入透明液的乙液中,1min(要准确)后迅速取出,紧贴在载物片上,赶走气泡。在 2~3min 内薄膜完全透明,待干后置于切片盒中,可长期保存。

【注意事项】

1. 醋酸纤维素薄膜一定要充分浸透后才能点样。点样后电泳槽一定要密闭。电流不宜过大,以防止薄膜干燥,电泳图谱出现条痕。

2. 缓冲溶液离子强度不应小于 0.05 或大于 0.08。因为过小可使区带拖尾,过大则使区带过于紧密。

3. 电泳槽中缓冲液要保持清洁（数天过滤一次），每次电泳时应交换电极或混合两侧电泳槽内的缓冲溶液，使两侧电泳槽内缓冲液的正、负离子相互交换，pH 值维持在一定水平。每次使用薄膜的数量可能不等，所以其缓冲液经 10 次使用后，最好将缓冲液弃去。

4. 通电过程中，不准取出或放入薄膜。通电完毕后，应先断开电源后再取薄膜，以免触电。

5. 电泳槽缓冲液的液面要保持一定高度，过低可能出现 γ-球蛋白的电渗现象（向阴极移动）。同时电泳槽的液面应保持同一水平面，否则，通过薄膜时有虹吸现象，将会影响蛋白质的泳动速度。

6. 电泳失败的原因

（1）电泳图谱不整齐：由于点样不均匀，薄膜未完全浸透或温度过高致使膜面局部干燥或水分蒸发，缓冲液变质；电泳时薄膜放置不正确使电流方向不平行。

（2）蛋白质各组分分离不佳：由于点样过多，电流过低，薄膜结构过分细密，透水性差，导电差等引起。

（3）染色后白蛋白中间着色浅：由于染色时间不足或染色液陈旧所致；若因蛋白质含量高引起，可减少血清用量或延长染色时间，一般以 2min 为宜，若时间过长球蛋白百分比上升，A/G 比值会下降。

（4）薄膜透明不完全：温度未达到 90℃以上时，将标本放入烘箱，透明液陈旧和浸泡时间不够。

（5）透明膜上有气泡：玻璃片上有油脂，使薄膜部分脱开或贴膜时滚动不佳。

【临床意义】

（一）血清蛋白质电泳

醋酸纤维素薄膜由于对样品没有吸附现象，电泳时各区带分界清楚，拖尾现象不明显，样品用量少，正常人血清在 pH＝8.6 的缓冲体系中电泳 1h 左右，染色后可显示五条区带，该方法目前已广泛用于分析、检测血浆蛋白质、脂蛋白、糖蛋白、胎儿甲种球蛋白、同工酶、多肽、核酸及其他生物大分子，具有操作简单、快速、廉价的特点。

正常人血清蛋白质中各组分的蛋白质含量百分比为：清蛋白 57%～72%，α_1 球蛋白为 2%～5%，α_2 球蛋白为 4%～9%，β 球蛋白为 6.2%～12%，γ 球蛋白为 12%～20%，A/G 比值为 1.2～2.4。在许多病理情况下血清蛋白质会发生变化，临床上常通过分析血液或尿等样品中的蛋白质对肝、肾等疾病进行诊断。如急性肾炎、慢性肾炎、肾病综合征、肾衰竭时，清蛋白有降低，α_1、α_2 和 β-球蛋白升高；而在慢性活动性肝炎和肝硬化时，清蛋白降低，β、γ-球蛋白升高；在急性炎症时，α_1、α_2-球蛋白升高；慢性炎症时，清蛋白降低，α_2、γ-球蛋白升高；红斑狼疮、类风湿关节炎时，清蛋白降低，γ-球蛋白显著升高；多发性骨髓瘤时，清蛋白降低，γ-球蛋白升高，于 β 和 γ-球蛋白区带之间出现"M"带。如果总蛋白质没有降低，球蛋白偏高，A/G 的降低则是由于球蛋白的升高所致，可能是由于免疫性疾病，多发性骨髓瘤等原因造成的；但是，如果总蛋白降低，A/G 减低则是由于清蛋白的降低所致，提示是肝疾病使清蛋白合成、α_1 和 α_2 球蛋白的合成减少，导致总蛋白质和清蛋白等下降引起，代偿好的患者有 γ-球蛋白的升高。当肝硬化患者清蛋白减少到 3g/dl 时，大多数患者出现腹水。

（二）血浆脂蛋白电泳

1. HDL 合适范围：≥1.04mmol/L（40mg/dl），＜0.91mmol/L（35mg/dl）为减低。

流行病学与临床研究证明，HDL 与冠心病发病呈负相关，HDL 低于 0.9mmol/L 是冠心病危险因素。HDL 大于 1.55mmol/L 被认为是冠心病的"负"危险因素。HDL 下降还多见于脑血管病、糖尿病、肝炎、肝硬化患者。高 TG 血症往往伴以低 HDL，肥胖者的 HDL 也多偏低。吸烟可使 HDL 下降，适量饮酒、长期体力劳动和运动会使 HDL 升高。

2. LDLC 合适范围：≤3.12mmol/L（120mg/dl），边缘升高：3.15～3.61mmol/L（121～139mg/dl）升高：≥3.64mmol/L（140mg/dl）。

LDL 增高是动脉粥样硬化发生发展的主要脂类危险因素。由于 TC 水平同时也受 HDL 水平的影响，所以最好以 LDL 代替 TC 作为冠心病危险因素指标。美国国家胆固醇教育计划成人治疗专业组规定以 LDL 水平作为高脂蛋白血症的治疗决策及其需要达到的治疗目标。

3. 脂蛋白（a）

正常人群的 Lp（a）水平呈明显的正偏态分布，大多在 200mg/L 以下，平均数在 120～180mg/L，中位数约 100mg/L。Lp（a）水平高于医学决定水平（300mg/L），冠心病危险性明显增高。血清 Lp（a）水平是动脉粥样硬化性疾病的独立危险因素，与动脉粥样硬化成正相关。

4. 血清载脂蛋白

Apo AI：1.00～1.50g/L，Apo B：0.80～1.00g/L。

Apo AI 是 HDL 的主要结构蛋白，Apo B 是 LDL 的主要结构蛋白，因此，Apo AI 和 Apo B 可直接反映 HDL 和 LDL 的含量。在某些病理情况下，Apo AI 与 HDL 和 Apo B 与 LDL 并非成正相关，因此，同时测定载脂蛋白及脂蛋白 HDL 和 LDL 对病理发生状态的分析很有帮助。冠心病、肾病综合征和糖尿病等都有 Apo AI 下降和 Apo B 升高。临床上常将 Apo AI 和 Apo B 比值作为冠心病的危险指标。

【思考题】
1. 醋酸纤维素薄膜电泳的原理及优点。
2. 简述人体内影响血清蛋白质的代谢的因素。
3. 简述血浆脂蛋白的代谢特点。

【参考文献】
[1] 钱士匀．临床生物化学与检验试验指导．3 版．北京：人民卫生出版社，2007．
[2] 吴士良．生物化学与分子生物学实验教程．北京：科学出版社，2004．
[3] 陈钧辉．生物化学实验．3 版．北京：科学出版社，2003．

（林雪松）

实验九　SDS-PAGE 测定蛋白质的分子量

【实验目的】
1. 熟悉聚丙烯酰胺凝胶电泳分离蛋白质的基本原理和操作方法。
2. 了解聚丙烯酰胺凝胶电泳分离蛋白质的优点。

【实验原理】
聚丙烯酰胺凝胶电泳（PAGE）具有分辨率高，上样量大，回收的样品较纯等特点。主要是根据各蛋白质各组分的电泳迁移率的不同。这种差异就蛋白质分子本身而言，主要与其所带净电荷以及分子量和形状有关。当电泳体系中含有一定浓度的十二烷基硫酸钠（SDS）时，则得电泳迁移率的大小只取决于蛋白质的分子量，从而可直接由电泳迁移率推算出蛋白质的分子量。

SDS是一种阴离子去污剂，作为变性剂和助溶剂，它能断裂分子内和分子间的氢键和疏水键，使分子去折叠，破坏蛋白质分子的二级和三级结构；强还原剂，在样品和凝胶中加入SDS和还原剂后，蛋白质分子被解聚成单个亚基。解聚后的氨基酸侧链与SDS充分结合形成带有负电荷的蛋白质-SDS胶束，所带的负电荷大大超过了蛋白质分子原有的电荷量，这就消除了不同分子之间原有的电荷差异。使蛋白质分子的电泳迁移率不再受蛋白质原有电荷和形状的影响，而主要取决于蛋白质或亚基分子量的大小。

SDS-PAGE电泳还有以下特征：浓缩效应、电荷效应、分子筛效应。蛋白质在聚丙烯酰胺中的迁移率仅仅取决于蛋白质的分子量。采用考马斯亮蓝快速染色，可及时观察电泳分离效果。

当蛋白质的分子量在17 000~165 000之间时，蛋白质-SDS复合物的电泳迁移率与蛋白质分子量的对数呈线性关系：$\lg MW = \lg K - bm$，式中，MW为蛋白质的分子量，m为相对迁移率，K为常数，b为斜率。将已知分子量的标准蛋白质在SDS-聚丙烯酰胺凝胶中的电泳迁移率对分子量的对数作图，即可得到一条标准曲线。只要测得未知分子量的蛋白质在相同条件下的电泳迁移率，就能根据标准曲线求得其分子量。

【实验对象】

标准蛋白质：细胞色素C、胰凝乳蛋白酶。

【仪器和试剂】

1. 仪器

（1）电泳仪。

（2）垂直电泳槽。

（3）脱色摇床。

（4）微量加样器。

（5）可调式移液器。

（6）滴管、吸量管和烧杯等。

2. 试剂

（1）标准蛋白质：细胞色素C、胰凝乳蛋白酶。

（2）30%丙烯酰胺溶液：丙烯酰胺29.2g，甲叉双丙烯酰胺0.8g，加蒸馏水至100ml，棕色瓶内4℃保存。

（3）1.5mol/L Tris-HCl分离胶缓冲液pH=8.8（4×）：取18.15g Tris，用1mol/L HCl调至pH=8.8，加蒸馏水至100ml，4℃保存。

（4）0.5 mol/L Tris-HCl浓缩胶缓冲液，pH=6.8（4×）：取5.98g Tris，用1mol/L HCl调至pH=6.8，加蒸馏水至100ml，4℃保存。

（5）电极缓冲液（pH=8.3）：取甘氨酸14.49g，3.02g Tris，加10%SDS 100ml，加蒸馏水至1L，4℃保存。

（6）10% SDS：取SDS 10g，加蒸馏水至100ml，完全溶解后室温保存。

（7）10%过硫酸铵溶液（AP）：临用前现配。

（8）染色液（0.25%考马斯亮蓝R-250、50%甲醇、7%乙酸）：考马斯亮蓝R-250 2.5g、甲醇（可用无水乙醇代替）500ml、冰乙酸70ml，溶解后补足水至总体积1 000ml。

（9）脱色液（30%甲醇、7%乙酸）：甲醇（可用无水乙醇代替）300ml，冰乙酸70ml，补足水至 1 000ml。

(10) 样品缓冲液（2×）：H_2O 2.4ml，浓缩胶缓冲液 1.0ml、甘油 0.8ml、10% SDS 3.2ml，2-巯基乙醇 0.4ml，0.025%（W/V）溴酚蓝 0.2ml。

(11) TEMED（四甲基乙二胺）。

【实验操作】

1. 安装制胶模具。
2. 根据所测蛋白质的分子量范围，选择某一合适的分离胶浓度。按表2-8所列的试剂用量配。

表2-8 分离胶的配制

试剂	分离胶浓度		
	7.5%	10%	15%
H_2O (ml)	4.90	4.10	2.40
30%丙烯酰胺 (ml)	2.50	3.30	5.00
分离胶缓冲液 (pH=8.8) (ml)	2.50	2.50	2.50
10% SDS (ml)	0.10	0.10	0.10
TEMED (ml)	0.02	0.02	0.02
10%过硫酸铵 (ml)	0.02	0.02	0.02
总体积 (ml)	10	10	10

将分离胶混匀后立即灌注于玻板间隙中，上层小心覆盖一层正丁醇。将胶板垂直放于室温下，待分离胶聚合完后，倾去正丁醇并用滤纸吸干。

3. 浓缩胶的制备　按表2-9配制浓缩胶，将浓缩胶混匀后直接灌注在已聚合的分离胶上，立即插入梳子，将凝胶垂直放于室温下聚合。

表2-9 浓缩胶的配制

试剂	浓缩胶的浓度		
	3%	4%	6%
H_2O (ml)	3.2	3.05	2.7
30%丙烯酰胺 (ml)	0.5	0.65	1.0
浓缩胶缓冲液 (pH=6.8) (ml)	1.25	1.25	1.25
10% SDS (ml)	0.05	0.05	0.05
TEMED (ml)	0.05	0.05	0.05
10%过硫酸铵 (ml)	0.05	0.05	0.05
总体积 (ml)	5	5	5

4. 样品预处理　取样品液与等体积样品缓冲液混合，100℃加热1~2min。
5. 待浓缩胶聚合完全后，小心移出梳子，然后将胶板固定于电泳装置上，上下槽各加入电极缓冲液。
6. 加样　用微量进样器加样。每个样品孔加入 20μl 样品。

7. 电泳　在100～150V的电压下电泳，直至溴酚蓝达到胶底部，关闭电源。

8. 染色　从电泳装置上卸下玻板，小心橇开玻板取出凝胶，放入染色液中染色2h以上。

9. 脱色　移出凝胶放入脱色液中脱色至本底无色为止。

10. 相对迁移率（R_m）的计算。

用直尺分别量出样品区带中心及染料与凝胶顶端的距离，按下式计算：

$$相对迁移率（R_m）＝样品迁移的距离（cm）/染料迁移距离（cm）。$$

以标准蛋白质的分子量的对数对相对迁移率作图，得到标准曲线。根据待测样品的相对迁移率，从标准曲线上查出其分子量。

【注意事项】

1. 30％丙烯酰胺是神经毒化合物，操作时要小心，做好个人防护。
2. 过硫酸铵需现用现配。
3. 过硫酸铵和TEMED在灌胶前加入即可。
4. 用微量加样器上样时，勿刺破胶面。

【思考题】

1. SDS‐PAGE电泳是如何除去电荷效应的？
2. 如何通过SDS‐PAGE电泳确定未知蛋白质的分子量？

【参考文献】

[1] 吴士良.生物化学与分子生物学实验教程.北京：科学出版社，2004.

[2] 许彦鸣，药立波.医学分子生物学实验指导.北京：人民卫生出版社，2006.

[3] 徐克前.分子生物学检验技术实验指导.2版.北京：人民卫生出版社，2007.

（林雪松）

第九章 酶学实验

实验十 血清丙氨酸氨基转移酶活性测定
（改良 Mohun 法）

【实验目的】
1. 掌握改良 Mohun 法测定血清丙氨酸氨基转移酶的原理。
2. 掌握标准曲线的绘制。
3. 了解血清丙氨酸氨基转移酶测定的临床应用。

【实验原理】
丙氨酸与 α-酮戊二酸在 pH=7.4 时，经 ALT 催化进行转氨基作用生成丙酮酸和谷氨酸。丙酮酸与 2,4-二硝基苯肼作用生成棕红色丙酮酸 2,4-二硝基苯腙，与已知浓度的丙酮酸标准液在同样条件下显色，利用比色分析原理将样品显色与丙酮酸标准品配制成的系列标准液比较，求出样品中 ALT 活性。

按照本法，ALT 活性单位的定义是：每 ml 血清在 37℃ 保温条件下与底物作用 30min，每生成 2.5μg 丙酮酸为一个酶活性单位。

【实验对象】
患者血清或质控血清。

【仪器和试剂】
1. 仪器 分光光度计。
2. 试剂

(1) 标准丙酮酸液（500μg/ml）：准确称取丙酮酸钠（A.R）62.5mg，溶于 0.05mol/L H_2SO_4 100ml 中。此液需在临用前配制。丙酮酸不稳定，开封后易变质（聚合），相互聚合为多聚丙酮酸，需干燥后使用。

(2) 0.05mol/L H_2SO_4：取浓 H_2SO_4 2.8ml 稀释至 1 000ml。

(3) 底物液（pH=7.4）：精确称取 D-L-丙氨酸 1.79g，α-酮戊二酸 29.2mg，先溶于 0.1mol/L 磷酸盐缓冲液 50ml 中，然后用 1mol/L NaOH 调至 pH=7.4，再加 0.1mol/L 的磷酸盐缓冲液至 1 000ml，4~6℃保存，该溶液可稳定 2 周。

(4) 0.1mol/L 磷酸盐缓冲液：称取 KH_2PO_4 2.69g，K_2HPO_4 13.97g，溶解于蒸馏水中，加蒸馏水至 1 000ml，4℃保存可用一周。

(5) 1mmol/L 2,4-二硝基苯肼溶液：称取 2,4-二硝基苯肼（A.R）19.8mg，溶解于 1.0mol/L 盐酸 100ml，置棕色玻璃瓶中，室温中保存，若冰箱保存可稳定 2 个月。若有结晶析出，应重新配制。

(6) 0.4mol/L NaOH 溶液：称取 NaOH 1.6g 溶解于蒸馏水中，并加蒸馏水至 100ml，置具塞塑料试剂瓶内，室温中可长期稳定。

【实验操作】

1. 标准曲线法

(1) 标准曲线的绘制：取干燥洁净的试管6支，编号，按表2-10操作。

表2-10 标准曲线制备反应体系

试剂	试管号					
	0	1	2	3	4	5
标准丙酮酸（ml）	0	0.02	0.04	0.06	0.08	0.1
蒸馏水（ml）	0.1	0.08	0.06	0.04	0.02	0
底物液（ml）	0.5	0.50	0.50	0.50	0.50	0.50
2,4-二硝基苯肼（ml）	0.5	0.50	0.50	0.50	0.50	0.50
	混匀，37℃水浴保温20min					
0.4mol/L NaOH（ml）	3.0	3.0	3.0	3.0	3.0	3.0
丙酮酸实际含量（μg）	0	10	20	30	40	50

室温静置10min，用520nm波长以0号管调零，读取各管的光密度。然后，以各管中丙酮酸的含量为横坐标，光密度为纵坐标，绘制标准曲线。

(2) 标本ALT活性检测：取一支试管，加待测血清0.1ml、底物液0.5ml，混匀，37℃水浴保温30min，加入2,4-二硝基苯肼溶液0.5ml，混匀，37℃水浴保温20min。取出，加0.4mol/L NaOH 3.0ml，室温静置10min，以标准曲线制备中的0号管调零，520nm读取光密度。从标准曲线查出其相当的丙酮酸含量（μg）。

(3) 计算：

$$\text{ALT 活性 (IU/ml)} = \text{标准曲线中查知的 μg 数} \div 2.5 \times 1 \div 0.1$$

2. 标准管法

取干燥试管3支，编号，按照表2-11操作：

表2-11 标准管法检测酶活性的反应体系

试剂	试管号		
	对照管	标准管	测定管
血清（ml）	0.1	0	0.1
标准丙酮酸（ml）	0	0.1	0
底物液（ml）	0	0	0.5
	混匀后，置37℃保温30min		
2,4-二硝基苯肼（ml）	0.5	0.5	0.5
底物液（ml）	0.5	0.5	0
	混匀后，置37℃保温20min		
0.4mol/L NaOH（ml）	3.0	3.0	3.0

取出，静置10min，用对照管调节零点，在520nm波长下比色，读取测定管的光密度，计算ALT活性。

$$\text{ALT 活性 (IU/ml)} = \frac{A_{测定管}}{A_{标准管}} \times 500 \div 2.5 \div 0.1$$

【注意事项】

1. 丙酮酸标准液的配制　丙酮酸不稳定，见空气易发生聚合反应，生成多聚丙酮酸，而失去其化学性质。在配制校正曲线时，不会出现显色反应。此时应将变性的丙酮酸放在干燥箱（40~55℃）2~3h，或干燥器中过夜后再使用。

2. 血清中 ALT 在室温（25℃）可以保存 2d，在 4℃冰箱可保存 1 周，在−25℃可保存 1 个月。一般血清标本中内源性丙酮酸含量很少，血清对照管光密度接近于试剂空白管（以蒸馏水代替血清，其他和对照管同样操作）。严重脂血、黄疸及溶血血清可引起测定的光密度增高；糖尿病酮症酸中毒患者血中因含有大量酮体，能和 2,4-二硝基苯肼作用呈色，也会引起测定管光密度增加。因此，检测此类标本时，应作血清标本对照管。

3. 当血清标本酶活力超过 150 穆氏单位时，应将血清用 0.145mol/L NaCl 溶液稀释后重测，其结果乘以稀释倍数。

4. 加入 2,4-二硝基苯肼溶液后，应充分混匀，使反应完全。加入 NaOH 溶液的方法和速度要一致，如液体混合不完全或 NaOH 溶液的加入速度不同均会导致光密度读数的差异。呈色的深浅与 NaOH 的浓度也有关系，NaOH 浓度越大呈色越深。NaOH 溶液浓度小于 0.25mol/L 时，光密度下降变陡，因此 NaOH 浓度要准确。

【临床意义】

正常人血清 ALT：2~40 穆氏单位。

ALT 在肝细胞中含量较多，且主要存在于肝细胞的可溶性部分。当肝受损时，此酶可释放入血，致血中该酶活性浓度增加，故测定 ALT 常作为判断肝受损指标。

1. 肝细胞损伤的灵敏指标　急性病毒性肝炎转氨酶阳性率为 80%~100%，肝炎恢复期，转氨酶转入正常，但如在 100U 左右波动或再度上升为慢性活动性肝炎；重症肝炎或亚急性重型肝炎时，再度上升的转氨酶在症状恶化的同时，酶活性反而降低，是肝细胞坏死后增生不良，预后不佳。以上说明，监测转氨酶可以观察病情的发展，并作预后判断。

2. 慢性活动性肝炎或脂肪肝转氨酶轻度增高（100~200U），或属正常范围，且 AST＞ALT。肝硬化、肝癌时，ALT 有轻度或中度增高，提示可能并发肝细胞坏死，预后严重。其他原因引起的肝损害，如心功能不全时，肝淤血导致肝小叶中央带细胞的萎缩或坏死，可使 ALT、AST 明显升高；某些化学药物如异菸肼、氯丙嗪、苯巴比妥、四氯化碳、砷剂等可不同程度地损害肝细胞，引起 ALT 的升高。

3. 其他疾病或因素亦会引起 ALT 不同程度的增高，如骨骼肌损伤、多发性肌炎等。

【思考题】

1. 测定血清 ALT 时，如何设置对照？
2. 哪些因素可使 ALT 升高？

【参考文献】

[1] 钱士匀. 临床生物化学与检验试验指导. 3 版. 北京：人民卫生出版社，2007.
[2] 吴士良. 生物化学与分子生物学实验教程. 北京：科学出版社，2004.
[3] 陈钧辉. 生物化学实验. 3 版. 北京：科学出版社，2003.

（张　悦）

实验十一　过氧化氢酶米氏常数的测定

【实验目的】

掌握作图法求酶的 K_m 值的实验原理及其过程，以红细胞含有的过氧化氢酶为例，学习一种简单的 K_m 值的测定方法。

【实验原理】

本实验测定红细胞中过氧化氢酶的米氏常数。过氧化氢酶（CAT）催化下列反应：

$$2H_2O_2 \xrightarrow{\text{过氧化氢酶}} 2H_2O + O_2 \uparrow$$

H_2O_2 浓度可用 $KMnO_4$ 在硫酸存在下滴定测得：

$$2KMnO_4 + 5H_2O_2 + 3H_2SO_4 \longrightarrow 2MnSO_4 + K_2SO_4 + 5O_2 \uparrow + 8H_2O$$

测定酶促反应前后反应体系中 H_2O_2 的浓度差即为反应速度，作图求出过氧化氢酶的米氏常数。

【实验对象】

人或家兔全血。

【仪器和试剂】

1. 仪器

（1）酸式滴定管。

（2）水浴锅。

（3）滴定台。

（4）加样枪。

2. 试剂

（1）0.05mol/L 草酸钠标准液：将草酸钠（A.R）于 100~105℃ 烘 12h，冷却后准确称取 0.67g，用蒸馏水溶解倒入 100ml 容量瓶中，加入浓 H_2SO_4 5.0ml，加蒸馏水至刻度，充分混匀，此液可贮存数周。

（2）约 0.02ml/L $KMnO_4$ 储存液：称取 $KMnO_4$ 3.4g，溶于 1 000ml 蒸馏水中，加热搅拌，待全部溶解后，用表面皿盖住，在低于沸点温度下加热数小时，冷却后放置过夜，玻璃纤维过滤，棕色瓶内保存。

（3）0.004mol/L $KMnO_4$ 应用液：取 0.05mol/L 草酸钠标准液 10ml 于锥形瓶中，加浓 H_2SO_4 0.5ml，于 70℃水浴中用 $KMnO_4$ 储存液滴定至微红色，根据滴定结果算出 $KMnO_4$ 贮存液的标准浓度，稀释成 0.004mol/L，每次稀释都必须重新标定储存液。

（4）约 0.08mol/L H_2O_2：取 30% H_2O_2（A.R）40ml 于 1 000ml 容量瓶中，加蒸馏水至刻度，临用时用 0.004mol/L $KMnO_4$ 标定之，稀释至所需浓度。

（5）0.2mol/L pH=7.0 的磷酸盐缓冲液。

（6）25% H_2SO_4。

【实验方法】

1. 血液稀释　吸取新鲜（或肝素抗凝）血液 0.1ml，用蒸馏水稀释至 10ml，混匀。取此稀释血液 1.0ml，用磷酸盐缓冲液（pH=7.0，0.2mol/L）稀释至 10ml，得 1:1000 稀释血液。

2. H_2O_2 浓度的标定 取洁净锥形瓶两只,各加浓度约为 0.08mol/L 的 H_2O_2 1.0ml 和 25% H_2SO_4 1.0ml,分别用 0.004mol/L $KMnO_4$ 滴定至微红色。记录 $KMnO_4$ 的滴定用量 (ml),以滴定所用 $KMnO_4$ ml 数,求出 H_2O_2 的浓度(mol/L)。

3. 酶促反应速度的测定 取干燥洁净的 50ml 锥形瓶 5 只,标号,并按表 2-12 操作。

表 2-12 过氧化氢酶米氏常数测定操作步骤

试剂	锥形瓶号				
	1	2	3	4	5
H_2O_2(约 0.08mol/L)(ml)	0.50	1.00	1.50	2.00	2.50
蒸馏水 (ml)	2.0	1.50	1.00	0.50	0
	37℃水浴预热 5min				
1:1000 稀释血液(ml)	0.5	0.5	0.5	0.5	0.5

加 1:1000 稀释血液时,注意边加边摇,继续准确在 37℃保温 10min,再分别在每瓶反应达到 10min 时加入 25% H_2SO_4 2.0ml,边加边摇,使酶促反应立即终止。然后,各锥形瓶分别用 0.004mol/L $KMnO_4$ 滴定至微红色,记录各锥形瓶 $KMnO_4$ 消耗量(ml)。

4. 计算

(1) 标定 H_2O_2 浓度的计算:

$$[H_2O_2](mol/L) = KMnO_4 \text{消耗量} \times 0.004 \times 2.5/1$$

(2) 反应瓶中 H_2O_2 浓度(mol/L)

$$[S] = [H_2O_2] \text{mol/L} \times \text{加入} H_2O_2 \text{ml数} \div 3ml$$

式中:3 为反应液量 3ml;$[H_2O_2]$ 为 H_2O_2 浓度即(1)计算的结果。

(3) 反应速度(V)的计算:以反应 5min 消耗的 H_2O_2 的量(mmol)表示。

V = 加入的 H_2O_2 mmol 数 − 剩余的 H_2O_2 mmol 数 = $[H_2O_2]$ × 加入 H_2O_2 ml − $[KMnO_4]$ mol/L × 消耗的 $KMnO_4$ ml 数 × 2.5

(式中:2.5 为 $KMnO_4$ 与 H_2O_2 反应中 mol 换算系数)

(4) 求 K_m 值:下面以 Hanes-Woolf 作图法求过氧化氢酶的 K_m 值,按表 2-13 步骤计算。

表 2-13 Hanes-Woolf 作图法求 K_m 值相关数据计算

计算程序	锥形瓶号				
	1	2	3	4	5
①加入 H_2O_2 体积(ml)	0.50	1.00	1.50	2.00	2.50
②加入 H_2O_2 mmol=①×标定$[H_2O_2]$					
③底物浓度$[S]$=②÷3ml					
④酶作用后,$KMnO_4$ 滴定用量(ml)					
⑤剩余 H_2O_2 mmol=④×0.004×2.5					
⑥反应速度 V=②−⑤					
⑦$[S]$/v=③÷⑥					

按作图法求 K_m，选取下列其中一种方法作图，求得 K_m。①以 [S] 为横坐标，[S]/V 即表中⑦为纵坐标，用 Hanes-Woolf 作图法求得 K_m；②以 1/[S] 为横坐标，1/V 为纵坐标，用双倒数作图法求得 K_m。

以本法作图求得的过氧化氢酶 K_m 参考值为 0.032mol/L。

【注意事项】
1. 滴定管在用之前应检查是否渗漏。
2. 在滴定过程中要逐滴加入，且要边加边摇动反应瓶，使反应充分。
3. 按相同顺序向各瓶中加入 1∶1000 稀释血液和 25% H_2SO_4，边加边摇，使各瓶尽可能准确反应 5min。

【思考题】
1. K_m 值的意义是什么？
2. 测酶 K_m 值的实验中，需要特别注意哪些操作？

【参考文献】
[1] 陈钧辉. 生物化学实验. 3版. 北京：科学出版社，2003.
[2] 吴士良. 生物化学与分子生物学实验教程. 北京：科学出版社，2004.
[3] 陈毓荃. 生物化学实验方法和技术. 北京：科学出版社，2002.

（张　悦）

第十章 分子生物学基础实验

实验十二 肝组织中核酸的提取和定量分析

【实验目的】

掌握组织中核酸的分离和纯化的一般原理和操作方法。了解测定 DNA 和 RNA 含量的原理和方法。

【实验原理】

枸橼酸能抑制脱氧核糖核酸酶的活性,维持染色质中 DNA 的正常结构与活性,将肝组织剪碎后,在柠檬酸溶液中制备匀浆,使肝细胞破碎而获得无细胞悬液。RNA 在碱性溶液中水解后,其核糖部分可脱水形成糠醛,后者能和苔黑酚(orcinol,3,5-二羟基甲苯)缩合成绿色化合物(图 2-7),从而可以进行定量测定。

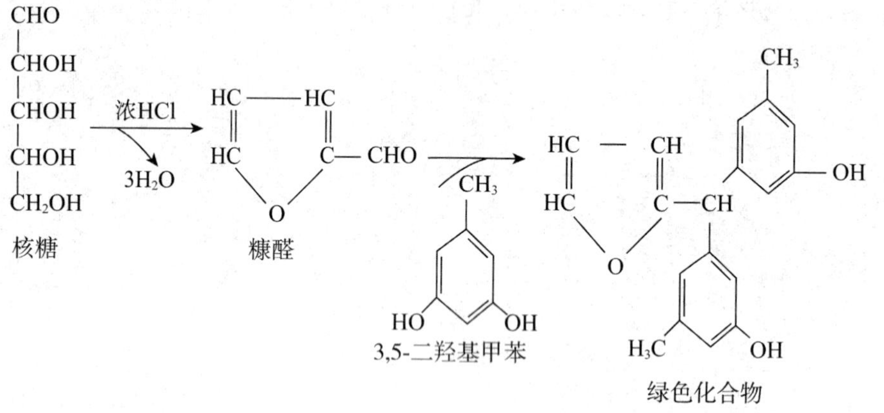

图 2-7 RNA 水解后核糖与 3,5-二羟基甲苯的呈色反应

【实验对象】

新鲜大鼠或家兔的肝组织。

【仪器和试剂】

1. 仪器

(1) 解剖用工具:手术剪、无齿镊、解剖刀、弯盘。

(2) 匀浆器或研钵。

(3) 离心机等。

(4) 分光光度计。

(5) 沸水浴。

2. 试剂

(1) 0.15mol/L NaCl(0.9% NaCl)。

(2) 0.08mol/L 枸橼酸(1.5%枸橼酸)。

(3) 1mol/L KOH。

(4) 0.3mol/L 三氯乙酸（5%三氯乙酸）。

(5) 3,5-二羟基甲苯（苔黑酚）试剂：取比重 1.19 HCl 100ml，加入 $FeCl_3 \cdot 6H_2O$ 100mg 及重结晶 3,5-二羟基甲苯 100mg，混匀溶解后，置于棕色瓶中。此试剂可用 1 周，颜色变绿即已变质，不能应用。市售之苔黑酚往往不纯，必须用苯重结晶 1~2 次，必要时用活性炭脱色方可使用。

(6) RNA 标准液配制：准确称取 RNA 0.4mg 溶解于 0.15mol/L NaCl 1.0ml 中，加等量 lmol/L KOH 溶液。置沸水浴加热 10min 后使其水解，取出冷却后，加入 0.3mol/L 三氯乙酸 5ml，配成 50μg/ml 之标准 RNA 液。

【实验方法】

1. 肝匀浆的制备　新鲜肝组织以 0.15mol/L NaCl 充分洗净后，用滤纸吸干水分，除去结缔组织并剪碎，称取 0.5g 肝组织加 9 份体积的 0.08mol/L 枸橼酸溶液（4.5ml），制成匀浆。将匀浆液倾入离心管，3 000r/min，离心 15min，上清液为核酸提取液。

2. 水解　取核酸提取液 1ml 置于另一离心管中，加入 lmol/L KOH lml，混匀后置沸水浴中 10min，取出冷却。加 0.3mol/L 三氯乙酸 8ml，混匀，使 DNA 及蛋白质沉淀，3 000r/min 离心 5min，上清液为 RNA 的碱水解液。

3. 显色和比色

(1) 试管法：取三支试管，标号，按表 2-14 操作：

表 2-14　试管法求 RNA 含量的反应体系

试剂	试管号		
	1	2	3
RNA 碱水解液（ml）	1.0	0	0
标准 RNA 液（50μg/ml）（ml）	0	1.0	0
0.3mol/L 三氯乙酸（ml）	1.0	1.0	2.0
3,5-二羟基甲苯（ml）	3.0	3.0	3.0

置沸水浴中 10min，取出冷却，在 660nm 处比色。以第 3 管作空白，读取光密度，计算出水解液中 RNA 的含量，并计算肝组织 RNA 含量。

(2) RNA 标准曲线法

1) 标准曲线制作：取试管 6 支，编号，按表 2-15 加入试剂，混匀后置沸水浴中 10min，取出冷却，以 660nm 波长比色。用第 6 管作空白，读取各管光密度。以各标准管 RNA 含量为横坐标，光密度为纵坐标，画出标准曲线。

表 2-15　RNA 标准曲线制作时试剂加入方法

试剂	试管号					
	1	2	3	4	5	6
RNA 标准溶液（50mg/ml）（ml）	2.0	1.6	1.2	0.8	0.4	0
0.3mol/L 三氯乙酸（ml）	0	0.4	0.8	1.2	1.6	2.0
3,5-二羟基甲苯（ml）	3.0	3.0	3.0	3.0	3.0	3.0
RNA 含量（μg）	100	80	60	40	20	0

2) 样品 RNA 测定：另取一支试管，加入 RNA 水解液 1.0ml，0.3mol/L 三氯乙酸 1.0ml，加 3,5-二羟基甲苯 3ml 后混匀，沸水浴 10min，取出冷却，以 6 号管调零，660nm 比色，读取光密度值。

4. 计算

(1) 提取液中 RNA 含量计算

1) 试管法：提取液中 RNA 的含量（μg/ml）=A_1/A_2×标准 RNA 浓度×稀释倍数

2) 标准曲线法：以 1~6 管 RNA 含量为横坐标，A 为纵坐标，绘制标准曲线，从标准曲线查得样品提取液 RNA 含量。

(2) 肝组织中 RNA 含量计算

肝组织中 RNA 含量（μg/g 肝）=提取液中 RNA 含量×肝匀浆 ml 数÷肝重

（注：肝匀浆 ml 数为 4.5ml，肝重为 0.5g）

【注意事项】

1. 红细胞与细胞核大小相似，且与核一起沉淀，不易分离，故在用 0.15mol/L NaCl 洗去血液时，务必将血液洗净。

2. 制备匀浆和细胞核悬液稀释所用的体积比例，一定要准确，以便定量测定。

3. RNA 用碱水解及离心后，吸取上清液时要尽量避免将沉淀吸入，否则会引起结果的误差。

4. 在计算样品中 RNA 含量时，要注意样品的稀释倍数。

【临床意义】

核酸是构成生物体最主要的组成成分之一，并和蛋白质一起构成生命的主要物质基础。它是遗传信息及基因表达的物质基础，在生物种族遗传、生长繁殖和分化发育等方面起着决定性的作用。此外，它与生命的异常活动如肿瘤发生、放射损伤以及抗癌、抗病毒药物的作用机制等也有着密切的关系。因此，目前核酸的研究已成为生物化学、分子生物学、医学及农学等学科的重点研究课题，也是现代生物学中最活跃的研究领域。但不论是研究核酸的理化性质，还是研究核酸的结构和功能，首先就是需要对核酸进行分离纯化和鉴定，因此，核酸的制备及分析是研究核酸的前提和基础。

肝组织 RNA 含量一般在 2 000~4 000μg/g，在肝组织恶变，细胞生长迅速时，RNA 和 DNA 的含量均会增加，在病毒感染等炎症反应时，病毒的 RNA 也会水解，使 RNA 含量增加。而在肝组织衰老细胞数量增加时，由于细胞停滞于 G_0 期，RNA 和 DNA 含量均表现为减少，而营养缺乏和维生素缺乏，亦会因为使 RNA 合成障碍而致使 RNA 减少。

【思考题】

1. 本实验中分离和提取核酸的原理是什么？

2. 肝组织中的 RNA 含量是否是一成不变的？

3. 核酸在细胞质和细胞核中的分布有何特点？

【参考文献】

[1] 吴士良. 生物化学与分子生物学实验教程. 北京：科学出版社，2004.

[2] 许彦鸣，药立波. 医学分子生物学实验指导. 北京：人民卫生出版社，2006.

[3] 徐克前. 分子生物学检验技术实验指导. 2 版. 北京：人民卫生出版社，2007.

（张　悦）

实验十三　DNA 的提取及紫外吸收法测定含量 ——蛋白酶 K -酚抽提法

【实验目的】

1. 掌握蛋白酶 K -酚抽提法提取真核细胞 DNA 的原理与方法。
2. 熟悉本实验的影响因素及注意事项。

【实验原理】

将真核组织细胞破碎，用组织细胞裂解液溶解细胞膜、核膜，使组蛋白与 DNA 分离，再用酚/三氯甲烷/异戊醇抽提去除蛋白质，最后经乙醇沉淀 DNA，可得到基因组 DNA 片段。

组织细胞裂解液中有蛋白酶 K、EDTA、SDS 及 RNA 酶。蛋白酶 K 有水解蛋白质、消化 DNA 酶（DNase）、催化 DNA 上的蛋白质及裂解细胞的作用。EDTA 为二价金属离子螯合剂，可抑制 DNase 的活性，同时还能降低细胞膜的稳定性；SDS 为阴离子去污剂，能引起细胞膜降解，乳化脂质和蛋白质，沉淀蛋白质，同时还有降解 DNA 酶的作用；RNA 酶可水解 RNA 以获得高纯度的 DNA；酚可使蛋白质变性沉淀，并抑制 DNA 酶活性；三氯甲烷能加速有机相和水相的分离；异戊醇可减少在抽提过程中由于蛋白质变性产生的大量气泡。pH＝8.0 的 Tris 缓冲液可使抽提后的 DNA 进入水相，避免滞留在蛋白质层。多次抽提可提高 DNA 的纯度。一般在第三次抽提后，移出含 DNA 的水相，可做透析或沉淀处理。透析能减少对 DNA 的剪切效应，可得到 200kb 的高分子量 DNA。或以乙酸铵为沉淀用盐，无水乙醇沉淀，70%乙醇洗涤，可得 100～150kb 的 DNA。紫外分光光度计测定 DNA 浓度与纯度。

【实验对象】

新鲜或冰冻组织、血液标本、悬浮培养细胞、单层培养细胞。

【仪器和试剂】

1. 仪器

(1) 高压蒸气灭菌装置。

(2) 匀浆器或研磨器。

(3) 高速低温离心机或台式高速离心机。

(4) 双重纯水蒸馏器或超纯水装置。

(5) 恒温振荡器（摇床）。

(6) 磁力加热搅拌器。

(7) 紫外分光光度计。

(8) 稳压稳流电泳仪。

(9) 水平板电泳槽。

(10) 紫外检测仪或凝胶成像系统。

(11) 微量移液器及吸头。

(12) 宽口径移液管（出口直径大于 0.3cm）。

(13) 50ml 的离心管。

（14）Ep 管。

（15）透析袋及夹子、眼科镊子、手术剪刀、冰盒。

2. 试剂

（1）1mol/L Tris-HCl（pH=8.0）贮存液：Tris 碱 121.1g 溶于 800ml 去离子水中，加入浓 HCl（约 42ml）调 pH 值至 8.0，加去离子水定容至 1 000ml，分装，高压灭菌。

（2）Tris 盐缓冲液（TBS，pH=7.4）：NaCl 8g，KCl 0.2g 和 Tris 碱 3g 溶于 800ml 去离子水中，加酚红 0.015g，用浓 HCl 调 pH 值至 7.4，加去离子水定容至 1 000ml，分装，高压灭菌，室温保存。

（3）0.5mol/L 的 EDTA-2Na（pH=8.0）贮存液：EDTA-2Na·$2H_2O$ 18.61g 溶于 80ml 去离子水中，置磁力搅拌器上剧烈搅拌。用 NaOH 调节溶液 pH 值至 8.0（约需 2gNaOH 颗粒）加去离子水定容至 100ml，分装，高压，室温保存（EDTA-2Na 需要加 NaOH，将溶液 pH 值调节至近 8.0 时，才能完全溶解）。

（4）TE 缓冲液：10mmol/L Tris-HCl，1mmol/L EDTA-2Na（pH=8.0）

（5）磷酸盐缓冲液（PBS）：NaCl 8g，KCl 0.2g，Na_2HPO_4 1.44g，KH_2PO_4 0.24g 溶于 800ml 去离子水中，用 HCl 调 pH 值至 7.4，加去离子水至 1 000ml，分装，高压灭菌，室温保存。

（6）Tris 饱和酚（pH=8.0）。

（7）20%（W/V）SDS 贮存液：电泳级 SDS 100g 溶于 400ml 灭菌去离子水，加热至 68℃助溶，加几滴浓盐酸调 pH 值至 7.2，加去离子水至 500ml，分装，室温保存，无需灭菌，不要蒸汽高压（SDS 是一种有毒性刺激物，呈微细晶粒，易扩散，称量完毕后清除天平及台面残留的 SDS）。

（8）细胞裂解液：10mmol/L Tris-HCl（pH=8.0），0.1mol/L EDTA-2Na（pH=8.0），0.5% SDS，20μg/ml 无 DNA 酶的胰 RNA 酶（需临用时加入）。

（9）20mg/ml 蛋白酶 K：用灭菌的 50mmol/L Tris-HCl（pH=8.0）配制，分小包装，-20℃贮存，可反复冻融。

（10）ACD 抗凝剂：枸橼酸 0.48g，枸橼酸酸钠 1.32g，葡萄糖 1.47g 溶于 100ml 蒸馏水中。

（11）透析缓冲液：50mmol/L Tris-HCl，10mmol/L EDTA-2Na（pH=8.0）室温保存。

（12）3mol/L 乙酸钠（pH=5.2）：408.1g 三水乙酸钠用 800ml 双蒸水溶解，用冰乙酸调节 pH 值至 5.2，加水定容至 1L，分装，高压灭菌。

（13）三氯甲烷：异戊醇（24:1，体积分数），应在棕色密封瓶中保存。

（14）无水乙醇。

（15）70%乙醇。

（16）液氮。

【实验操作】

1. 样品制备　介绍四种不同来源样品的处理。

（1）组织标本：新鲜或冰冻组织，用剪刀清除筋膜等结缔组织，吸干血液，剪碎组织为 0.2~0.5g。置于含有少许液氮研钵中（研钵和研杵需先用液氮预冷），研磨，成粉末状，待液氮蒸发，将粉末转入 Ep 管中，加入等体积 2×组织裂解液混匀；或可将剪碎组织加 TE 缓冲液进行匀浆，转入 Ep 管中。

（2）血液标本：血液标本与 ACD 抗凝剂按 6∶1 混匀，0℃可保存数天或－70℃可长期冻贮、备用。抗凝血 1.0ml，离心，2 000r/min，10min，弃上清（血浆）；如用冷藏血液，室温水浴中融化后用等体积 PBS 洗涤，离心，3 500g，15min，弃上清。重复离心一次，弃上清（血浆）。吸出淡黄色悬浮液（白细胞层）置于另一离心管中。

（3）悬浮培养细胞：将悬浮生长细胞悬液直接转入离心管中，4℃离心，2 000r/min，10min，弃去上清液，收集管底沉淀细胞。将细胞重新悬浮在 5～10ml 冰冷的 TBS 液中，洗涤一次，收集细胞。将沉淀细胞重悬 TE（pH＝8.0）缓冲液中，调节细胞浓度为 5×10^7/ml。

（4）单层培养细胞：对于贴壁生长的细胞，需先用胰酶消化，后加入冰冷的 TBS，吹散自瓶壁脱落的细胞，细胞悬液移至离心管，4℃离心，2000r/min，10min，弃去上清液。将细胞重新悬浮在 5～10ml 冰冷的 TBS 液中，洗涤一次，收集细胞。将沉淀细胞重悬 TE（pH＝8.0）缓冲液中，调节细胞浓度为 5×10^7/ml。确保细胞呈分散状态，避免细胞成团块状。

2. 细胞裂解 将以上各种来源的组织细胞悬浮转入三角烧瓶，每毫升细胞悬液加入组织细胞裂解液 10ml，37℃1h。

3. 蛋白酶 K 消化 将细胞裂解液加入离心管中，加入蛋白酶 K 至终浓度 $100\mu g$/ml，混匀，37℃轻摇 12～24h，或 37℃轻摇 1h 后，转为 50℃轻摇 3h（液体逐渐变黏稠，表明 DNA 已部分释放出来）。

4. 酚抽提 将上述溶液冷却至室温，加等体积的 Tris 饱和酚（pH＝8.0）溶液，温和缓慢颠倒离心管 10min，混匀两相成乳状。12 000r/min 离心 5min（室温），使两相分层。用宽口径移液管（出口直径为 0.3cm）小心吸出上层黏滞的水相，移至一新的离心管中。如果在水相和有机相交界处有白色沉淀，需重新抽提有机相。用酚重新抽提二次，合并水相。

5. 三氯甲烷：异戊醇抽提 加等体积三氯甲烷：异戊醇，混匀，离心，12 000r/min，5min。取上层水相转至新的离心管中。

6. DNA 透析或沉淀

（1）DNA 透析：用于制备分子量在 150～200kb 的 DNA。

将含有 DNA 的水相移入透析袋中（透析袋应留出大于样品体积的 2 倍空间）加入透析液，4℃透析 4 次，每次使用透析液 1 000ml，每 6h 换透析液，共约 24h。

（2）DNA 沉淀：用于制备分子量在 50～100kb 的 DNA。

将含有 DNA 的水相移入洁净离心管中，加入 0.2 倍体积的 10mol/L 的乙酸铵、2 倍体积的无水乙醇，转动离心管直至溶液充分混匀。DNA 立即成沉淀，用 U 形玻棒将 DNA 沉淀移出，污染的寡核苷酸仍留乙醇溶液中。如沉淀为碎片，应室温离心，12 000r/min，5min，弃上清，用 70％乙醇洗涤沉淀两次，12 000r/min 离心 5min，尽量吸去乙醇溶液，打开离心管盖，室温挥发痕量乙醇，待沉淀将近透明后（勿使 DNA 沉淀完全干燥，否则会因为相对分子质量太大而极难溶解），加 50～$100\mu l$ 的 TE 溶液溶解 DNA 沉淀，置摇床上，4℃轻轻转动 12～24h 直至 DNA 完全溶解，分装，置－20℃保存。

7. DNA 定量 紫外分光光度法是最简便与快速分析方法。吸取 DNA 样品 $5\mu l$，加双蒸水稀释至 1.0ml，混匀，转入石英比色杯中。双蒸水为空白管调零，260nm 和 280nm 处读取光密度值 A。计算：

（1）浓度计算：

双链 DNA 样品浓度（$\mu g/\mu l$）＝A_{260}×稀释倍数 50/1 000＝A_{260}×1 000/5×50/1 000＝

$A_{260} \times 10$；

单链 DNA 样品浓度 $(\mu g/\mu l) = A_{260} \times$ 稀释倍数 $\times 40/1\,000 = A_{260} \times 1\,000/4 \times 40/1\,000 = A_{260} \times 10$

（2）纯度鉴定：计算 A_{260}/A_{280} 比值。

DNA 纯品 A_{260}/A_{280} 的比值一般为 1.8，低于 1.8 表明存在蛋白质或酚等杂质污染，需要进一步抽提。

8. 核酸保存　DNA 溶解于 TE 溶液中，4℃保存。EDTA 是通过螯合二价离子而抑制 DNA 酶的活性，在 -70℃可保存 5 年以上。哺乳动物细胞 DNA 的长期保存，应在 DNA 样本中加入 1 滴三氯甲烷，防止细菌和核酸酶的污染。

【注意事项】

1. 抽提过程应尽量保持低温。

2. 高分子量 DNA 的制备，因剪切力的危害甚大，所以每一步实验操作都要特别小心温和地操作，避免剧烈的吸取、振荡及混匀。

3. 组织标本　①如为肝，除去胆囊，因其含有较多的各种消化酶；②可将标本贮存于液氮或 -70℃冰箱；③液氮操作，应戴保暖手套和防护目镜，以防溅出的液氮冻伤皮肤，预冷研钵时应缓慢加入少量液氮，如突然将液氮倒入研钵或将研棒浸入液氮会发生碎裂；可将研钵置于冰上并加入干冰作为加入液氮前的预冷；④组织样品中可能带有致病菌、病毒等，应视为有毒生物材料，应按生物安全操作规程操作。

4. 血液标本　新鲜和冻贮血液均可用于制备高分子量 DNA。ACD 保贮血液中高分子量 DNA 的效果优于 EDTA。避免使用肝素抗凝，肝素是 PCR 反应的抑制剂。

5. 应避免标本反复冻融，防止降低高分子量的 DNA 的产率。

6. 本法要求核酸样品是纯净，即无显著的蛋白质、酚、琼脂糖或其他核酸、核苷酸等污染物制品。

7. pH=8.0 Tris 饱和酚的制备方法：取重蒸酚室温放置一段时间后，68℃水浴融化，加 8-羟基喹啉至终浓度 0.1%（W/V），溶解混匀，倒入分液漏斗中。加入等体积的 0.5mol/L 的 Tris-HCl（pH=8.0）溶液，反复混匀，静置分层；取下层黄色酚液于另一离心管中，加入 0.1mol/L 的 Tris-HCl（pH=8.0）溶液和 0.2% 的 β-巯基乙醇（原液 14.4mol/L），摇匀，去水相。反复萃取直至 pH 值为 8.0，最后加入 10% 0.1mol/L Tris-HCl（pH=8.0）封液并保存于棕色瓶，4℃避光保存 1 个月以上。8-羟基喹啉是一种氧化剂，酚加入后变黄色。如溶液黄色消失或呈粉红色，表明 8-羟基喹啉已耗尽，并有酚氧化物存在，不能使用。酚的腐蚀性很强，应在通风橱操作，操作时戴手套及防护镜，尽量避免皮肤接触或吸入体内，如皮肤与酚接触，用大量的水清洗，并用肥皂洗涤，忌用乙醇。含有 β-巯基乙醇（BME）的溶液不能高压处理。

【思考题】

1. 制备的 DNA 在什么溶液中较稳定？
2. 为了保证 DNA 的完整性，在操作中应注意什么？
3. EB 染料有哪些特点？使用中注意什么？
4. 为什么在实验中保持低温？

【参考文献】

[1] 吴士良. 生物化学与分子生物学实验教程. 北京：科学出版社，2004.

[2] 许彦鸣，药立波．医学分子生物学实验指导．北京：人民卫生出版社，2006.
[3] 徐克前．分子生物学检验技术实验指导．2版．北京：人民卫生出版社，2007.

（张　悦）

实验十四　总 RNA 的提取制备与检测
——异硫氰酸胍-酚-三氯甲烷一步法

【实验目的】
1. 掌握异硫氰酸胍-酚-三氯甲烷一步法制备总 RNA 的基本原理。
2. 熟悉 RNA 纯度、浓度和完整性的鉴定方法。

【实验原理】
强变性剂异硫氰酸胍能迅速裂解细胞，释放 RNA，使 RNA 与核蛋白解离。同时，高浓度异硫氰酸胍和 β-巯基乙醇还可迅速使细胞内的 RNase 失活，保护 RNA 不被降解。在酸性条件下，用酚/三氯甲烷抽提，RNA 进入水相，DNA、蛋白质和脂类则存在于酚相。上层水相经异丙醇沉淀和乙醇洗涤可获得纯化的总 RNA。

【实验对象】
新鲜或冰冻组织；悬浮培养细胞；单层培养细胞。

【仪器和试剂】
1. 仪器
（1）台式高速离心机。
（2）低温冷冻高速离心机。
（3）涡旋振荡器。
（4）匀浆器。
（5）高压消毒锅。
（6）微量移液器。
（7）1.5ml Ep 管。
（8）吸头。
（9）紫外分光光度计。
（10）100ml 三角烧瓶。

2. 试剂
（1）0.1％ 焦碳酸二乙酯（DEPC）水：1 000ml 双蒸水中加入 1ml DEPC，混匀，室温放置过夜（6~8h），高压灭菌，室温保存。
（2）磷酸盐缓冲液（PBS）。
（3）变性液：4mol/L 异硫氰酸胍，25mmol/L 枸橼酸钠，0.5％（m/V）十二烷基肌氨酸钠，0.1mol/L β-巯基乙醇。将 250g 异硫氰酸胍，17.6ml 0.75mol/L（pH＝7.0）枸橼酸钠和 26.4ml 10％ 的十二烷基肌氨酸钠溶于 293ml 的 DEPC 水中，65℃磁力搅拌混匀并完全溶解，室温下避光保存数月。临用前，加入终浓度为 0.1mol/L β-巯基乙醇（每 50ml 加入 0.36ml 14.4mol/L 的 β-巯基乙醇）。
（4）2mol/L NaAc（pH＝4.0）：三水乙酸钠 272.3g 溶于双蒸水 800ml 中，用冰乙酸调

节 pH 值至 4，加蒸馏水定容至 1 000ml，分装，高压，室温保存。

(5) 水饱和酚（pH＝6.0）。

(6) 三氯甲烷：异戊醇（比例为 24：1，V/V）。

(7) 异丙醇。

(8) 75％乙醇：用 DEPC 水配制。

(9) 去离子甲酰胺。

(10) 0.1mmol/L EDTA（pH＝7.5）的 DEPC 水：将 EDTA - 2Na·2H$_2$O 37.2g 溶入 DEPC 水 800ml 中，在磁力搅拌器上剧烈搅拌，用 NaOH 调节溶液的 pH 值至 7.5，定容至 1 000ml。分装，高压，室温保存。（注：EDTA - 2Na·2H$_2$O 需用 NaOH 调节溶液的 pH 值接近 7.5 才能溶解。）

【实验操作】

1. 样品的制备

(1) 组织：取新鲜组织 100mg，迅速用液氮冷冻后，用预冷乳钵研磨成粉末，加入 3ml 变性液，混匀，转入匀浆器中，冰浴下缓慢匀浆 15～20 次，获得组织细胞的裂解液（变性液中异硫氰酸胍能迅速裂解细胞，在 β-巯基乙醇协助下还可迅速使细胞内的 RNase 失活，保护 RNA 不被降解）。

(2) 细胞：①单层贴壁生长的细胞，弃培养液，用预冷的 PBS 洗涤 3 次，吸尽上清，加入变性液（每 10^6～10^7 个细胞加变性液 2ml）覆盖细胞，用吸管抽吸数次至细胞裂解，溶液变黏稠；②悬浮生长的细胞，2 000r/min 室温离心 10min，收集细胞，弃上清，用预冷的 PBS 洗涤细胞 3 次，吸尽上清，加入变性液（每 10^6～10^7 个细胞加变性液 2ml），用吸管抽吸数次至细胞裂解，溶液变黏稠。

2. RNA 的提取

(1) 将上述细胞裂解液 500μl 转移至无 RNase 的 Ep 管中，立即加入 1/10 体积 2mol/L 的 NaAc（pH＝4.0），等体积的酚，1/5 体积三氯甲烷：异戊醇，每加入一种试剂均需颠倒混匀 3～5 次。（酸性条件下 DNA 进入有机相，C_{RNA} 则留在水相。）

(2) 剧烈振荡 10s，冰浴 15min，使 RNA 与核蛋白完全解离。

(3) 12 000r/min 4℃离心 15min，将含 RNA 的上层水相转至另一无 RNase 的 Ep 管中，加入等量异丙醇，充分混匀，－20℃，放置 60min 或更长时间沉淀 RNA（为了降低处于两相交界处 DNA 的污染，不要吸取靠近界面的水相）。

(4) 4℃离心，12 000r/min，15min，轻轻弃掉上清，再加入 0.3ml 变性液重悬 RNA 沉淀，加入等量异丙醇，充分混匀，－20℃，放置 60min 或更长时间再次沉淀 RNA。为了保证不丢失 RNA 沉淀，先将上清保存于一新的无 RNase 的 Ep 管中，直到得到 RNA 沉淀再丢弃。

(5) 12 000r/min 4℃离心 15min，小心弃去上清，防止沉淀丢失。用 70％乙醇洗涤沉淀，12 000r/min 4℃离心 15min，重复两次。

(6) 吸去残留乙醇，室温下放置数分钟，使乙醇挥发（RNA 不能太干燥，否则难以溶解）。

(7) 加入 50μl DEPC 水溶解沉淀，65℃水浴 10min 有助于 RNA 的溶解。

3. 总 RNA 的鉴定

(1) RNA 纯度鉴定：取适量蒸馏水稀释溶解的 RNA，蒸馏水作为空白对照，用紫外分光光度计读取 A_{260} 和 A_{280} 光密度值。计算 A_{260}/A_{280} 比值。提取的 RNA 样品 A_{260}/A_{280} 的比值一般为 1.8～2.0，低于 1.8 表明存在蛋白质或酚等杂质污染，需要进一步抽提；比值过高，说明有 RNA 降解。

(2) RNA 浓度测定：取适量蒸馏水稀释溶解的 RNA，蒸馏水作为空白对照，读取 A_{260} 光密度。依据 $1A_{260} = 40\mu g/ml$ RNA，RNA 浓度可计算为：C_{RNA}（$\mu g/ml$）＝A_{260} 光密度×40×稀释倍数。

(3) RNA 完整性检测：1%琼脂糖甲醛变性凝胶电泳分离真核细胞总 RNA 后，紫外灯下可清楚地观察到 28S rRNA 和 18S rRNA 条带，也能看到一条由 tRNA、5.8S RNA 和 5S RNA 组成的较模糊但迁移较快的条带，若 28S rRNA 的亮度为 18S rRNA 的 2 倍，且条带清楚无弥散现象，表明 RNA 没有降解。由于细胞中 mRNA 含量较低，只有在过量上样时，才可能观察到 mRNA。

4. RNA 的贮存，见前所述。

【注意事项】

1. 本法不适合从含有丰富的三酰甘油而 RNA 含量较低的脂肪组织中提取 RNA。从脂肪组织中提取 RNA 可采用 Kamran Tavangar 改进的方法。

2. 从高糖组织提取 RNA 时，由于存在大量的多糖和蛋白多糖的污染，使乙醇沉淀后的 RNA 难以溶解，并且抑制 RT－PCR 反应。改变从水相中沉淀 RNA 的条件，加入 1/4 体积的异丙醇和等体积的 RNA 沉淀液（1.2mol/L NaCl，0.8mol/L 枸橼酸二钠盐·15H_2O），充分混匀，室温静置 10min，离心，弃上清，用变性液重溶 RNA 沉淀后接后续操作。

3. 变性液具有强腐蚀性，在配制和使用过程中应注意皮肤和眼部防护。

4. RNA 酶是一种强有力的酶，常规的高压蒸气灭菌方法并不能使其完全失活。实验过程中应避免内源性和外源性 RNase 的污染，操作者应佩戴口罩、帽子，并经常更换手套；保证移液器 RNA 专用；配备所有的溶液及缓冲液时，要使用无 RNA 酶的玻璃器皿、DEPC 处理过的水；玻璃器皿需要 300℃烘烤 4h，塑料制品则用 0.1% DEPC 室温下浸泡过夜或 37℃至少 1h，高压灭菌，除去残余的 DEPC。

5. DEPC 是一种高活性的烷化剂，为剧毒物质，需小心操作和处理。

6. 石英比色杯使用前后需在盐酸/甲醇（1∶1，V/V）溶液中至少浸泡 30min，并用 DEPC 水彻底洗净。

7. RNA 产量的高低取决于所提取的初始组织或细胞的量，一般每 mg 新鲜组织能提取 RNA 4～7μg，每 10^6 细胞可获得 RNA 5～10μg。

【思考题】

1. 在提取 RNA 过程中，如何避免 RNase 对 RNA 的降解？
2. 变性液中异硫氰酸胍和 β-巯基乙醇起什么作用？
3. 在 RNA 的提取步骤（1）为何先加入 1/10 体积 2mol/L 的 NaAc（pH＝4.0），再加入等体积的酚，其作用是什么？

【参考文献】

[1] FARRELL，R E，Jr. RNA 分离与鉴定实验指南-RNA 研究方法：第 3 版. 金由鑫，刘建华，金言，译. 北京：化学工业出版社. 2008.

[2] 袁榴娣. 高级生物化学与分子生物学实验教程. 南京：东南大学出版社，2006.

[3] 许彦鸣，药立波. 医学分子生物学实验指导. 北京：人民卫生出版社，2006.

[4] 徐克前. 分子生物学检验技术实验指导. 2 版. 北京：人民卫生出版社，2007.

(张 悦)

实验十五 Northern 印迹杂交

【实验目的】

1. 了解甲醛变性凝胶电泳的方法。
2. 了解 Northern blotting 一般操作过程和基本原理。

【实验原理】

Northern 印迹杂交（Northern blotting）是一种将 RNA 从琼脂糖凝胶中转印到硝酸纤维素膜上后再进行核酸杂交检测的方法。杂交的过程分三部分，即样品 RNA 或 mRNA 经变性琼脂糖电泳分离，转印到硝酸纤维素膜或尼龙膜上，然后用 DNA 或 RNA 探针进行杂交。

Northern 印迹杂交中，要成功转印 RNA，必须在进样前用甲基氧化汞、乙二醛或甲醛使之变性，因为 RNA 变性后有利于在转印过程中与硝酸纤维素膜结合。而且，由于普通琼脂糖凝胶电泳中常使用的溴乙锭影响 RNA 与硝酸纤维素膜的结合，所以在胶中不能加入作为显色剂。为测定片段大小，可在同一块胶上加分子量标准一同电泳，之后将分子量标准胶切下，染色、照相，样品胶则进行 Northern 转印。分子量标准胶上色的方法是在暗室中将其浸在含 5μg/ml 溴乙锭的 0.1mol/L 醋酸铵中 10min。颜色在水中可脱去。 将 RNA 从凝胶中转移到固体支持物上的方法主要有 3 种：①虹吸转移法；②电泳转移法；③真空转移法。目前常用的还是虹吸转移法。

【实验对象】

样品 RNA 或 mRNA。

【仪器和试剂】

1. 仪器

(1) 电泳仪。

(2) 电泳槽。

(3) 真空烤箱。

(4) 恒温水浴箱。

(5) 凝胶成像系统。

(6) 恒温摇床、脱色摇床。

(7) 涡旋振荡器。

(8) 微波炉。

(9) 封口机。

(10) 放射自显影盒。

(11) X 线片。

(12) 杂交袋。

(13) 硝酸纤维素滤膜或尼龙膜。

(14) 微量移液器。

2. 试剂

(1) 10mg/ml 溴乙锭（EB）。

(2) 0.1mol/L 醋酸铵。

(3) 10×MOPS 电泳缓冲液：0.2mol/L 吗啉代丙烷磺酸（MOPS），20mmol/L 醋酸钠，10mmol/L EDTA，用 NaOH 调至 pH＝7.0。

(4) 5×上样缓冲液：50％甘油，1mmol/L EDTA，0.3％溴酚蓝，0.3％二甲苯蓝。

(5) 甲醛溶液：用去离子水配成 37％浓度（12.3mol/L）。应在通风柜中操作，pH 值高于 4.0。

(6) 样品变性缓冲液（100μl）：甲酰胺（去离子）64.6μl，甲醛 22.6μl 和 10×MOPS 缓冲液 13μl。

(7) 50×Denhardt 溶液：Ficoll-40 5g，PVP（聚乙烯吡咯烷酮）5g，BSA 5g 加蒸馏水溶解至 500ml，过滤除菌后于－20℃储存。

(8) 20×SSC：3mol/L NaCl，0.3mol/L 枸橼酸钠、用 1mol/L HCl 调节 pH 值至 7.0。

(9) 预杂交液：5×SSC，5×Denhardt 溶液，1％SDS，100μg/ml 鲑鱼精子 DNA，50％甲酰胺。

(10) 杂交液：预杂交液中加入变性探针即为杂交溶液。

(11) 50mmol/L NaOH（含 10mmol/L NaCl）。

(12) 20％SDS。

(13) RNA 样品。

(14) DNA 探针或 RNA 探针（25ng）。

【实验操作】

（一）甲醛变性凝胶电泳

1. 配置 1×电泳缓冲液　混匀 10×MOPS 100ml 和甲醛 180ml，用 DEPC 处理水定容到 1L。

2. 选择一个合适的样品孔形成器和相应的电泳槽，放置于 60℃预热。

3. 将 10×MOPS 电泳缓冲液 7ml 和甲醛 11.5ml 混匀，备用。

4. 40ml 蒸馏水中加琼脂糖 0.7g，微波炉煮沸完全溶解后，恒温水浴冷却到 60℃，加入步骤 3 混合液，再用 DEPC 处理水定容至 70ml，混匀后倒入制胶槽，冷却凝固至少 1h。

5. 样品制备　纯化的 RNA 样品 5μl（建议 RNA 的终浓度为 1μg/μl）中加入样品变性缓冲液 3μl，加热到 65℃变性 10min，然后用冰迅速冷却，并加入 5×上样缓冲液 2μl，备用（离使用前不超过 15～30min）。

6. 小心拔出样品孔形成器，倒入 1×电泳缓冲液，盖过胶面但不超过 4mm。

7. 样品 12 000r/min 离心 5min，吸取样品并加入到上样孔中，上样体积一般为 10～20μl。同时将分子量标准加到旁边孔中，便于确定样品 RNA 的分子量。

注：上样后等待约 10min 再接通电源，可以获得较好的电泳带。

8. 以 7.5V/cm 电压，电泳 3～4h。电泳结束后，将分子量标准胶切下，将其浸在含 5μg/ml 溴乙锭的 0.1mol/L 醋酸铵中 10min 上色，在凝胶成相系统中拍照。

注：电泳缓冲液可过滤到棕色瓶中重复使用，直至呈现淡黄色。

（二）利用虹吸把 RNA 从胶吸印到膜上

1. 用 DEPC 处理水洗涤样品凝胶 3 次，每次 10min，除去甲醛。然后用 50mmol/L NaOH（含 10mmol/L NaCl）泡凝胶 20min 水解高分子 RNA，以增强转印效果。

2. 把样品凝胶和硝酸纤维素膜浸泡在转移缓冲液中（硝酸纤维膜用 20×SSC，尼龙膜用 10×SSC）3 次，每次 15min。膜的大小要求比胶长宽各多出 1mm。

3. 安装转移装置，盘内倒入转移缓冲液（20×SSC）。如图2-8，缓冲液平面上做一平台，平台上铺一张较大的滤纸，使其两端浸入缓冲液中。

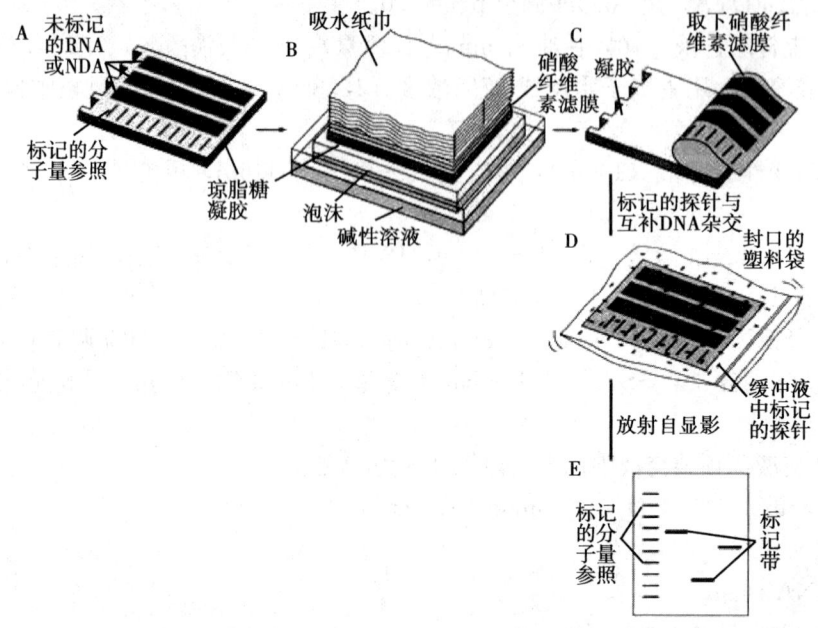

图2-8　Northern blotting 转膜过程

4. 在滤纸表面倒入少许20×SSC，将凝胶倒扣于滤纸上，小心赶除凝胶与滤纸间的气泡，凝胶四周用胶布粘贴或用塑料薄膜包裹以防缓冲液直接从凝胶周围上流（虹吸短路）。

5. 用少许20×SSC浸没凝胶，置硝酸纤维素膜于凝胶上，确保凝胶与膜之间无气泡。用软铅笔标记面对凝胶的膜面。

6. 在膜表面放三张与膜大小相似并预先用20×SSC浸泡的滤纸。

7. 放一叠干燥吸水纸（印迹纸或纸巾）在滤纸表面（5~8cm高）。

8. 在吸水纸上放一玻璃板，并在玻璃板上置0.75~1kg重的物体。

9. 转移进行12~16h，期间换吸水纸1~2次，并确保槽内有足够的20×SSC（约3L）。

10. 转印后，小心拆卸印迹装置，将凝胶与滤膜一起转移到干燥滤纸上，凝胶在上，用软铅笔在膜上标记加样孔的位置，撕去凝胶。

11. 以20×SSC漂洗膜以去除琼脂糖残迹。

12. 将硝酸纤维素膜放在两块干燥的滤纸之间，80℃干燥0.5~2h。

13. 此膜可用于杂交或4℃保存，尼龙膜需要塑料袋密封。

（三）杂交

1. 用6×SSC打湿转印完成的硝酸纤维素膜（含固定的RNA）。

2. 将浸湿的膜装入塑料袋中，塑料袋四周封口并剪去一角，标记正反面。

3. 预热预杂交液至42℃，经塑料袋开口处小心加入约0.1ml/cm²预热的预杂交液，避免加入气泡，从塑料袋中挤压出所有气泡，密封塑料袋。

4. 在42℃水浴摇床中温育塑料袋2~4h，或将塑料袋夹于两块玻璃板中置42℃烤箱2~4h，确保滤膜表面无气泡。

5. 剪去杂交袋一角，将预杂交液倒入 15ml 或 50ml 的 Falcon 试管中，加入 10～20ng/ml（DNA 或 RNA）探针，一般来说，10^6～10^7 cpm/ml 已足够，轻轻混匀。用一次性塑料移液管将杂交液加入装有滤膜的塑料袋中。

6. 置 95℃ 10min 使探针变性，立即置冰浴冷却 5min。

7. 从塑料袋的开口处将气泡全部压出，用纸巾擦去流出的少许杂交液，小心封好袋口，避免液体漏出。必要的话，可将塑料袋套入另一个塑料袋内以防放射性污染。

8. 在 42℃ 水浴摇床中温育 12～16h，或夹在两块玻璃板中置 42℃ 烤箱（或恒温水浴槽）温育 12～16h（DNA 探针 42℃ 或 RNA 探针 60℃）。

9. 杂交完毕，打开塑料袋的一角，将杂交液倒入 15ml 或 50ml 的 Falcon 试管中。小心不要使放射性溶液溅出。

10. 将塑料袋完全打开，用钝头镊将膜移至盘中以便清洗，立即用 2×SSC（含 0.1% SDS）缓冲液漂洗，室温漂洗 3 次，每次 5min。

11. 用预热 45℃ 的 0.2×SSC（含 0.1%SDS）缓冲液漂洗 2 次，每次 20min。在更换缓冲液之间，应用盖革计数器检测滞留在印迹膜中心的放射性。

（注：低强度洗涤用室温漂洗 2 次，每次 5min；高强度洗涤用 68℃ 漂洗 2 次，每次 20min）。

12. 再用 2×SSC 室温漂洗 1 次后，把杂交膜放在一张滤纸上稍晾干后，将膜封在塑料袋内或用塑料薄膜包裹。

13. 将杂交膜（包裹在塑料袋内，RNA 面朝上）放在 X 射线暗盒底部，胶片放在其上。为方便起见，可将增感屏固定在暗盒盖上，关闭暗盒，在 −70℃ 曝光 1d～2w。

14. 将暗盒从冰箱内移出时，应有足够的时间（30min～1h）使其温度调至室温。在暗室将胶片从暗盒取出，并在自动 X 线底片处理仪上冲洗，观察结果。

【注意事项】

1. 所有的试剂都必须用 DEPC 水配置，所有操作必须避免 RNA 酶污染。

2. 用于 RNA 电泳、转膜的所有器械、用具均须处理以除去 RNA 酶，避免样品的降解。

3. 甲醛电泳凝胶配置须在通风橱内戴手套操作，用专供 RNA 电泳的电泳槽实验。

4. RNA 由凝胶转移至尼龙膜所用方法，与 RNA 转移至硝酸纤维素滤膜所用方法类似。

5. 硝酸纤维膜或尼龙膜操作时应戴手套，以防油脂和 RNA 酶污染，操作中应小心轻放，以防破碎。

6. 转移时滤纸、凝胶、硝酸纤维素膜之间必须排除气泡。

7. 所有废液包括放射性探针杂交液，应倒至专门废液缸中，以防放射性污染。

8. 可能出现的问题与对策

（1）电泳中出现条带不清或弯曲：①重新配制凝胶并充分冷却凝固；②电泳时，定时混匀电泳缓冲液；③上样量适当减小。

（2）RNA 转印不成功：①首先检查并排除"虹吸短路"；②检查硝酸纤维素膜和凝胶放置是否正确；③按时更换吸水纸巾；④添加足量的转移缓冲液；⑤检查是否存在气泡。

（3）杂交背景明显升高：可通过提高预杂交和杂交步骤中封闭试剂的量来予以解决。

（4）杂交结果弱：可重复杂交，但必须防止转移膜干燥，并调整转移膜洗涤条件。

【思考题】

1. 核酸杂交技术的基本原理是什么？

2. 影响RNA印迹效果的主要因素有哪些?
3. Northern Blot技术的应用范围有哪些?

【参考文献】

[1] 吴士良. 生物化学与分子生物学实验教程. 北京：科学出版社, 2004.

[2] FARRELL, R E, Jr. RNA分离与鉴定实验指南-RNA研究方法：第3版. 金由鑫, 刘建华, 金言, 译. 北京：化学工业出版社. 2008.

[3] 袁榴娣. 高级生物化学与分子生物学实验教程. 南京：东南大学出版社, 2006.

[4] 许彦鸣, 药立波. 医学分子生物学实验指导. 北京：人民卫生出版社, 2006.

（张　悦）

第三篇 综合性实验

实验一 肝糖原的提取和定量测定

【实验目的】
1. 熟悉从生物样品中（肝和肌肉组织）提取糖原一般方法。
2. 掌握影响肝糖原含量的因素。
3. 了解肝糖原的意义。

【实验原理】
糖原存在于细胞内，可通过物理破碎细胞，低浓度的三氯醋酸使蛋白质变性，但糖原仍然稳定地存在于上清液中，而使糖原与蛋白质等其他成分分离开。糖原不溶于乙醇，但溶于热水，故首先采用90%乙醇使糖原沉淀，再溶解于热水中，使糖原纯化。糖原水溶液呈乳样光泽，遇碘呈红棕色，这是由于糖原中的葡萄糖长链形成的螺旋中依靠水分子之间的引力吸附碘分子后呈现的颜色。葡萄糖残基链的长短不同，遇碘所呈颜色也不同，在小于20个葡萄糖残基时呈红色，在20~30个葡萄糖残基之间时呈紫色，当葡萄糖残基大于60个以上时会呈现蓝色。浓H_2SO_4能使葡萄糖脱水成5-羟基呋喃甲醛，后者与蒽酮作用脱水形成蓝绿色化合物，在620nm处有最大吸收峰。

【实验对象】
新鲜大鼠、鸡或犬肝。

【仪器和试剂】
1. 仪器
(1) 研钵。
(2) 电动离心机。
(3) 托盘天平。
(4) 沸水浴。
(5) 722型分光光度计。

2. 试剂
(1) 0.9%NaCl。
(2) 5%三氯醋酸。
(3) 95%乙醇。
(4) 碘试剂：I_2 100mg，KI 200mg，溶解于30ml蒸馏水中。
(5) 标准葡萄糖溶液（100μg/ml）：0.5ml相当于50μg。
(6) 蒽酮试剂
1) 蒽酮重结晶：6g市售蒽酮溶于300ml无水乙醇中，加热至完全溶解。加蒸馏水直到结晶不再析出为止，放置4℃冰箱过夜，抽滤得淡黄色结晶，置于棕色瓶内，放于干燥器内，备用。

2) 配制试剂：取结晶蒽酮 0.05g，硫脲 1g，溶于 66％硫酸 100ml 中，加热溶解，置棕色瓶中，4℃冰箱中可保存两周。

【实验操作】

1. 糖原的提取

(1) 取用 0.9％NaCl 冲洗的新鲜肝 1g，剪碎后加入 5％的三氯醋酸 2ml，充分研磨成糜状，经滤纸过滤于刻度离心管中。再用蒸馏水 3ml 洗残渣两次，然后用蒸馏水使总体积达到 5ml，混匀，此为滤液。

(2) 取滤液 2ml 于另一离心管中，加入 95％乙醇 2ml，混匀，静置 10min 后 3 000r/min，离心 5min，小心弃去上清液，白色沉淀即为糖原。

2. 糖原鉴定

(1) 加蒸馏水 2ml 于糖原沉淀中，充分混匀后置于沸水浴加热 5min 使糖原溶解，取出冷却，为糖原水溶液，观察溶液，可见乳样光泽。

(2) 取糖原水溶液 2 滴，滴于白瓷皿中，加入碘试剂 2 滴，并在邻近空白孔加 2 滴碘试剂对照，观察颜色变化。

3. 糖原的定量

(1) 取糖原滤液 0.5ml，加蒸馏水 4.5ml，制备成滤液稀释液（1）。

(2) 取糖原水溶液 0.5ml，加蒸馏水 4.5ml，制备成糖原的水溶液稀释液（2）。

(3) 取试管 4 支，标号，按照表 3-1 操作：

表 3-1 糖原测定反应体系

试剂	试管号			
	1	2	3	4
样品（ml）	(1) 液 0.5	(2) 液 0.5	标准葡萄糖 0.5	0
蒸馏水（ml）	0	0	0	0.5
蒽酮试剂（ml）	3	3	3	3

混匀，置沸水浴中 10min，取出冷却后以第四管调零，在 620nm 比色，读取光密度值 A。

(4) 计算

1) 糖原得率的计算：

$$糖原得率（\%）=\frac{A_2}{A_1}\times 100\%$$

2) 糖原含量的计算：

$$糖原含量（mg/100g 肝）=\frac{A_2}{A_3}\times 标准葡萄糖浓度（100\mu g/ml）\times 1\div 1.11\times$$

$$100\div 1\,000\times 稀释倍数（10）\times 5ml$$

式中，1.11 为此法测得葡萄糖含量换算为糖原的常数，即酶 100μg 糖原与蒽酮试剂呈色相当于 111g 葡萄糖所呈之色。

【注意事项】

1. 在提取过程中，研磨要充分，各步加入的试剂量要准确。

2. 加入乙醇混匀后不要立即离心，放置时间至少要 10min。

【临床意义】

糖原是体内葡萄糖的储存形式，是葡萄糖的多聚体，其分子呈树枝状，中心分支多而外区分支较少。肝和肌肉组织是糖原储存的主要组织器官，但肝糖原与肌糖原的生理意义不同。当血糖下降时，肝糖原迅速分解动员产生的主要产物 85％为葡萄糖-1-磷酸，15％为游离葡萄糖，维持血糖浓度的恒定。虽然肝糖原分解可以补充血糖，但其储存量有限，仅占肝重的 10％，总量小于 150g，因此，其分解仅能持续 16～24h。在较长时间饥饿时，肝糖原几乎耗尽，肝通过糖异生补充血糖。由于先天性缺乏糖原代谢的酶，可导致组织器官中大量糖原的累积，所缺陷的酶不同，受累的器官也不同。例如，缺乏糖原磷酸化酶时，糖原沉积于肝，导致肝大；而缺乏 α-葡萄糖苷酶，所有组织受累，患者常会由于心肌受损而引发猝死。

【思考题】

1. 本实验中鉴定糖原的方法及其原理有哪些？
2. 根据肝组织用量及提取时稀释的情况，列出计算肝糖原含量的公式。
3. 为什么在糖代谢研究中用饱食的大鼠来观察肾上腺素的作用，而用饥饿的大鼠来观察皮质醇的作用？

【参考文献】

[1] 陈钧辉. 生物化学实验. 3 版. 北京：科学出版社，2003.
[2] 袁榴娣. 高级生物化学与分子生物学实验教程. 南京：东南大学出版社，2006.
[3] 张孟业，赵兴国. 生物化学与医用化学实验指导. 北京：科学出版社，2008.

（朴金花）

实验二　BCA 法测定蛋白质含量

【实验目的】

掌握 BCA 法测定蛋白质含量的原理。

【实验原理】

BCA（bicinchonininc acid）与二价铜离子的硫酸铜等其他试剂组成的试剂，混合一起即成为苹果绿，即 BCA 工作试剂。在碱性条件下，BCA 与蛋白质结合时，蛋白质将 Cu^{2+} 还原为 Cu^+，一个 Cu^+ 螯合二个 BCA 分子，工作试剂由原来的苹果绿形成紫色复合物，最大光吸收强度与蛋白质含量成正比。

【实验对象】

血清。

【仪器和试剂】

1. 仪器

（1）分光光度计。

（2）恒温水浴箱。

（3）微量移液器。

2. 试剂

（1）试剂 A：1％BCA 二钠盐、2％无水碳酸钠、0.16％酒石酸钠、0.4％氢氧化钠、

0.95%碳酸氢钠，混合调 pH 值至 11.25。

(2) 试剂 B：4%硫酸铜。

(3) BCA 工作液：试剂 A 100ml＋试剂 B 2ml 混合。

(4) 蛋白质标准液：用结晶牛血清白蛋白根据其纯度用生理盐水配制成 1.5mg/ml 的蛋白质标准液。

(5) 待测样品：依据 BCA 法试剂盒要求配制。

【实验操作】

1. 标准曲线的绘制：取试管 5 支、编号 1～5，按表 3-2 操作：

表 3-2 BCA 法检测蛋白质含量的反应体系

试剂	试管号				
	1	2	3	4	5
蛋白质标准液（μl）	20	40	60	80	100
双蒸水（μl）	80	60	40	20	0
BCA 工作液（ml）	2	2	2	2	2

混匀，37℃保温 30min，562nm 波长处比色，测定光密度值，绘制标准曲线。

2. 样品中蛋白质测定按表 3-3 操作：

表 3-3 样品蛋白质含量测定的反应体系

试剂	试管号	
	对照管	测定管
双蒸水（μl）	100	-
待测样品（μl）	-	100
BCA 工作液（ml）	2	2

混匀，37℃保温 30min，562nm 波长处比色，查找标准曲线求出待测血清中蛋白质浓度。

【优点】

1. 操作简单，快速，45 分钟内完成测定，比经典的 Lowary 法快 4 倍且更加方便。

2. 准确灵敏，试剂稳定性好，BCA 试剂的蛋白质测定范围是 20～200μg/ml，微量 BCA 测定范围在 0.5～10μg/ml。

3. 经济实用，除试管外，测定可在微板孔中进行，大大节约样品和试剂用量。

4. 抗试剂干扰能力比较强，如去垢剂，尿素等均无影响。

（张　悦）

实验三　质粒 DNA 的提取

【实验目的】

1. 学习碱裂解法对大肠埃希菌中质粒 DNA 提取的抽提和纯化方法。

2. 掌握质粒 DNA 的小量制备方法和原理。

【实验原理】
  碱裂解法提取质粒利用的是共价闭合环状质粒 DNA 与线状的染色体 DNA 片段在拓扑学上的差异来分离它们。在 pH 值介于 12.0～12.5 这个狭窄的范围内，线状的 DNA 双螺旋结构解开变性，在这样的条件下，共价闭环质粒 DNA 的氢键虽然断裂，但两条互补链彼此依然相互盘绕而紧密地结合在一起。当加入 pH=4.8 的醋酸钾高盐缓冲液使 pH 值降低后，共价闭合环状的质粒 DNA 的两条互补链迅速而准确地复性，而线状的染色体 DNA 的两条互补链彼此已完全分开，不能迅速而准确地复性，它们缠绕形成网状结构。通过离心，染色体 DNA 与不稳定的大分子 RNA、蛋白质-SDS 复合物等一起沉淀下来，而质粒 DNA 却留在上清液中。

【实验对象】
  带有目的基因质粒的大肠埃希菌。

【仪器、材料和试剂】
  1. 仪器
  （1）恒温培养箱。
  （2）恒温摇床。
  （3）小型高速离心机。
  （4）高压灭菌锅。
  2. 材料
  （1）带有目的基因质粒的大肠埃希菌。
  （2）1.5ml 的离心管。
  3. 试剂
  质粒小量制备试剂盒（3S Spin plasmid Miniprep Kit V3.1，申能博彩公司），试剂盒参考配方：
  （1）溶液Ⅰ：50mmol/L 葡萄糖，5mmol/L 三羟甲基氨基甲烷（Tris）·HCl（pH=8.0），1.0 mmol/L 乙二胺四乙酸（EDTA）(pH=8.0)。
  （2）溶液Ⅱ：0.4mol/L NaOH，2％SDS（十二烷基硫酸钠），用前等体积混合。
  （3）溶液Ⅲ：5mol/L 醋酸钾 60ml，冰乙酸 11.5ml，水 28.5ml。
  （4）TE 缓冲液：10mmol/L Tris·HCl，1mmol/L EDTA（pH=8.0）。
  （5）胰 RNA 酶（RNA 酶 A）：将 RNA 酶溶于 10mmol/L Tris·HCl（pH=7.5）、15mmol/L NaCl 中，配成 10mg/ml 的浓度，于 100℃加热 15min，缓慢冷却至室温，保存于 −20℃。
  （6）直接使用 DNA 提取试剂盒。

【实验操作】
  1. 将 3ml 含 Apm 的 LB 液体培养基加入到两支试管中，分别接入含目的基因质粒的大肠埃希菌，37℃振荡培养过夜。
  2. 将过夜培养的 2ml 细菌（测序用质粒抽提可用 5ml 细菌）4℃高速离心 1min，彻底去除上清。
  3. 加入 100ml solutionⅠ（冰上操作），用枪头或振荡器充分悬浮细菌（质粒如果用于全自动荧光测序分析，可用 5ml 细菌，而无需提高溶液Ⅱ和Ⅲ的用量）。
  4. 加入 200ml 溶液Ⅱ，立即上下颠倒或用手指弹管底，使细菌裂解，室温放置（2min

左右）至溶液变成澄清。

5. 加入 400ml 溶液Ⅲ，立即上下颠倒 5~10 次，使之充分中和，室温放置 2min。

6. 高速离心，15 000r/min，10min（无需低温离心，提高离心速度，会使沉淀更加紧密）。

7. 取出 2ml 样品收集管和 3S 柱，在管壁标上样品号，将步骤 6 中的上清全部转移到（吸或倒入）3S 柱里。盖上离心管盖子（盖子盖上时，柱子内压的增加，可能会使部分溶液从柱子底部流出，为正常现象），室温放置 2min；12 000r/min 离心 1min（转移上清时不要吸取沉淀，否则会出现基因组 DNA 和蛋白质污染）。

8. 取下 3S 柱，去掉收集管中的废液，将 3S 柱放入同一支收集管中，吸取 700ml 洗脱液到 3S 柱，12 000r/min 离心 1min。

9. 重复步骤 8 一次。

10. 取下 3S 柱，弃去收集管中的废液，将 3S 柱放入同一支收集管中，12 000r/min 离心 2min。

11. 将 3S 柱放入干净的 1.5ml 的离心管中，在 3S 柱子膜中央加 50ml TE 或水，不要盖上离心管盖，室温下放置 2min；盖上离心管盖，室温高速离心 1min。

注意：将 TE 或水预热到 50℃左右可以提高洗脱效率。测序用质粒用 30ml 预热的水洗脱，浓度一般满足测序要求。

12. 洗脱的质粒可以立即用于各种分子生物学操作或-20℃保存备用。1ml 过夜培养细胞，质粒如果用 50ml 水洗脱，通常情况下可以取 10ml 洗脱液做 Agarose 电泳或酶切分析。

13. 质粒的琼脂糖凝胶电泳　将 5ml 洗脱液与 3ml 的 DNA 样品缓冲液混合，加于 1.2% Agarose 做凝胶电泳分析。

【注意事项】

1. 试剂Ⅰ内含 RNaseA，每次实验结束后，4℃保存。

2. 温度低时，试剂Ⅱ有白色沉淀析出，37℃以下保温溶解，摇匀后使用。

3. 首次使用前，必须在洗脱液瓶中加入 50ml 无水乙醇，充分混匀后使用。每次使用后将瓶盖旋紧，以保持洗脱液中的乙醇含量。

4. TE pH8.0 或者水均可以用于洗脱，但是用水洗脱 DNA，效率通常要低一些。抽提测序用质粒需要用水洗脱。

【优点】

1. 采用改良的碱裂解方法，质量稳定，重复性好。

2. 经济、快速，每次抽提可以在 20min 内完成。

3. 无需酚抽提，无需乙醇沉淀，无需 CsCl 离心。

4. 质粒纯度高，洗脱体积小，适合于 DNA 全自动荧光测序。

（张　悦）

实验四　DNA 的限制性酶切与琼脂糖凝胶电泳

【实验目的】

1. 掌握 DNA 的限制性内切酶酶切的原理与方法。

2. 掌握琼脂糖凝胶电泳的基本操作。

【实验原理】

1. DNA 的限制性内切酶酶切分析　限制性内切酶能特异地结合于一段被称为限制性酶识别序列的 DNA 序列之内或其附近的特异位点上,并切割双链 DNA。它可分为三类:Ⅰ类和Ⅲ类酶在同一蛋白质分子中兼有切割和修饰(甲基化)作用且依赖于 ATP 的存在。Ⅲ类酶结合于识别位点并随机的切割识别位点不远处的 DNA。绝大多数Ⅱ类限制酶识别长度为 4~6 个核苷酸的回文对称特异核苷酸序列(如 EcoRⅠ识别六个核苷酸序列:$5'-G\downarrow AATTC-3'$),有少数酶识别更长的序列或简并序列 BamHⅠ酶的识别顺序为:

$$5'G\downarrow G—A—T—C—C3'$$
$$3'C—C—T—A—G\uparrow G5'$$

若用 BamHⅠ酶切只有一个 BamHⅠ酶切位点的环状双链 DNA 分子,就能产生两个带有 GATC 碱基顺序的黏性末端的线状 DNA 分子:

环状双链DNA

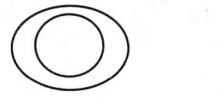

↓BamHⅠ酶切

5'G　　ATCC ------------ G3'

3'G ------------ 　CCTAG5'

带GATC黏性末端的线状分子

pUC18 质粒上,只有一个 BamHⅠ酶切位点,所以在本实验中用 BamHⅠ酶切后能产生 pUC18 带有互补黏性末端的线状分子,如果加入另一个带相同限制性内切酶切出黏性末端的目标基因片段,通过连接酶的连接,就可构建成重组质粒。

本实验要求用 BamHI 酶消化质粒,酶切反应要完全。影响酶切反应的因素有以下几个:①底物 DNA 样品的纯度;②离子浓度;③底物 DNA 的量;④酶切反应温度;⑤酶切时间。

2. 琼脂糖凝胶电泳　琼脂糖不带电荷,当琼脂糖加热到沸点后再冷却凝固就形成良好的电泳介质。琼脂糖的浓度决定琼脂糖凝胶的孔径。DNA 分子在琼脂糖凝胶中时有电荷效应和分子筛效应。DNA 分子在 pH 值高于其等电点的缓冲液中带负电荷,在电场中向正极移动。在一定的电场强度下,DNA 分子的迁移速度取决于分子筛效应,具有不同的相对分子质量的 DNA 片段泳动速度不一样。凝胶电泳不仅可分离不同分子质量的 DNA,也可以分离相对分子质量相同,但构型不同的 DNA 分子。所以在一定浓度的琼脂糖凝胶介质中,DNA 分子的电泳迁移率与其分子量、分子构型和所用缓冲液有关。

【实验对象】

质粒 DNA 限制性核酸内切酶。

【仪器和试剂】

(一) DNA 的限制性内切酶酶切分析

1. pUC18 质粒。

2. BamHⅠ酶。

3. 10×限制性内切酶缓冲液(10×buffer):含有 500mmol/L Tris - HCl(pH=7.5)、100mmol/L $MgCl_2$、10mmol/L 二硫苏糖醇、1 000mmol/L NaCl。

4. 无菌双蒸水(ddH_2O)。

5. 恒温水浴锅、移液器、200μl 微量离心管、吸头。

(二) 琼脂糖凝胶电泳

1. 5×TBE 缓冲液（pH=8.3）：取 Tris 54g，硼酸 27.5g，0.5mol/L EDTA（pH=8.0）20ml，加入蒸馏水 900ml 溶解后，加蒸馏水定容至 1 000ml。电泳时稀释 10 倍。

2. 6×凝胶上样缓冲液：0.25%溴酚蓝，0.25%二甲苯青 FF，30%甘油，溶于蒸馏水，4℃保存。

3. 溴乙锭（EB）10mg/ml 贮存液：小心称取溴乙锭 200mg，加 20ml 双蒸水，磁力搅拌器搅拌数小时至完全溶解，为 EB 贮存液，装入棕色试剂瓶，并用铝箔或黑纸包裹试剂瓶，4℃保存。

4. 溴乙锭（EB）10mg/L 应用液：取 EB 贮存液（10mg/ml）1ml，加双蒸水至 1 000ml。

5. 1%琼脂糖凝胶：称取琼脂糖（电泳级）1g，用 0.5×TBE 溶解，定容至 100ml，加热溶解后制胶（当琼脂糖加热至 90℃时，形成清亮、透明液体，其凝固点为 40~45℃）。

6. 标准分子量 DNA（marker）。

7. 紫外分光光度计、稳压稳流电泳仪、水平板电泳槽、紫外检测仪（或凝胶成像系统）、微量移液器及吸头、宽口径移液管（出口直径为 0.3cm）、Ep 管。

【实验操作】

(一) DNA 的限制性内切酶酶切分析

1. 用微量移液器吸取下列试剂于一个已编好号码的 Ep 管内（按次序加样，制备 pUC 18 质粒的酶切反应液）。

（1）灭菌 ddH$_2$O   31μl（用于调整反应液体积）
（2）10×中盐缓冲液   4μl
（3）pUC18 质粒 DNA   3μl（约 0.4μg）
（4）BamH I 酶   2μl
总体积   40μl

2. 盖紧上述 Ep 管的盖子；用手指轻弹底部溶液，混合均匀；置于高速离心机上离心 2s，使反应液甩入管底部。

3. 将上述 Ep 管置于 37℃恒温水浴锅中，保温 1h，进行限制核酸内切酶酶切反应。

4. 取上述样品的酶切反应液 10μl，另取未酶切的质粒 DNA 2μl 作为对照。进行琼脂糖凝胶电泳，观察酶切反应结果；剩余的样品继续在 37℃水浴中酶切，直至电泳观察酶切反应完全为止。

(二) 琼脂糖凝胶电泳

1. 琼脂糖凝胶电泳制备　用 0.5×TBE 缓冲液配制相应浓度的琼脂糖凝胶（见下表）；水浴煮沸或微波炉中加热融化待冷却至 60℃（手感能耐受）倒入凝胶槽，厚度约 3~5mm 放置样品梳，待凝。凝固后取出梳子并将琼脂糖凝胶放入电泳槽中，向电泳槽中加入 0.5×TBE 缓冲液浸过胶 1~2mm 为宜。

2. 点样　取样品 3~5μl 加入 6×凝胶上样缓冲液 2μl，混匀，点样于凝胶孔中，同样用标准分子量 DNA 作为对照加样在凝胶孔。

3. 电泳　在 80~100V 电压（或 1~5V/cm，以两个电极之间的长度距离计算），电泳 25~35min。电泳完毕，关闭电源。取胶并作标记（可切除左下角），以便于定位，然后将凝胶置于一容器中。

4. 染色　将凝胶放在大平皿中用 0.5μg/ml EB 溶液染色 30~45min，置于暗处。

5. 观察结果 取出凝胶在紫外透射分析仪或凝胶成像系统观察分析结果。在暗室紫外灯下照射可见一条清晰的橙红色的荧光条带。

注：琼脂糖凝胶浓度要依据待分离 DNA 分子选择，不同的凝胶浓度有效分离范围一定，如表 3-4：

表 3-4 不同浓度琼脂糖凝胶对线状 DNA 的有效分离范围

琼脂糖含量%	线状 DNA 分子的有效分离范围（kb）
0.3	5.0~6.0
0.6	1.0~20
0.7	0.8~10
0.9	0.5~7.0
1.2	0.4~6.0
1.5	0.2~3.0
2.0	0.1~0.2

【注意事项】

1. 酶切时所加的 DNA 溶液体积不能太大，否则 DNA 溶液中的其他成分会干扰酶反应。

2. 酶通常保存在 50% 的甘油中，实验中，应将反应液中甘油浓度控制在 1/10 之下，否则，酶活性将受影响。

3. 观察 DNA 离不开紫外透射仪，可是紫外光对 DNA 分子有切割作用。从胶上回收 DNA 时，应尽量缩短光照时间，并采用长波长紫外灯（300~360nm），以减少紫外光切割 DNA。

4. EB 是强诱变剂并有中等毒性，配制和使用时都应戴手套，并且不要把 EB 洒到桌面或地面上。凡是被 EB 污染的容器或物品必须经专门处理后才能清洗或丢弃。

5. 当 EB 太多，胶染色过深导致 DNA 带看不清时，可将胶放入蒸馏水冲泡，30min 后再观察。

【思考题】

1. 如何进行限制性内切酶的酶切反应？有何注意事项？
2. 什么是限制性内切酶？其分为几个大类？有何作用特点？
3. 如果一个 DNA 酶解液在电泳后发现 DNA 未被切动，你认为可能是什么原因？
4. 琼脂糖凝胶电泳中 DNA 分子迁移率受哪些因素的影响？

【参考文献】

[1] 楼士林. 基因工程. 北京：科学出版社，2005.
[2] 钟卫鸿. 基因工程技术实验指导. 北京：化学工业出版社，2007.
[3] 许彦鸣，药立波. 医学分子生物学实验指导. 北京：人民卫生出版社，2006.

（袁丽杰）

实验五 质粒 pUC18/GAPDH 基因的 PCR 扩增

【实验目的】

掌握 PCR 检测原理、方法及注意事项。

【实验原理】

聚合酶链反应（polymerase chain reaction，PCR）是体外酶促合成特异 DNA 片段的一种方法，为最常用的分子生物学技术之一。在模板、引物、4 种 dNTPs 和耐热 DNA 聚合酶存在的条件下，利用 PCR 技术特异扩增位于两段已知序列之间的 DNA 区段的酶促合成反应，并对扩增反应的终产物进行定性及定量分析。PCR 反应过程分三步：①高温变性的模板；②引物与模板退火；③引物沿模板延伸，经过 20~30 轮循环得到的扩增产物会在 EB 染色凝胶上看到结果。本实验针对 3-磷酸甘油醛（GAPDH）基因中一段 300bp 的 DNA 片段作为模板进行扩增。

【实验对象】

人全血；工程菌。

【仪器和试剂】

（一）DNA 提取实验

1. 仪器

（1）台式高速离心机。

（2）涡旋混合器。

（3）Ep 管。

（4）微量加样器及其吸头。

（5）高压消毒锅。

2. 试剂

（1）低盐缓冲液：10mmol/L Tris-HCl，pH=7.6，10mmol/L KCl，4mmol/L $MgCl_2$，2mmol/L EDTA。

（2）饱和 NaCl：称取 NaCl 4g，溶于 10ml 蒸馏水中。

（3）TE 缓冲液（pH=8.0）：10mmol/L Tris-HCl（pH=8.0），1mmol/L EDTA-2Na（pH=8.0），高压灭菌后，置 4℃贮存。

（4）1mol/L EDTA：800ml 蒸馏水中加 EDTA-2Na·$2H_2O$ 372.2g，NaOH 20g，调 pH 值至 8.0，用蒸馏水定容至 1 000ml，高压灭菌。

（5）GTE 缓冲液：50mmol/L 葡萄糖，25mmol/L Tris-HCl（pH=8.0），10mmol/L EDTA（pH=8.0），高压灭菌，4℃贮存。

（6）3mol/L 乙酸钾溶液：冰乙酸 29.5ml 加 KOH 颗粒调 pH 值至 4.8，加双蒸水定容至 100ml。不必高压灭菌，室温贮存。

（7）NaOH-SDS 溶液：10mol/L NaOH 20μl，双蒸馏水 880μl，10%SDS 100μl，用前临时配制。

（8）2μg/μl RNase：用 TE 缓冲液稀释。

（9）其他试剂：1mol/L Tris-HCl 缓冲液，无水乙醇和 70%乙醇，10%SDS，异丙醇，30%甘油，Tris 饱和酚，氯仿。

（二）PCR 实验

1. 仪器

（1）PCR 热循环仪。

（2）Ep 管。

（3）微量加样器及其吸头。

（4）琼脂糖凝胶电泳系统。

（5）手提紫外灯或凝胶成像分析系统。

2. 试剂

(1) DNA 模板。

(2) 引物：对应目的基因的特异引物，分别在上游引物和下游引物 5′末端引入限制性内切酶 EcoRⅠ和 BamHⅠ酶切位点。

上游引物 5′CGG AAT TCG TGA AGG TCGGAGTCAACG G 3′

下游引物：5′CGG GATCCCAGGAGCGCAGGGTTAGTCA3′。

(3) 10×PCR 缓冲液：500mmol/L KCl，100mmol/LTris - HCl（pH＝9.0），1% Nonidet P40。

(4) 脱氧核苷三磷酸（dNTP）混合液：含 dATP，dCTP，dGTP，dTTP 各 2mmol/L。

(5) Taq DNA 聚合酶。

(6) 细菌裂解液：2% SDS，20mmol NaAc，40mmol/L 的 Tris - HCl（pH＝9.0），10mmol/L 的 EDTA。

(7) 其他试剂：琼脂糖、电泳缓冲液（0.5×TBE）、10mg/ml 溴乙锭、TE 缓冲液、上样缓冲液（0.25%溴酚蓝和 0.25%二甲苯青 FF）、DNA 分子量参照物。

【实验操作】

（一）模板 DNA 的制备

1. 从外周血中快速提取 DNA

(1) 取 0.5ml 外周血置于 1.5ml Ep 管中，EDTA - 2Na 抗凝（每管预先加入0.3mol/L EDTA - 2Na 30μl），3 000r/min 离心 5min，弃血浆，得沉淀部分。

(2) 加低盐缓冲液 0.5ml，20%NP40 液 12.5μl，振荡破碎红细胞，5 000r/min 离心 5min，弃上清。

(3) 用低盐缓冲液洗白细胞 2 次，（每次 5 000r/min 离心 5min，弃上清。）

(4) 加入低盐缓冲液 250μl，10%SDS 20μl，混匀，50℃水浴 10min。

(5) 加入饱和 NaCl 250μl，4℃水浴中剧烈震荡 2min，12 000r/min 离心 10min。

(6) 吸取上清液于另一干净 Ep 管中，加入预冷的无水乙醇 1ml 沉淀 DNA，12 000r/min离心 2min，弃上清。

(7) 加入预冷的 70%乙醇 1ml 洗涤 DNA 2 次，12 000r/min离心 2min，弃上清，将 Ep 管倒于滤纸上，室温干燥。

(8) DNA 浓度测定：加 TE 缓冲液 250μl 溶解 DNA，取 20μl DNA 溶液加入 1ml 双蒸水中，用紫外分光光度计测 260nm 和 280nm 波长处的光密度值，计算 260nmOD/280nmOD 的比值，以 260nmOD 值 1 相当于 50μg DNA，计算出 DNA 的含量。4℃冰箱保存备用。

2. 从克隆的菌株中提取模板 DNA

(1) 将冻存的 GAPDH/pUC18 质粒的菌株按 1%的浓度接种于含 AMP 60μg/ml 的 LA 培养液中 37℃过夜培养。

(2) 取 1.5ml 对数生长期的菌体于 Ep 管中，4℃ 8 000r/min 离心 5min，弃上清液，将 Ep 管倒置在吸水滤纸上，吸干溶液，收集菌体。

(3) 向沉淀中加入 TELT 试剂 400μl，充分混悬（时间不要过长）。

(4) 再向沉淀中加入酚/氯仿混合液（酚∶氯仿＝1∶1）400μl，混匀（轻摇），置10min。

(5) 10 000r/min 4℃离心 10min，转移上层水相于另一 Ep 管，加入 2.5 倍体积的无水乙醇，轻轻摇匀，待絮状物出现后，4℃下 12 000r/min 离心 10min，弃上清液。

(6) 沉淀用75%乙醇1.0ml洗一次,弃上清液,室温放置10～20min,挥干乙醇。

(7) 用TE液20μl溶解沉淀的DNA,4℃保存。

(二) PCR反应及产物鉴定

1. 取两支0.5ml Ep管,分别按照表3-5加入试剂:

表3-5 PCR反应体系(50μl)

试管 试剂	实验管	对照管
10×Taq DNA 聚合酶缓冲液	5μl	5μl
dNTP混合液	1μl	1μl
引物1 (10pmol/μl)	1μl	1μl
引物2 (10pmol/μl)	1μl	1μl
模板DNA (50ng～1μg/μl)	1μl	0
Taq酶	1μl	0
双蒸水	40μl	42μl

2. 调整好反应程序,将上述混合液混匀后稍加离心,立即置PCR仪上执行扩增。根据PCR有无热盖,不加或添加石蜡油。

设置PCR反应参数为:94℃变性30s;55℃退火30s;72℃延伸45s。

3. 进行30次循环,然后72℃延伸10min。

(1) 变性温度和时间:在PCR扩增开始的第一次变性,应给予足够的时间和温度,使基因组DNA充分变性。一般在94℃预变性5～10min,然后进入循环扩增阶段后以94℃变性30～40s便足以使模板DNA双链变性。

(2) 退火温度和时间:退火温度一般低于引物T_m 5～10℃,退火温度越高,产物的特异性也越高(为提高PCR特异性,可在允许的T_m值范围内,选择较高的复性温度,以减少引物和模板间的非特异复性);被扩增片段越大,退火所需时间也相应越长。本实验选择55℃退火30s。

(3) 延伸温度与时间:将延伸温度设为72℃是因为Taq DNA聚合酶在72℃时具有较高的酶活性,有利于DNA的复制。延伸时间视产物长度而异,时间过长易导致非特异性扩增。本实验选择72℃延伸45s。

(4) 循环次数:重复上述3个步骤以获得足够的反应产物。一般把重复次数设为25～35个循环。25个循环以下时扩增产物量相对较少,电泳不易检测到;30～35个循环以后由于反应体系中各种组分的消耗和反应副产物的产生,产物量不再随循环次数的增加而呈指数增长。本实验设置为重复30个循环后于72℃再延伸10min。

4. 结束反应

将PCR反应管离心,12 000r/min离心15s,取扩增产物进行电泳分析(亦可将PCR产物置4℃保存待检或-20℃长期保存)。

5. PCR产物电泳鉴定

制备含1μg/ml EB的1.0%琼脂糖凝胶,铺板,取10μl PCR产物,加入6×上样缓冲液2μl,上样后于14V/cm电压电泳1h,用紫外检测仪检查并分析结果。

【注意事项】

1. 由于 PCR 技术的灵敏度高,极微量的污染也会造成扩增的假阳性结果。因此,PCR 应该在没有 DNA 污染的干净环境中进行,最好设立一个专用的 PCR 实验室。

2. 临床诊断用 PCR 反应必须在专门的 PCR 实验室中进行。实验室应包括试剂准备区、标本制备区、扩增区、产物分析区等功能区。PCR 实验中的各个步骤应在相应的功能区中进行。

3. 纯化模板所选用的方法越简单,则污染的机会越小。一般而言,在得到可靠结果的前提下,尽量使纯化方法更简单些。

4. PCR 实验设立阴性对照反应,即在反应体系中不加模板 DNA。

5. PCR 试剂配制应使用最高质量的新鲜双蒸水,采用 $0.22\mu m$ 滤膜过滤除菌或高压蒸汽灭菌。PCR 试剂与模板 DNA 及样品应分别保存于不同功能区的冰箱中。

6. 试剂以大体积配制,然后分装成只够一次使用的量储存,可确保实验之间的连续性。

7. 操作时应戴手套,配制反应体系和加模板时应分别使用专用的移液器,所有耗材使用前必须经高压灭菌,用后按规定处理并丢弃在指定容器中。

8. 试剂或样品准备过程中都要使用一次性灭菌的塑料瓶和管子,玻璃器皿应洗涤干净并高压蒸汽灭菌。

9. PCR 的样品应在冰浴上化开,并且要充分混匀。

【思考题】

1. 简述 PCR 检测原理。
2. PCR 实验后,如未获得 PCR 产物,可能是由哪些原因导致?
3. PCR 产物呈拖尾现象,可用什么方法解决?

【参考文献】

[1] 楼士林. 基因工程. 北京:科学出版社,2005.
[2] 钟卫鸿. 基因工程技术实验指导. 北京:化学工业出版社,2007.
[3] 许彦鸣,药立波. 医学分子生物学实验指导. 北京:人民卫生出版社,2006.

(袁丽杰)

实验六 DNA 连接实验

【实验目的】

掌握如何构建体外重组 DNA 分子以及 DNA 连接方法。

【实验原理】

DNA 重组连接是分别将载体和外源 DNA 用内切酶切开,分离纯化后,由 DNA 连接酶催化两个双链 DNA 片段相邻的 5′端磷酸与 3′端羟基之间形成磷酸二酯键,从而形成新的 DNA 的过程。连接过程是在酶切反应获得同种酶互补序列基础上进行的。本实验利用 T_4 DNA 连接酶的作用,在有 Mg^{2+}、ATP 存在的连接缓冲液系统中,将载体 pUC18 和 PCR 扩增 3-磷酸甘油醛(GAPDH)基因产物用 BamHⅠ和 EcoRⅠ双酶切,胶回收试剂盒分别回收酶切产物,以 1∶3 比例由 T_4 DNA 连接酶进行连接反应。

(一)DNA 连接酶的作用机制

1. T_4 DNA 连接酶与辅助因子 ATP 形成酶- AMP 复合物（腺苷酰酶）

2. 酶- AMP 复合物结合到具有 5′-磷酸基和 3′-羟基切口的 DNA 上，使 DNA 腺苷化。

3. 产生一个新的磷酸二酯键，把缺口封起来。

（二）DNA 片段和载体相连接方式

包括黏性末端连接、平整末端连接、同聚末端连接、人工接头分子连接等方式。

在 T_4 DNA 连接酶的作用下的 DNA 连接反应，通常是随机的，也可以通过对载体、目的基因的处理控制与调整 DNA 的有效连接。

连接的方式有：自连、两种片段相连、三个片段以上的自连与互连。

（三）连接反应的条件

1. 缓冲液　通常商品酶都带有 10 倍的缓冲液，有 Mg^{2+}、ATP 作为辅助因子，提供能量，同时也有些保护与稳定酶活性的物质，如 DTT（二硫苏糖醇）以防止酶的活性基因氧化失活。BSA（小牛血清蛋白质）维持一定的蛋白质量，以防止因蛋白质浓度太低导致酶变性失活。

2. 温度　连接反应温度在 37℃时有利于连接酶的活性，但是在这个温度下，黏性末端的氢键结合是不稳定的，EcoRⅠ酶所产生的末端，仅仅通过四个碱基对相结合，这不足以抵抗该温度下的分子热运动。因此在实际操作时，DNA 分子黏性末端的连接反应，其温度是折中采取催化反应与末端黏合的温度，为 12～16℃。

3. 时间　12～16℃ 12～16h（过夜）；或 7～8℃ 2～3d。

（四）取得重组 DNA 片段的主要方法

1. 利用限制酶取得具有黏性末端或平整末端的 DNA 片段。

2. 用机械方法剪切取得具有平整末端的 DNA 片段，例如用超声波断裂双链 DNA 分子。

3. 经反向转录酶的作用从 mRNA 获得与 mRNA 序列互补的 DNA 单链，然后再复制形成双链 DNA（cDNA）。

【实验对象】

限制性核酸内切酶处理后的 DNA 片段。

【仪器和试剂】

1. 仪器

（1）水浴锅。

（2）凝胶电泳设备。

（3）紫外检测仪。

（4）低温高速离心机。

（5）微量进样器。

（6）Ep 管。

2. 试剂

（1）pUC18 EcoRⅠ- BamHⅠ酶切回收 DNA 片段。

（2）560bp GAPDH 基因 EcoRⅠ- BamHⅠ酶切回收 DNA 片段。

（3）T_4 DNA 连接酶。

（4）10×T_4 DNA 连接酶缓冲液：660mmol/L Tris - HCl（pH＝7.5），50mmol/L $MgCl_2$，50mmol/L DTT（二硫苏糖醇），50mmol/L ATP。

(5) 琼脂糖凝胶电泳试剂。

【实验操作】

1. 将 PCR 产物加两倍体积乙醇和 1/10 体积的乙酸铵沉淀后，溶于 $27\mu l$ 去离子水中。加 $3\mu l$ $10\times$bufferK，$1\mu l$ EcoR I （10U）和 $1\mu l$ BamH I （10U）酶切，琼脂糖电泳回收酶切片段。

2. pUC18 载体同样酶切回收（同实验十九）。

3. 按片段：载体为 3∶1 的比例，用 T_4 DNA 连接酶于 12℃连接过夜。用微量进样器按表 3-6 分别取样各溶液于 Ep 管中。

表 3-6 目的基因与载体连接的反应体系

DNA 酶切反应物	$10\times T_4$ 连接缓冲液	ddH_2O	T_4 DNA 连接酶	总体积
pUC18/ EcoR I - BamH I $5\mu i$ （100ng） GAPDH/EcoR I - BamH I $5\mu i$ （约 400ng）	$2\mu l$	$7\mu l$	$1\mu l$	$20\mu l$
pUC18/ EcoR I - BamH I $3\mu i$ （60ng）	$2\mu l$	$14\mu l$	$1\mu l$	$20\mu l$
GAPDH/EcoR I - BamH I $3\mu i$ （60ng）	$2\mu l$	$14\mu l$	$1\mu l$	$20\mu l$

加样顺序为 ddH_2O，$10\times T_4$ 缓冲液，DNA 片段，最后加 T_4 DNA 连接酶（放于冰浴中）连接酶取好后应立即放回-20℃保存。

4. 盖紧盖子用手指弹匀 Ep 管，于台式离心机上离心 2s，以集中样品，过夜。

5. 各管取约 25ng 的 DNA 连接液进行琼脂糖凝胶电泳，观察连接反应效果，电泳时要加入 pUC18 EcoR I - BamH I 酶切片段作电泳对照。

6. 电泳实验参见实验十九。

【注意事项】

1. 琼脂糖凝胶电泳分离用于连接的 DNA 片段时，电泳缓冲液要 TAE，并且不能用 TBE，因为后者中的硼酸溶液与琼脂糖的反式糖单体或多聚体形成复合物，这种复合物，使胶难溶解，对连接反应有抑制作用。

2. 连接反应的温度 DNA 连接酶的最适反应温度为 37℃，但在此温度下，黏性末端的氢键结合很不稳定，折中方法是 12℃过夜。

3. DNA 的平头末端和黏性末端 由于内切酶产生的 DNA 末端有平头末端和黏性末端，因而连接反应中就有平头末端连接和黏性末端连接。二者连接效率不同。黏性末端效率高，因而在底物浓度，酶浓度选择上是有差异的。

4. 碱性磷酸酶处理质粒载体 为了提高连接效率，一般采取提高 DNA 的浓度，增加重组子比例。这样就会出现 DNA 自身连接问题，为此通常选择对质粒载体用碱性磷酸酶处理，除去其 5′末端的磷酸基，防止环化，通过连接反应后形成的缺口可在转化细胞后得以修复。

【思考题】

1. 简述 T_4 DNA 连接酶作用机制。
2. 连接反应中应注意些什么问题及如何提高连接效率。
3. 连接反应为何选择在低温下长时间连接？

【参考文献】

[1] 楼士林. 基因工程. 北京：科学出版社，2005.
[2] 钟卫鸿. 基因工程技术实验指导. 北京：化学工业出版社，2007.
[3] 许彦鸣，药立波. 医学分子生物学实验指导. 北京：人民卫生出版社，2006.
[4] WEAVER R F. 分子生物学：第2版. 刘进元，李骥，赵广荣，等. 译. 北京：清华大学出版社，2007.

（袁丽杰）

实验七　重组 DNA 转化与蓝白斑筛选

【实验目的】

1. 掌握重组 DNA 转化实验原理和方法。
2. 掌握抗生素、蓝白斑筛选重组质粒转化成功的克隆菌。

【实验原理】

体外连接的重组 DNA 分子导入合适的宿主细胞中才能大量的进行复制、增殖和表达。细菌处于容易吸收外源 DNA 的状态叫感受态。转化是指质粒 DNA 或以它为载体构建的重组子导入细菌的过程。筛选质粒转化的成功克隆菌的方法之一是蓝白斑筛选（blue and white screening）。

（一）转化过程

1. 吸附　双链 DNA 分子吸附于受体菌表面；
2. 转入　双链 DNA 分子解链。一条链进入受体菌，另一条降解；
3. 自稳　外源质粒 DNA 分子在细胞内复制成双链；
4. 表达　供体基因随同复制子同时复制，分裂，转录翻译。

（二）重组子的筛选

筛选质粒转化的成功克隆菌的另一方法是蓝白斑筛选（blue and white screening）。现在使用的许多载体都具有一段大肠埃希菌 β-半乳糖苷酶的启动子及其 α 肽链的 DNA 序列，此结构称为 Lac Z 基因。Lac Z 基因编码的 α 肽链是 β 半乳糖苷酶的氨基端的短片段（146个氨基酸），这种载体适用于可编码 β-半乳糖苷酶 C 端部分序列的宿主细胞。因此，宿主和质粒编码的片段虽都没有酶活性，但它们可以通过片段互补的机制形成具有功能活性的 β-半乳糖苷酶分子。Lac Z 基因编码的 α 肽链与失去了正常氨基端的 β-半乳糖苷酶突变体互补，这种现象称为 α 互补。由 α 互补而形成的有功能活性的 β 半乳糖苷酶，该酶能分解生色底物 X-gal（5-溴-4-氯-3-吲哚-β-D-半乳糖苷，5-bromo-4-chloro-3-indolyl-b-D-galactoside）显色出来，它将无色的化合物 X-gal 切割成半乳糖和深蓝色的底物 5-溴-4-靛蓝。当外源 DNA 插入后，Lac Z 基因不能表达，菌株呈白色，以此来筛选重组细菌，称之为蓝白斑筛选。

【实验对象】

目的 DNA 片段、感受态细胞。

【仪器和试剂】

1. 仪器

(1) 台式离心机。

(2) 低温离心机。

(3) 涡旋器。

(4) 摇床（干热振荡培养箱）。

(5) 手提式高压消毒锅。

(6) 微量进样器。

(7) 移液器。

(8) 1.5ml Ep 管。

(9) 吸头。

(10) 牙签。

(11) 100ml 三角烧瓶。

(12) 水浴锅。

(13) PCR 仪。

(14) 电泳仪。

(15) 水平电泳槽。

(16) 凝胶成像系统。

2. 试剂

(1) LB（Luria-Bertani）培养基。

(2) 氨苄青霉素（ampicillin，Amp）母液。

(3) LB-AMP 液体培养基。

(4) LB 固体培养基。

(5) LB-AMP 固体培养基（含氨苄青霉素 50μg/ml）。

(6) IPTG：配制 24mg/ml 的 IPTG，用 0.22μm 滤膜过滤除菌。小份分装（1ml/份）后，−20℃保存。

(7) X-Gal：配制 20mg/ml 的 X-Gal，小份分装（1ml/份）后，−20℃保存。

(8) 0.1mol/L $CaCl_2$：1.11g $CaCl_2$ 加双蒸水定溶至 100ml，然后用 0.22μm 微孔滤膜过滤除菌。

【实验操作】

(一) 感受态细胞的制备

1. 从新活化的 GAPDH/pUC18 质粒的菌平板上挑取单菌落（此过程在超净工作台中进行），接种于 5ml LB 液体培养基中（不含 Amp），37℃振荡培养 12h 左右，至对数生长期，将该菌液以 1:100~1:50 转接于 100ml LB 液体培养基中，37℃振荡培养 2~3h（OD_{600} 为 0.2~0.4）。

2. 将菌液冰浴 10min 后，转入离心管中，4℃离心，4 000r/min，10min，去上清，收集菌体。

3. 用 10ml 冰预冷的 0.1mol/L $CaCl_2$ 悬浮细胞，冰浴 15~30min。

4. 4℃离心，4 000r/min，10min。

5. 弃上清液，每 50ml 初始培养物加入 2ml 冰预冷的 0.1mol/L $CaCl_2$ 溶液，小心悬浮细胞，冰上放置 30min。

6. 制备好的感受态细胞悬浮液可在冰上放置 24h 内直接用于转化实验，也可加入 1/10

高压灭菌甘油，置-70℃冻存。

（二）感受态（GAPDH/pUC18）转化鉴定

1. 在1.5ml Ep管中加入200μl感受态细胞和10μl 40ng DNA溶液，温和混匀（轻度摇晃），于冰上放置30分钟（Ep管和移液器枪头要预冷）。

2. 将上述混合物转移到预热到42℃的水浴锅中，热休克90s（不要摇动试管），然后将试管迅速转移到冰浴，冷却1~2min。

3. 向管内加入800μl的LB培养液，然后37℃培养45min。

4. 取适量体积的转化细胞转移到含有适当抗生素的LB固体平板上，用灭菌的玻璃棒涂布均匀。室温放置几分钟，然后倒置放入37℃恒温培养箱培养过夜，观察是否有菌落。

5. 结果分析在培养基平板上应可以观察到转化子形成的菌落。

（三）蓝白斑筛选

1. 在含有Amp的预制90mm LB琼脂板中央滴加40μl 2%X-gal和7μl 20% IPTG。

2. 用一个无菌的涂布器拨散X-gal溶液，使之分散于培养板整个表面，于37℃温育直至全部液体消失（新鲜平板约3~4h）。

3. 接种需要鉴定的细菌。100μl细菌液（50 000个细胞/ml）铺板。

4. 待接种液完全吸收后，颠倒培养板与37℃培养12~19h。

5. 取出培养板于4℃放置数小时或过夜（使蓝色在这一期间充分显色）。

6. 鉴定携带重组质粒的克隆。

【注意事项】

为了提高转化效率，实验中要考虑以下几个重要因素：

1. 细胞生长状态和密度　应收获对数生长期的细胞用于制备感受态，OD_{600}不应高于0.6。所有细胞避免反复化冻，刚刚化冻的细胞，转化效率最高。

2. 质粒的质量和浓度　用于转化的质粒DNA应主要是超螺旋态DNA。一般情况下，DNA溶液的体积不应超过感受态细胞体积的5%。

3. 试剂的质量　所用的试剂，如$CaCl_2$等均需最高纯度（GR或AR），并用超纯水配制，最好分装保存于干燥的冷暗处。

4. 防止杂菌和杂DNA的污染　实验中所用的器皿均要灭菌，以防止杂菌和外源DNA的污染。实验过程中要注意无菌操作，溶液移取、分装等均应在无菌超净工作台上进行。整个操作过程均应在无菌条件下进行。

5. 整个实验一定要在冰浴条件下操作，温度时高时低会影响转化效率，整个操作过程动作要轻柔。

6. 42℃热处理很关键，温度要准确，转移速度要快。

7. 蓝白筛选要作阴、阳性对照，防止出现假阳性、假阴性。

8. X-gal是5-溴-4-氯-3-吲哚-b-D-半乳糖以半乳糖苷酶（b-galactosidase）水解后生成的吲哚衍生物显蓝色。IPTG是异丙基硫代半乳糖苷（Isopropylthiogalactoside），为非生理性的诱导物，它可以诱导lac Z的表达。

9. 在含有X-gal和IPTG的筛选培养基上，携带载体DNA的转化子为蓝色菌落，而携带插入片段的重组质粒转化子为白色菌落，平板如在37℃培养后放于冰箱3~4h可使显色反应充分，蓝色菌落明显。

【思考题】
1. 何谓感受态细胞？
2. 根据本实验认为影响转化率的因素有哪些？
3. 互补筛选原理是什么？

【参考文献】
[1] 楼士林. 基因工程. 北京：科学出版社，2005.
[2] 钟卫鸿. 基因工程技术实验指导. 北京：化学工业出版社，2007.
[3] 许彦鸣，药立波. 医学分子生物学实验指导. 北京：人民卫生出版社，2006.
[4] WEAVER R F. 分子生物学：第2版. 刘进元，李骥，赵广荣，等. 译. 北京：清华大学出版社，2007.

（张　悦）

第四篇 自主设计性实验

概述

自主设计实验是培养学生实践能力和创新能力的重要手段,是结合各门课程的教学内容或独立于本门教学内容而进行的,突出学生运用知识能力,在常规或综合性实验训练的基础上,由学生自行拟订方案、步骤,选定使用仪器设备等,并独立完成的实验,简称设计性实验。学生通过自主设计实验,根据教师给出的题目能够充分运用所学习的专业知识去发现问题、解决问题,并经历由浅入深的过程较大限度地发挥自身学习的主动性,因此,开设设计性实验已经成为目前高等医学实验教学中的有效方式。

一、设计性实验的内涵

设计性实验是在给定实验目的、要求和实验条件的前提下,由学生自行设计实验方案、选择实验器材和仪器。开展设计性实验与传统实验比较具有如下特点:

(一) 学生学习的主动性

学生必须通过主动运用所学知识研究分析所遇到的问题,并寻求解决的办法,通过这种学习活动完成整个实验程序的设计和实验原理的学习。

(二) 实验内容的探索性

设计性实验的内容多属于学生尚未系统了解的知识范畴,需要进行有关的学习去认识。因此,打破了传统实验教学依附理论的模式,让学生在实验过程中学习知识,而实现对学生能力的培养。通过实验内容、方法、手段的综合利用,培养学生的实践能力、创新意识和深入学习的能力。

(三) 实验方法的多样性、复合性

虽然实验目的是明确、固定的,但在实施过程中,设计性实验的实施方案却是可选择的,因此常常有两种或两种以上的实验方法可以完成同一个实验,这对培养学生运用知识的综合能力、设计多种不同的途径和方法达到实验目的具有重要的意义。在设计性实验实施中,几个学生共同合作,更有利于学生创新能力的培养。对基础课而言,实验内容一般涉及本课程的综合知识或系列课程综合知识,而专业基础课则常常涉及相关课程或学科交叉的综合知识,因此,设计性实验常常还具有复合性。

二、开展设计性实验的目的与意义

(一) 时代对于人才的需求

新时代对人才培养质量的要求以创新能力和综合素质为核心,传统的教学模式,尤其是实验教学模式已不能满足新世纪对人才培养的需要。改革实验教学模式、寻求更好的教学途径已经成为所有教育工作者的重要任务。设计性实验可通过学生的自主学习对学生创新能力和综合素质等的培养起到积极的作用。

（二）培养学生创新精神与实践能力的需要

实验教学是生物化学与分子生物学教学的重要环节，是实验教学内容体系的核心。开设设计性实验是为进一步深化实验教学改革，提高实验教学质量、培养学生解决实践问题的能力和创新能力，实现学生培养质量的提高。

三、设计性实验的界定

设计性实验中教师要给出实验目的，为实验室提供必要的仪器与药品，还必须提供充足的开放时间与空间，其选题范围必须是以本学科研究方向为主，同时交叉渗透其他学科知识与理论。在实验教学中，重在体现学生自主制订实验方案、自主调整实验内容和步骤、创新思维与创新能力。

四、设计性实验的教学实施

（一）资料的查阅和准备

学生根据实验任务，查阅相关资料，进行理论分析和研究，确定实验方法和实验步骤。充分了解实验室现有仪器设备的情况。学生所进行的实验课前预习，对奠定好相关的理论和实验基础非常重要，这是影响设计性实验效果最重要的环节。

（二）拟订方案（设计性实验申请）。

学生根据自己所查阅的资料和准备，以统一的格式提交书面方案，内容包括查阅的文献资料（综述和总结）、理论分析或研究（或实验的原理）、实验方案（目的、设备、方法、实验步骤、药品配制）、实验所需仪器药品、实验的预期结果、实验人员分工等。

（三）方案的确定与修改

指导教师对学生提交的设计性实验方案进行指导和评价，学生根据指导教师的意见对方案进行完善和修改，形成最终实施方案。

（四）实验的实施

学生在实验方案确定后，必须是学生独立完成实验的全过程。在教师的指导下，从药品领取、设备安装选用、试剂配置、实验步骤等由学生独立自主完成，教师起指导作用。对于思路太偏的学生教师应给予适当的点拨，但不能过多干预学生的实验操作，要采用启发式教学。

（五）实验报告的书写

实验报告的书写应包含以下内容：

1. 实验题目；
2. 实验的目的与意义；
3. 方案设计的理论依据；
4. 实验步骤；
5. 数据记录处理，结果分析和讨论；
6. 实验的结论；
7. 小组人员分工；
8. 对设计性实验的建议。

附　实验报告范例

实验题目：醋酸纤维素薄膜电泳分离血清蛋白质

【实验目的与意义】
1. 学习醋酸纤维素薄膜电泳的原理。
2. 掌握相关操作技术。

【方案设计的理论依据】

带电粒子在电场中向与其电性相反的电极移动的现象称为电泳。电泳技术被广泛用于蛋白质、核酸和氨基酸等物质的分离和鉴定，电泳过程中带电粒子的移动速度与粒子荷电量、电场强度、粒子重量与半径及介质的黏度等有关。其中粒子荷电量又受周围介质的 pH 值和离子强度的影响；电场强度则取决于电泳时所加的电压。根据支持物的种类及操作方式的不同，可将电泳分为许多种类，如滤纸电泳、醋酸纤维薄膜电泳、琼脂凝胶电泳、淀粉颗粒或聚丙烯酰胺凝胶电泳等。

本实验采用醋酸纤维薄膜为固相支持物。醋酸纤维素是纤维素的羟基乙酰化所形成的纤维素醋酸酯，将它溶于有机溶剂（如丙酮、氯仿、氯乙烯、乙酸乙酯等）后，涂抹成均匀的薄膜，干糙后就成为醋酸纤维素薄膜。该膜具有均一的泡沫状结构，成品厚度约为 $120\mu m$，有很强的通透性，对分子移动阻力很小。

血清中各种蛋白质的等电点不同，一般都低于 pH7.3。它们在 pH＝8.6 的缓冲液中均解离带负电荷，电泳移向正极。由于血清中各种蛋白质的分子大小、形状及所带电荷量不同，因而在醋酸纤维素薄膜上电泳的速度也不同。因此可以将它们分离为：清蛋白及 α_1 球蛋白、α_2 球蛋白、β 球蛋白、γ 球蛋白等 5 条区带。薄膜置于染色液中使蛋白质固定并染色后，不仅可看到清晰的色带，并可将色带染料分别溶于碱溶液中进行定量测定，从而可计算出血清中各种蛋白质的百分含量。

【实验步骤】
1. 查阅资料，了解薄膜电泳的理论和实验基础。
2. 拟订具体实验方案。
3. 准备实验材料，包括试剂的配制和样品的处理等。
4. 人员分工，一般 4 人一组，根据实验情况进行详细的分工。
5. 实验开始实施。

【实验记录】

1. 薄膜的处理　将醋酸纤维素薄膜切成 8cm×2cm 条状，在薄膜粗面一端 1.5cm 处用铅笔轻轻画一条横线（点样线），末端旁用铅笔作一标记。浸入巴比妥缓冲液中至完全浸泡均匀（浸泡 30min）。用镊子取出浸透的薄膜，夹在两层滤纸之间，轻轻按压，吸去多余的液体。

2. 点样　用微量进样器吸取 2~3μl 血清，均匀地涂在载玻片一端的截面处，然后轻轻与距薄膜 1.5cm 处相接触，样品则呈直线条状被涂于薄膜上。

3. 电泳　已点好样品的薄膜架在铺有滤纸盐桥的电泳槽上，使薄膜粗面向下，点样端置阴极，膜应轻轻拉平。电泳槽加盖密封，以使蒸汽饱和，避免水分蒸发。平衡约 5min，使薄膜渗透的缓冲液达到平衡。检查电泳装置线路是否正确，然后通电。调节电流强度为

0.4~0.6mA/cm 膜宽（有数条膜，便求数条膜宽的总和）。当移动约 5cm 即可切断电源停止电泳，一般通电 40~60min。

4. 染色和漂洗　电泳结束，取下薄膜，立即浸入染色液中 5min。取出，尽量沥尽染色液，移入漂洗液中漂洗脱色，每隔 5min 换一次漂洗液，直至薄膜底色洗净为止（一般更换 2~3 次），用滤纸吸干，一般可显 5 条区带。

5. 透明　将漂洗干净的薄膜完全干燥后（可用电吹风吹干），浸入透明液中 20min 后，取出平贴在玻璃板上（不需要留有气泡），完全干糙后即成为透明的薄膜图谱，可作扫描或照相用。如将该玻璃板浸入水中，则透明的薄膜可脱下，吸干水分，可长期保存。

【实验结果】

粘贴醋酸纤维素膜条（注明正负极）。

【结果分析】

电泳后通过染色、漂洗及透明的薄膜，可以清晰的观察到 5 条蓝色的蛋白质色带，由正极到负极依次为：清蛋白及 α_1 球蛋白、α_2 球蛋白、β 球蛋白、γ 球蛋白，其中清蛋白泳动最快，含量最多，染色也最深；γ 球蛋白含量也较多，但条带较宽，染色较浅；α_1 球蛋白、α_2 球蛋白、β 球蛋白含量少，形成的条带也较窄。

（申梅淑）

实验一　酪蛋白等电点的测定

【实验目的】

掌握蛋白质两性电离与等电点性质的理论，加强蛋白质两性性质与实际应用的联系，在应用中加深对蛋白质两性电离与等电点性质的理解，创造性地解决实验问题。通过设计实验酪蛋白等电点的测定，对其实验目的、原理、器材、实验步骤和现象、结果的观察，提高对蛋白质两性电离与等电点性质的理解和应用能力。

【实验设计要求】

1. 选择实验方案。

（1）方案一：选择适当的酸碱指示剂，观察蛋白质在酸碱溶液中颜色的变化。同时观察何种条件下会产生明显的大量沉淀（两人一组）。

（2）方案二：等电点聚焦法测定蛋白质等电点。

2. 根据学过的生物化学实验方法，设计实验，测定酪蛋白的等电点（四人一组）。

3. 填写一份本科生实验报告，每组选出一位代表进行介绍，每人 10min。

【前修理论和实验基础】

蛋白质由氨基酸组成。蛋白质分子除两端游离的氨基和羧基可解离外，其侧链上的某些酸性基团或碱性基团，在一定的溶液 pH 值条件下，都可解离成带负电荷或带正电荷的基团。因此，蛋白质具有两性解离性质。当蛋白质溶液处于某一 pH 值时，蛋白质解离成阳离子和阴离子的趋势相等，即净电荷为零，成为兼性离子，此时溶液的 pH 值称为蛋白质的等电点（isoelectric point，pI）。

蛋白质在等电点状态时溶解度最低，容易沉淀析出。蛋白质在大于其等电点的 pH 值溶液中带负电荷；在小于其等电点的 pH 值溶液中则带正电荷。蛋白质在等点电以外的 pH 值溶液中，因分子带有同种电荷而相互排斥，不易沉淀。本实验可通过观察酪蛋白在不同 pH 值溶液中的溶解度来测定其等电点。

蛋白质在等电点时，净电荷为零，此时蛋白质分子在电场中的迁移率等于零，当在电泳凝胶中加入两性电解质载体时，由于其结构特点，在电场作用下形成不同的自然 pH 值梯度，使具有两性电解质性质的生物分子在其中泳动，最后聚集在与各自 pI 相应的 pH 值区域，据此可测其等电点，从而达到分离的目的。这种按等电点的大小，生物分子在 pH 值梯度的某一相应位置进行聚集的行为称为"等电聚焦"。

【实验条件】

1. 仪器设备

(1) 试管及试管架。

(2) 滴管。

(3) 吸量管。

(4) 分光光度计。

(5) pH 计。

(6) 电泳仪。

(7) 电泳槽。

(8) 染色缸。

(9) 加样器。

(10) 镊子。

2. 技术要求

(1) 试管中液体的混匀。

(2) 电泳。

3. 试剂

(1) 0.5％酪蛋白溶液（以 0.01mol/L 氢氧化钠溶液作溶剂）。

(2) 酪蛋白醋酸钠溶液：称取纯酪蛋白 0.25g，加蒸馏水 20ml 及 1.00mol/L 氢氧化钠溶液 5ml（必须准确）。摇荡使酪蛋白溶解。然后加 1.00mol/L 醋酸 5ml（必须准确），倒入 50ml 容量瓶内，用蒸馏水稀释至刻度，混匀，结果是酪蛋白溶于 0.01mol/L 醋酸钠溶液内，酪蛋白的浓度为 0.5％。

(3) 0.01％溴甲酚绿指示剂。

(4) 0.02mol/L 盐酸溶液。

(5) 0.10mol/L 醋酸溶液。

(6) 0.02mol/L 氢氧化钠溶液。

(7) 0.01mol/L 醋酸溶液。

(8) 1.00mol/L 醋酸溶液。

(9) 30％Acr‐Bis。

(10) 18％过硫酸铵

(11) 8mol/L 尿素溶液

(12) 20％两性电解质 pH＝3.5～10.0

(13) TEMED。

(14) 1 mol/L 氢氧化钠溶液。

(15) 1 mol/L 磷酸溶液。
(16) 标准蛋白质及未知样品溶液（2mg/ml）。
(17) 染色液。
(18) 脱色液。
(19) 保存液。
(20) 液体石蜡。

【测定的意义】

蛋白质在等电点时，分子以双极离子形式存在，总净电荷为零，颗粒间无电荷的排斥作用，易凝集成大颗粒，因而最不稳定，溶解度最小，易沉淀析出。在等电点外的所有其他pH值，蛋白质均带一定的电荷。依据蛋白质所带净电荷，可采用电泳或离子交换层析等方法来分离和纯化该蛋白质。

（申梅淑）

实验二　胰蛋白酶对蛋白质的消化和影响酶作用的因素

【实验目的】

掌握测定胰蛋白酶活力的原理，加强胰蛋白酶活力测定与实际应用的联系，在应用中加深对胰蛋白酶活力的理解，创造性地解决实验问题。通过设计实验胰蛋白酶对蛋白质的消化和影响酶作用的因素，对其实验目的、原理、器材、实验步骤和现象、结果的观察，提高对胰蛋白酶活力、比活力和影响酶作用的因素的理解和应用能力。

【实验设计要求】

1. 确定实验方案。
(1) 方案一：N-苯甲酰-L-精氨酸乙酯（BAEE）测定法。
(2) 方案二：酪蛋白为底物测定法。
2. 根据学过的生物化学实验方法，设计实验，解决以下问题：
(1) 胰蛋白酶的活力单位的测定。
(2) 胰蛋白酶比活力（三人一组）。
(3) 影响酶作用的因素。
(4) 观察并记录实验结果，分析实验结果。
3. 填写一份本科生实验报告，每组选出一位代表进行介绍，每人5min。

【前修理论和实验基础】

在动物胰中，胰蛋白酶是以无活性的酶原状态存在的。在生理条件下，胰蛋白酶原随胰液分泌至十二指肠后，在小肠上腔有 Ca^{2+} 的环境中，为肠激酶或胰蛋白酶所激活，其肽链 N-端的赖氨酸与异亮氨酸之间的一个肽键被水解，失去一个酸性6肽，其分子构象发生一定的改变后转变为具有催化蛋白质水解活性的胰蛋白酶。胰蛋白酶原分子量约为24 000，其等电点为pH=8.9；胰蛋白酶的分子量约为23 400，其等电点为pH=10.8。胰蛋白酶在pH=3.0时最稳定，其浓溶液可贮存于冰箱（0℃以下）数周而活性无显著丧失。pH<3时，胰蛋白酶易变性。PH>5时，胰蛋白酶易自溶。胰蛋白酶催化活性的最适pH为7.6~7.8。

胰蛋白酶能催化蛋白质的水解，对于由碱性氨基酸（如精氨酸、赖氨酸）的羧基与其他氨基酸的氨基所形成的肽键具有高度的专一性。此外，胰蛋白酶也能催化由碱性氨基酸的羧基所形成的酰胺键和酯键，其高度的专一性仍表现为对碱性氨基酸羧基一侧的选择，对此等化学键的催化水解活性的敏感度为：酯键＞酰胺键＞肽键。因此，可以利用含有这些化学键中任一种键型的底物来研究胰蛋白酶的专一催化活性。

N-苯甲酰-L-精氨酸乙酯（BAEE）测定法：N-苯甲酰-L-精氨酸乙酯在胰蛋白酶的催化下发生水解生成 N-苯甲酰-L-精氨酸（BA），N-苯甲酰-L-精氨酸乙酯在波长 253nm 下的紫外光吸收远远弱于 N-苯甲酰-L-精氨酸的紫外光吸收。在胰蛋白酶的催化下，BAEE 随着酯键的水解，水解产物 BA 逐渐增多，反应体系的紫外光吸收亦随之相应增加，以 $\triangle A_{253nm}$ 计算胰蛋白酶的活性。

胰蛋白酶的 BAEE 单位定义为：以 BAEE 为底物，在一定反应条件下，每分钟使 $\triangle A_{253nm}$ 增加 0.001 的酶量为一个 BAEE 单位。

$$胰蛋白酶活力单位 = \frac{\triangle A_{253nm}/t}{0.001 \times 酶液加入体} \times 稀释倍数$$

$$酶蛋白比活力 = \frac{酶活力}{酶液蛋白含量 \times 酶液加入} \times 稀释倍数$$

酪蛋白为底物测定法：胰蛋白酶催化水解底物酪蛋白生成不被三氯醋酸沉淀的小分子肽以及氨基酸。在一定浓度范围内，酶的水解滤液在波长 275nm 处光吸收的增值与胰蛋白酶的活力单位成正比。测定中以标准酪氨酸溶液的光吸收作对照，根据活力单位的定义，确定样品中胰蛋白酶的活性。活力单位的定义：在一定条件下，每分钟酶水解滤液光吸收的增值与 1μmol 酪氨酸在 275nm 处光吸收值相同时的酶量为一个蛋白酶活力单位（U）。

重金属离子、有机磷化合物和反应产物都能抑制胰蛋白酶的活性。胰、卵清和大豆中也含有一些对胰蛋白酶活性具有抑制作用的蛋白质。

【实验条件】

1. 仪器

(1) 恒温水浴。

(2) 紫外分光光度计。

(3) 离心机。

(4) 试管。

2. 技术要求

(1) 离心技术。

(2) 分光技术。

3. 试剂

(1) 1.0mmol/L BAEE 底物溶液。

(2) 10mmol/L HCl。

(3) 0.1mol/L pH＝8.0 硼酸盐缓冲液。

(4) 10mg/ml 酪蛋白溶液：取酪蛋白 1g，加 0.1mol/L NaOH 13ml、蒸馏水 40ml，置 60℃水浴加热至溶解，放至室温后，加水稀释调 pH 值至 8.0 并定容至 100ml。

(5) 5% 三氯乙酸溶液。

(6) 0.2mol/L 盐酸溶液。

(7) 50μg/ml 酪蛋白对照溶液：精确称取经 105℃ 干燥至恒重的酪蛋白 5mg，用

0.2mol/L 盐酸定容至 100ml。

(8) 胰蛋白酶样液。

【测定的意义】

通过测定胰蛋白酶活力，掌握测定的原理和酶活力的计算方法，了解组织提取液、体液或纯化的酶液中酶的存在与多寡。此外，通过本实验，还能了解影响胰蛋白酶活力的因素。

（申梅淑）

实验三　丙二酸对琥珀酸脱氢酶的竞争性抑制作用

【实验目的】

掌握竞争性抑制的理论，加强竞争性抑制理论与实际应用的联系，在应用中加深对竞争性抑制的理解，创造性地解决实验问题。通过设计实验丙二酸对琥珀酸脱氢酶的竞争性抑制作用，对其实验目的、原理、器材、实验步骤和现象、结果的观察，提高对竞争性抑制的理解和应用能力。

【实验设计要求】

1. 如何确定丙二酸对琥珀酸脱氢酶的竞争性抑制作用。
2. 根据学过的生物化学实验方法，设计实验，解决以下问题：
(1) 组织匀浆的制备。
(2) 丙二酸对琥珀酸脱氢酶的竞争性抑制作用（两人一组）。
(3) 观察并记录实验结果，分析实验结果。
3. 填写一份本科生实验报告，每组选出一位代表进行介绍，每人 5min。

【前修理论和实验基础】

竞争性抑制剂与底物结构相似，两者互相竞争酶活性中心的结合部位，这种抑制作用称竞争性抑制作用。

琥珀酸脱氢酶（SDH）是体内一种重要的脱氢酶，琥珀酸在琥珀酸脱氢酶催化下脱氢生成延胡索酸，脱下的氢被受氢体接受。丙二酸与琥珀酸分子结构相似，能竞争性地与琥珀酸脱氢酶结合，占据酶的活性中心，琥珀酸脱氢酶的活性中心被丙二酸占据后不能再与琥珀酸结合，抑制琥珀酸脱氢酶。本实验可用亚甲蓝作为受氢体，亚甲蓝接受琥珀酸脱下的氢由蓝色还原成无色的亚甲白。通过观察亚甲蓝颜色消退的程度，可以判断丙二酸对琥珀酸脱氢酶的抑制程度。

【实验条件】

1. 仪器
(1) 必须使用设备：试管及试管架、滴管、剪刀、电热恒温水浴箱。
(2) 选择使用设备：研钵或 20ml 匀浆器、组织捣碎机。
2. 技术要求
(1) 试管中液体的混匀。
(2) 组织匀浆的制备。
3. 可提供实验药品
(1) 0.1mol/L 磷酸缓冲液（PH=7.4）。

(2) 1.5%琥珀酸钠溶液。

(3) 1%丙二酸钠溶液。

(4) 0.02%亚甲蓝溶液。

(5) 液状石蜡。

【测定的意义】

通过观察动物心肌中琥珀酸脱氢酶的催化作用及丙二酸的竞争性抑制，加深对酶的作用机制类型及其特征的理解。

（申梅淑）

实验四　氨中毒实验

【实验目的】

掌握尿素生成的机制，突出氨中毒实验的原理及方法的应用性，加强尿素的生成过程与实际应用的联系，在应用中加深对尿素生成机制的理解，创造性地解决实验问题。通过设计氨中毒实验，对其实验目的、原理、器材、实验步骤和现象、结果的观察，提高对尿素生成机制的理解和应用能力。

【实验设计要求】

1. 根据学过的生物化学实验方法，4人一组设计实验方案。

2. 根据尿素的生成过程，设计实验，观察动物对药物的反应。

3. 填写一份本科生实验报告，每组选出一位代表进行介绍，每人5min。

【前修理论和实验基础】

氨的主要代谢去路是在肝中通过鸟氨酸循环合成无毒的尿素。首先在肝细胞线粒体内，NH_3和CO_2及ATP缩合形成氨基甲酰磷酸，后者与鸟氨酸缩合生成瓜氨酸，瓜氨酸与天冬氨酸结合生成精氨酸代琥珀酸，精氨酸代琥珀酸裂解生成延胡索酸和精氨酸，精氨酸水解生成尿素，释放鸟氨酸。

氨对机体有毒，正常人血浆中氨的浓度一般不超过$0.6\mu mol/L$。当给动物腹腔注射相当量的NH_4Cl或$(NH_4)_2CO_3$时，能导致动物死亡。而谷氨酸钠、鸟氨酸、精氨酸则能解毒，如果注入以上药物后，再注入谷氨酸钠、鸟氨酸、精氨酸时，小白鼠则不死亡。

【实验条件】

1. 仪器

(1) 2ml注射器。

(2) 烧杯。

2. 技术要求

(1) 捉拿小白鼠的方法。

(2) 小白鼠皮下注射药物的方法。

3. 动物使用要求：小鼠。

4. 试剂

(1) 2.0% NH_4Cl溶液或1.8% $(NH_4)_2CO_3$溶液。

(2) 2.0%尿素溶液。

(3) 10%谷氨酸钠溶液或5%精氨酸溶液。

【测定的意义】

通过鸟氨酸循环，有毒的氨与CO_2结合，生成无毒的尿素，随尿排出体外。鸟氨酸循环的中间产物如鸟氨酸、瓜氨酸和精氨酸等均可影响尿素的合成，临床上常通过输注精氨酸以促进尿素的合成，从而达到解氨毒的目的。

（申梅淑）

实验五　肾上腺素、胰岛素对血糖浓度的调节作用

【实验目的】

掌握血糖的正常范围及意义，突出血糖的测定原理及方法的应用性，加强血糖的测定原理及方法与实际应用的联系，在应用中加深对血糖水平调节机制的理解，创造性地解决实验问题。通过设计实验肾上腺素、胰岛素对血糖浓度的调节作用，对其实验目的、原理、器材、实验步骤和现象、结果的观察，提高对血糖调节机制的理解和应用能力。

【实验设计要求】

1. 如何确定肾上腺素、胰岛素对血糖浓度的影响。
2. 根据学过的生物化学实验方法，设计实验，解决以下问题：
(1) 取正常家兔2只，实验前预先饥饿16h，称重。家兔耳缘静脉取血。
(2) 给正常家兔注射肾上腺素、胰岛素。
(3) 血滤液制备（四人一组）。
(4) 血糖测定（两人一组）。
(5) 计算血糖浓度。
3. 填写一份本科生实验报告，每组选出一位代表进行介绍，每人10min。

【前修理论和实验基础】

人和动物体内的血糖浓度均维持在一定范围内。这是由于体内存在多种激素及调节物质。在它们的共同作用下，糖酵解、糖氧化、糖原合成与分解、糖异生、脂肪合成与分解等代谢途径协同进行。胰岛素可通过以下几种途径降低血糖：①促进肌肉、脂肪细胞的载体转运葡萄糖入内；②抑制蛋白激酶A，继而使糖原磷酸化酶活性降低；激活糖原合酶脱磷酸酶，从而使糖原合酶活性升高，加速肌肉、肝的糖原合成；③通过第二信使间接激活丙酮酸脱氢酶，加速丙酮酸氧化脱羧生成乙酰CoA；④抑制磷酸烯醇式丙酮酸激酶活性，促进氨基酸进入肌肉合成蛋白质，从而降低糖异生；⑤抑制脂肪动员，促进糖有氧氧化。肾上腺素的作用与胰岛素相反，起升高血糖的作用。肾上腺素升高血糖的作用迅速而明显，它通过与肝和肌肉细胞膜受体结合而激活磷酸化酶，产生级联放大效应，从而加快糖原的分解、肝释放葡萄糖、肌肉输出乳糖供肝糖异生等，最终导致血糖升高。

本实验观察家兔在注射胰岛素和肾上腺素前后空腹血糖浓度的变化。血糖含量的测定采用葡萄糖氧化酶法。首先用钨酸钠及盐酸沉淀血清中的蛋白质，制备血滤液。在葡萄糖氧化酶的催化作用下，血滤液中的葡萄糖被氧化成葡萄糖酸，并产生1分子过氧化氢；过氧化氢被偶联的过氧化物酶催化放出氧，氧将试剂中的4-氨基安替吡啉偶联酚（还原性氧受体）的酚氧化，生成红色的醌类化合物，其颜色深浅与葡萄糖的含量成正比，此溶液与经同样处

理的标准葡萄糖溶液进行比色测定，即可求出血糖含量。

葡萄糖氧化酶法测定血糖的特异性较高，能干扰测定结果的物质较少，如溶血样本血红蛋白浓度达 10g/L、黄疸样本胆红素浓度达 342Um 以及样本中所含的少量尿素、肌酐、三酰甘油等均不影响测定结果。

人空腹血糖正常范围约为 3.9～6.1mmol/L（70～110mg/dl）。

除葡萄糖氧化酶法外，目前血糖的测定方法有多种，如邻甲苯胺法、己糖激酶法、葡萄糖脱氢酶法等。

【实验条件】

1. 仪器

（1）试管及试管架。

（2）分光光度计。

（3）离心机。

（4）吸管（0.1ml、1ml、10ml）。

（5）沸水浴。

（6）旋涡混匀器。

2. 技术要求

（1）分光技术。

（2）离心技术。

3. 动物使用要求：家兔。

4. 试剂

（1）肾上腺素。

（2）胰岛素。

（3）酶酚混合试剂。

（4）标准葡萄糖原液（1mg/ml）：准确称取葡萄糖 1g，0.2%苯甲酸溶液定容至 1 000ml，充分混匀，置于 4℃冰箱保存，此液甚稳定。

（5）标准葡萄糖应用液（0.05mg/ml）：取标准葡萄糖溶液 10ml，dH_2O 定容至 2 000ml 充分混匀。dH_2O 稀释液，置于 4℃冰箱保存。0.2%苯甲酸稀释液可在室温下长期保存。

【测定的意义】

血糖浓度受激素等因素的调节而保持相对稳定，当这些调节失去原有的相对平衡时，则出现高血糖或低血糖。血糖测定对糖尿病的诊断，疗效观察等均具有重要的意义。

（申梅淑）

附录一 常用缓冲溶液的配制

缓冲溶液是一种能在加入少量酸、碱或水时大大减低 pH 值变动的溶液。pH 缓冲系统对维持生物的正常 pH 值和正常生理环境起到重要作用。

在生化研究工作中，常常需要使用缓冲溶液来维持实验体系的酸碱度。研究工作的溶液体系 pH 值的变化往往直接影响到研究工作的成效，所以配制缓冲溶液是一个不可或缺的关键步骤。

1. 甘氨酸-盐酸缓冲液（0.05 mol/L）

0.2 mol/L 甘氨酸 x ml＋0.2 mol/L 盐酸 y ml，再加水稀释至 200ml（甘氨酸分子量＝75.07，0.2mol/L 甘氨酸溶液相当于 15.01g/L）。

pH	x (ml)	y (ml)	pH	x (ml)	y (ml)
2.2	50	44.0	3.0	50	11.4
2.4	50	32.4	3.2	50	8.2
2.6	50	24.2	3.4	50	6.4
2.8	50	16.8	3.6	50	11.4

2. 邻苯二甲酸-盐酸缓冲液（0.05 mol/L）

mol/L 邻苯二甲酸氢钾 x ml 0.2＋y ml 0.2 mol/L 盐酸再加水稀释至 200ml（邻苯二甲酸氢钾分子量＝2.4.23，0.2 mol/L 邻苯二甲酸氢钾溶液相当于 40.85g/L）。

pH	x (ml)	y (ml)	pH	x (ml)	y (ml)
2.2	5	4.670	3.2	5	1.470
2.4	5	3.960	3.4	5	0.990
2.6	5	3.295	3.6	5	0.597
2.8	5	2.642	3.8	5	0.263
3.0	5	2.032			

3. 磷酸氢二钠-枸橼酸缓冲液

Na_2HPO_4 分子量＝141.98，0.2 mol/L 溶液相当于 28.40g/L，$Na_2HPO_4 \cdot 2H_2O$ 分子量＝178.05，0.2 mol/L 溶液相当于 35.61g/L，$C_6H_8O_7 \cdot H_2O$ 分子量＝210.14，0.1 mol/L 溶液相当于 21.01g/L。

pH	0.2mol/L Na$_2$HPO$_4$ (ml)	0.1mol/L 枸橼酸 (ml)	pH	0.2mol/L Na$_2$HPO$_4$ (ml)	0.1mol/L 枸橼酸 (ml)
2.2	0.40	19.60	5.2	10.72	9.28
2.4	1.24	18.76	5.4	11.15	8.85
2.6	2.18	17.82	5.6	11.60	8.40
2.8	3.17	16.83	5.8	12.09	7.91
3.0	4.11	15.89	6.0	12.63	7.37
3.2	4.94	15.06	6.2	13.22	6.78
3.4	5.70	14.30	6.4	13.85	6.15
3.6	6.44	13.56	6.6	14.55	5.45
3.8	7.10	12.90	6.8	15.45	4.55
4.0	7.71	12.29	7.0	16.47	3.53
4.2	8.28	11.72	7.2	17.39	2.61
4.4	8.82	11.18	7.4	18.17	1.83
4.6	9.35	10.65	7.6	18.73	1.27
4.8	9.86	10.14	7.8	19.15	0.85
5.0	10.30	9.70	8.0	19.45	0.55

4. 枸橼酸-氢氧化钠-盐酸缓冲液

使用时可以每升中加入 1g 酚，若最后 pH 值有变化，再用少量 50％氢氧化钠溶液或浓盐酸调节。

pH	钠离子浓度 (mol/L)	枸橼酸 (g)	氢氧化钠 (g)	浓盐酸 (ml)	终体积 (L)
2.2	0.20	210	84	160	10
3.1	0.20	210	83	116	10
3.3	0.20	210	83	106	10
4.3	0.20	210	83	145	10
5.3	0.35	245	144	68	10
5.8	0.45	285	186	105	10
6.5	0.38	266	156	126	10

5. 枸橼酸-枸橼酸钠缓冲液（0.1 mol/L）

枸橼酸（C$_6$H$_8$O$_7$·H$_2$O）分子量=210.14，0.1mol/L 溶液相当于 21.01g/L，枸橼酸钠（Na$_3$C$_6$H$_5$O$_7$·2H$_2$O）分子量=294.12，0.1mol/L 溶液相当于 29.41g/L。

pH	0.1mol/L 枸橼酸 (ml)	0.1mol/L 枸橼酸钠 (ml)	pH	0.1mol/L 柠檬酸 (ml)	0.1mol/L 柠檬酸钠 (ml)
3.0	18.6	1.4	5.0	8.2	11.8
3.2	17.2	2.8	5.2	7.3	12.7
3.4	16.0	4.0	5.4	6.4	13.6
3.6	14.9	5.1	5.6	5.5	14.5
3.8	14.0	6.0	5.8	4.7	15.3
4.0	13.1	6.9	6.0	3.8	16.2
4.2	12.3	7.7	6.2	2.8	17.2
4.4	11.4	8.6	6.4	2.0	18.0
4.6	10.3	9.7	6.6	1.4	18.6
4.8	9.2	10.8			

6. 乙酸-乙酸钠缓冲液 (0.2 mol/L)

乙酸钠分子量=136.09，0.2mol/L 溶液相当于 27.22g/L；0.2mol/L 乙酸溶液相当于 11.7ml/L。

pH	0.2mol/L 乙酸钠 (ml)	0.2mol/L 乙酸 (ml)	pH	0.2mol/L 乙酸钠 (ml)	0.2mol/L 乙酸 (ml)
3.6	0.75	9.25	4.8	5.90	4.10
3.8	1.20	8.80	5.0	7.00	3.00
4.0	1.80	8.20	5.2	7.90	2.10
4.2	2.65	7.35	5.4	8.60	1.40
4.4	3.70	6.30	5.6	9.10	0.90
4.6	4.90	5.10	5.8	9.40	0.60

7. 磷酸缓冲溶液 (0.2mol/L)

$Na_2HPO_4 \cdot 2H_2O$ 分子量=178.0，0.2mol/L 溶液相当于 35.61g/L，$Na_2HPO_4 \cdot 12H_2O$ 分子量=358.22，0.2mol/L 溶液相当于 71.64g/L，$NaH_2PO_4 \cdot H_2O$ 分子量=138.01，0.2mol/L 溶液相当于 27.6g/L，$NaH_2PO_4 \cdot 2H_2O$ 分子量=156.03，0.2mol/L 溶液相当于 31.21g/L。

pH	0.2 mol/L Na_2HPO_4 (ml)	0.2 mol/L NaH_2PO_4 (ml)	pH	0.2 mol/L Na_2HPO_4 (ml)	0.2 mol/L NaH_2PO_4 (ml)
5.8	8.0	92.0	7.0	61.0	39.0
5.9	10.0	90.0	7.1	67.0	33.0
6.0	12.3	87.7	7.2	72.0	28.0
6.1	15.0	85.0	7.3	77.0	23.0
6.2	18.5	81.5	7.4	81.0	19.0
6.3	22.5	77.5	7.5	84.0	16.0
6.4	26.5	73.5	7.6	87.0	13.0
6.5	31.5	68.5	7.7	89.5	10.5
6.6	37.5	62.5	7.8	91.5	8.5
6.7	43.5	56.5	7.9	93.0	7.0
6.8	49.5	51.5	8.0	94.7	5.3
6.9	45.0				

8. 磷酸氢二钠-磷酸二氢钾缓冲液（1/15 mol/L）

$Na_2HPO_4 \cdot 2H_2O$ 分子量=178.05，1/15 mol/L 溶液相当于 35.61g/L，KH_2PO_4 分子量=136.09，1/15mol/L 溶液相当于 9.078g/L。

pH	1/15 mol/L Na_2HPO_4 (ml)	1/15 mol/L KH_2PO_4 (ml)	pH	1/15 mol/L Na_2HPO_4 (ml)	1/15 mol/L KH_2PO_4 (ml)
4.92	0.10	9.90	7.17	7.00	3.00
5.29	0.50	9.50	7.38	8.00	2.00
5.91	1.00	9.00	7.73	9.00	1.00
6.24	2.00	8.00	8.04	9.50	0.50
6.47	3.00	7.00	8.34	9.75	0.25
6.64	4.00	6.00	8.67	9.90	0.10
6.81	5.00	5.00	9.18	10.00	0
6.98	6.00	4.00			

9. 磷酸二氢钾-氢氧化钠缓冲液（0.05 mol/L）

0.2 mol/L KH_2PO_4 x ml＋0.2 mol/L NaOH y ml，再加蒸馏水稀释至 20ml。

pH (20℃)	x (ml)	y (ml)	pH (20℃)	x (ml)	y (ml)
5.8	5	0.372	7.0	5	2.963
6.0	5	0.570	7.2	5	3.500
6.2	5	0.860	7.4	5	3.950
6.4	5	1.260	7.6	5	4.280
6.6	5	1.780	7.8	5	4.520
6.8	5	2.365	8.0	5	4.680

10. Tris-盐酸缓冲液（0.05 mol/L）

0.2 mol/L 三羟甲基氨基甲烷溶液（24.23g/L）25ml＋0.1mol/L HCl 溶液 $x$ml（如下表），加蒸馏水至 100ml。Tris 溶液可以从空气中吸收二氧化碳，使用时注意将瓶盖严。

pH	x (ml) 23℃	x (ml) 37℃	pH	x (ml) 23℃	x (ml) 37℃
7.20	7.05	45.0	8.23	8.10	22.5
7.36	7.22	42.5	8.32	8.18	20.0
7.54	7.40	40.0	8.40	8.27	17.5
7.66	7.52	37.5	8.50	8.37	15.0
7.77	7.63	35.0	8.62	8.48	12.5
7.87	7.73	32.5	8.74	8.60	10.0
7.96	7.82	30.0	8.92	8.78	7.5
8.05	7.90	27.5	9.10	8.95	5.0
8.14	8.00	25.0			

11. 巴比妥-盐酸缓冲溶液（18℃）

巴比妥钠分子量＝206.18，0.04mol/L 溶液相当于 8.25g/L。

pH	0.04mol/L 巴比妥钠（ml）	0.2mol/L 盐酸（ml）	pH	0.04mol/L 巴比妥钠（ml）	0.2mol/L 盐酸（ml）
6.8	100	18.4	8.4	100	5.21
7.0	100	17.8	8.6	100	3.82
7.2	100	16.7	8.8	100	2.52
7.4	100	15.3	9.0	100	1.65
7.6	100	13.4	9.2	100	1.13
7.8	100	11.47	9.4	100	0.70
8.0	100	9.39	9.6	100	0.35
8.2	100	7.21			

12. 硼酸-硼砂缓冲液（0.2 mol/L 硼酸）

硼砂 $Na_2B_4O_7 \cdot 10H_2O$ 分子量＝381.43，0.05mol/L 硼砂溶液相当于 19.07g/L，硼酸 H_3BO_3 分子量＝61.84，0.2mol/L 硼酸溶液为 12.37g/L。硼砂易失去结晶水，必须在带塞的瓶中保存。

pH	0.05mol/L 硼砂（ml）	0.2mol/L 硼酸（ml）	pH	0.05mol/L 硼砂（ml）	0.2mol/L 硼酸（ml）
7.4	1.0	9.0	8.2	3.5	6.5
7.6	1.5	8.5	8.4	4.5	5.5
7.8	2.0	8.0	8.7	6.0	4.0
8.0	3.0	7.0	9.0	8.0	2.0

13. 甘氨酸-氢氧化钠缓冲液（0.05 mol/L）

x ml 0.2 mol/L 甘氨酸＋y ml 0.2 mol/L 氢氧化钠，再加水稀释至 200ml。甘氨酸分子量＝75.07，0.2mol/L 甘氨酸溶液 15.01g/L。

pH	x (ml)	y (ml)	pH	x (ml)	y (ml)
8.6	50	4.0	9.6	50	22.4
8.8	50	6.0	9.8	50	27.2
9.0	50	8.8	10.0	50	32.0
9.2	50	12.0	10.4	50	38.6
9.4	50	16.8	10.6	50	45.5

14. 硼砂-氢氧化钠缓冲液（0.05 mol/L）

x ml 0.05 mol/L 硼砂＋y ml 0.2 mol/L 氢氧化钠，再加水稀释至 200ml。硼砂 $Na_2B_4O_7 \cdot 10H_2O$ 分子量＝381.43，0.05mol/L 硼砂溶液为 19.07g/L。

pH	x (ml)	y (ml)	pH	x (ml)	y (ml)
9.3	50	6.0	9.8	50	34.0
9.4	50	11.0	10.0	50	43.0
9.6	50	23.0	10.1	50	46.0

15. 碳酸钠-碳酸氢钠缓冲液（0.1 mol/L）

$Na_2CO_3 \cdot 10H_2O$ 分子量＝286.2，0.1 mol/L 碳酸钠溶液为 28.62g/L，$NaHCO_3$ 分子量＝84.0，0.1 mol/L 碳酸氢钠溶液为 8.40g/L。Ca^{2+}，Mg^{2+} 存在时不得使用。

pH 20℃	pH 37℃	0.1mol/L 碳酸钠 (ml)	0.1mol/L 碳酸氢钠 (ml)	pH 20℃	pH 37℃	0.1mol/L 碳酸钠 (ml)	0.1mol/L 碳酸氢钠 (ml)
9.16	8.77	1	9	10.14	9.90	6	4
9.40	9.12	2	8	10.28	10.08	7	3
9.51	9.40	3	7	10.53	10.28	8	2
9.78	9.50	4	6	10.83	10.57	9	1
9.90	9.72	5	5				

附录二 常用酸碱标准溶液的配制

名称		配制方法
0.05mol/L 碳酸钠标准溶液		精确称取干燥后的无水碳酸钠（Na_2CO_3，$MW=105.994$）1.3249g，用蒸馏水溶解，定容至 250ml。
0.05mol/L 硼砂标准溶液		精确称取分析纯硼砂（$Na_2B_4O_7 \cdot 10H_2O$，$MW=381.42$）4.768g，用蒸馏水溶解，定容至 250ml。
NaOH 标准溶液	0.1mol/L	将氢氧化钠配成饱和溶液，注入塑料桶中密闭放置至溶液清亮，使用前以塑料管虹吸上层清液。 量取 5ml 氢氧化钠饱和溶液，注入不含 CO_2 的水 1 000ml 中摇匀。 标定：称取干燥后的邻苯二甲酸氢钾 170～180mg，置于 25ml 锥形瓶中，加蒸馏水 10ml，酚酞指示剂 2 滴，用配好的待标定溶液滴定至溶液呈粉红色，记录消耗氢氧化钠标准溶液的 ml 数。
	1.0mol/L	量取 52ml 氢氧化钠饱和溶液，注入不含 CO_2 的水 1 000ml 中摇匀。 标定：取 0.5mol/L 草酸标准溶液 5.0ml 置于 25ml 锥形瓶中，加蒸馏水 10ml，酚酞指示剂 2 滴，用配好的待标定溶液滴定至溶液呈粉红色，记录消耗氢氧化钠标准溶液的 ml 数。
1.0 mol/L 盐酸标准溶液		浓盐酸（HCl，$MV=36.465$），含 36%～38% HCl，浓度为 11.7mol/L。用 500ml 容量瓶中加蒸馏水，准确加入浓盐酸 43ml，定容至 500ml。 标定：取待标定盐酸溶液 5.0ml，置于 50ml 锥形瓶中，加蒸馏水 10ml，酚酞指示剂 2 滴，用 1.0mol/L 氢氧化钠标准溶液滴定至溶液呈粉红色，记录消耗氢氧化钠标准溶液的 ml 数。
0.5mol/L 硫酸标准溶液		浓硫酸（H_2SO_4，$MV=98.08$），含 96% H_2SO_4，浓度为 18mol/L。用 500ml 容量瓶中加蒸馏水 300ml，慢慢加入浓硫酸 14ml，再用水定容至 500ml。 标定：同上。
0.5mol/L 草酸标准溶液		精确称取分析纯草酸（$H_2C_2O_4 \cdot 2H_2O$，$MW=126.06$）31.515g，用蒸馏水溶解，定容至 500ml。该溶液保存期较长，常用于标定碱性溶液。
0.1mol/L 邻苯二甲酸氢钾标准溶液		精确称取干燥后的邻苯二甲酸氢钾 10.207g，用蒸馏水溶解，定容至 500ml。邻苯二甲酸氢钾性质稳定，常用于标定 0.1mol/L 氢氧化钠标准溶液。

附录三 常用酸碱指示剂的配制

名称	室温下的颜色变化		配制方法：称取0.1g溶于250ml下列溶剂	pK
	pH值范围	颜色		
甲酚红（酸）	0.2~1.8	红~黄	水（含2.62ml 0.1mol/L NaOH）	
甲基黄	2.0~4.0	红~黄	95%乙醇	3.25
甲基橙	3.1~4.4	红~橙黄	水（含3ml 0.1mol/L NaOH）	3.46
溴酚蓝	2.8~4.6	黄~蓝紫	水或20%乙醇（含1.49ml 0.1mol/L NaOH）	3.85
溴甲酚蓝	3.8~5.4	黄~蓝	水（含1.43ml 0.1mol/L NaOH）	4.66
甲基红	4.3~6.1	红~黄	水（指示剂是钠盐） 60%乙醇（指示剂是游离酸）	5.00
氯酚红	4.8~6.4	黄~紫红	水（含2.36ml 0.1mol/L NaOH）	6.05
溴甲酚紫	5.2~6.8	黄~红紫	水或20%乙醇（含1.85ml 0.1mol/L NaOH）	6.12
石蕊	5.0~8.9	红~蓝	水	
酚红	6.8~8.4	黄~红	水（含2.82ml 0.1mol/L NaOH）	7.81
中性红	6.8~8.0	红~橙棕	70%乙醇	7.4
酚酞	8.3~10.0	无色~粉红	70%乙醇	9.7

附录四 RCF 与转速列线计算图

离心半径 (cm)	相对离心力 (g)	转速 (r/min)
30	7 000 — 700.000	5 000 — 50.000
25	6 000 — 600.000	4 500 — 45.000
20	5 000 — 500.000	4 000 — 40.000
19	4 000 — 400.000	
18	3 000 — 300.000	3 500 — 35.000
17	2 000 — 200.000	
16	1 500 — 150.000	3 000 — 30.000
15	1 000 — 100.000	
14	800 — 80.000	2 500 — 25.000
13	700 — 70.000	
12	600 — 60.000	
11	500 — 50.000	2 000 — 20.000
10	400 — 40.000	
9	300 — 30.000	1 500 — 15.000
8	200 — 20.000	1 400 — 14.000
7	150 — 15.000	1 300 — 13.000
6	100 — 10.000	1 200 — 12.000
5	80 — 8.000	1 100 — 11.000
	70 — 7.000	1 000 — 10.000
	60 — 6.000	900 — 9.000
	50 — 5.000	800 — 8.000
4	40 — 4.000	700 — 7.000
	30 — 3.000	600 — 6.000
	20 — 2.000	
3	15 — 1.500	500 — 5.000
	10 — 1.000	

$$F_{rc}=\frac{(n\times 0.10472)^2 r}{980}$$